舞蹈作品版权多维保护机制研究

胡神松　胡燕早　著

WUHAN UNIVERSITY PRESS
武汉大学出版社

图书在版编目（CIP）数据

舞蹈作品版权多维保护机制研究 / 胡神松,胡燕早著 . -- 武汉 ：
武汉大学出版社,2025.3. -- ISBN 978-7-307-24813-7

Ⅰ. D923.414

中国国家版本馆 CIP 数据核字第 202445VJ77 号

责任编辑:方　方　　　责任校对:鄢春梅　　　版式设计:马　佳

出版发行: **武汉大学出版社** 　（430072　武昌　珞珈山）

（电子邮箱：cbs22@whu.edu.cn　网址：www.wdp.com.cn）

印刷:武汉邮科印务有限公司

开本:720×1000　1/16　印张:16.5　字数:265 千字　插页:2

版次:2025 年 3 月第 1 版　　2025 年 3 月第 1 次印刷

ISBN 978-7-307-24813-7　　定价:78.00 元

目　　录

第一章 绪　论

第一节　研究背景与意义

一、研究背景

随着新媒体技术的迅猛发展，人们的生活方式、工作模式和娱乐形式发生了极大改变。在这一时代背景下，舞蹈作品作为文化艺术的重要载体，其创作、传播和消费方式经历了前所未有的变革。然而，新媒体的兴起也给舞蹈作品版权保护带来了前所未有的挑战。

2021年10月28日，国务院依据《中华人民共和国国民经济和社会发展第十四个五年规划和2035年远景目标纲要》和《知识产权强国建设纲要(2021—2035年)》，制定了《"十四五"国家知识产权保护和运用规划》，该规划对我国全面加强知识产权保护，助推知识产权高效运用，激发人民的创新活力，推动建设知识产权强国具有积极意义。《关于强化知识产权保护的意见》明确提出要"加大侵权假冒行为的惩戒力度、严格规范证据标准、强化案件执行措施、完善新业态新领域保护制度"。《"十四五"文化发展规划》明确提出要加强文化产权保护，包括舞蹈作品等文化艺术成果的版权。要求完善版权保护制度，加强版权执法力度，推动形成尊重知识、尊重创造的良好氛围。《关于加强网络文明建设的意见》强调要加强网络空间的内容建设和管理，对包括网络上的舞蹈作品等文化艺术内容进行版权保护。建立健全网络版权保护机制，加大对网络侵权行为的打击力度，维护网络空间的清朗。以上文件不仅为舞蹈作品版权保护提供了政策支持，还体现了国家对文化艺术成果的高度重视和保护决心。

《中华人民共和国著作权法》(以下简称《著作权法》)明确了舞蹈作品作为《著作权法》保护的对象,规定了舞蹈作品的著作权归属、权利内容及侵权行为的法律责任,著作权人对其作品享有发表权、署名权、修改权和保护作品完整权等基本权利,为舞蹈作品版权保护提供了基本的法律依据。《中华人民共和国著作权法实施条例》(以下简称《著作权法实施条例》)进一步细化了《著作权法》的相关规定,对舞蹈作品的定义、权利限制、合理使用等作出了具体规定,明确舞蹈作品是通过连续的动作、姿势、表情等表现思想情感的作品。

但经过三次修订后的《著作权法》仍然不能满足舞蹈作品版权保护的现实需求。《著作权法》和《著作权法实施条例》对"舞蹈作品"的规定相对抽象和笼统,也未规定"舞蹈作品"侵权的具体标准或出台相关司法解释,在司法实践中,缺乏舞蹈作品版权侵权的指导性案例。法学界对"舞蹈作品的界定"持不同的观点。[1] 刘春田认为,舞蹈作品是人体动作的艺术,从广义上讲,是一种凭借人体有组织、有规律的运动来表达情感的艺术形式。[2] 舞蹈作品往往含有舞蹈表情、舞蹈节奏和舞蹈构图三个基本要素。吴汉东认为,舞蹈作品和舞谱不是一回事。[3] 张楚、李伟民、郭思伦认为,舞蹈作品并不是指舞蹈演员的现场舞蹈表演,而是指创作者以文字、图形、符号等元素形成的舞谱。[4] 在舞蹈作品侵权判定和裁判标准方面仍存在进一步完善的空间。

在新媒体时代,舞蹈作品的市场需求不断增加,为舞蹈艺术的商业化运营提供了更多可能性。然而,随着市场的扩大,侵权问题也日益严重。近年来,随着舞蹈艺术的普及以及自媒体和移动互联网的快速发展,舞蹈作品版权侵权现象日益严重,给创作者和整个舞蹈产业带来了诸多不利影响。舞蹈作品版权侵权的形式呈多样化状态,包括但不限于未经许可擅自翻跳、改编、盗用舞蹈视频和将舞蹈作品用于商业活动等侵犯舞蹈作品著作权人的人

---

① 李伟民. 视听表演保护与版权产业的发展[M]. 北京:北京联合出版公司,2020:113.

② 刘春田. 知识产权法:第五版[M]. 北京:中国人民大学出版社,2014:58.

③ 吴汉东. 知识产权法学:第六版[M]. 北京:北京大学出版社,2014:49.

④ 张楚,李伟民,郭思伦. 知识产权法新编教程[M]. 北京:首都经济贸易出版社,2014:36.

身权和财产权的行为。这些侵权行为往往难以被及时发现和监管。舞蹈作品版权侵权的主体非常广泛，不仅包括个人用户，还包括一些商业机构。舞蹈作品版权侵权给创作者带来了严重的利益损害。侵权行为不仅损害创作者的声誉和形象，影响其在舞蹈界的地位和影响力，还破坏舞蹈市场秩序，阻碍舞蹈产业的健康发展。

舞蹈作品版权保护的技术方面，尽管取得了一定的进展，但仍存在诸多问题和挑战，特别是在侵权识别、跟踪和监管等关键环节。在侵权识别技术方面，尽管有一些技术手段如视频指纹技术、深度学习等被应用于舞蹈作品侵权的识别，但识别精度还不高、处理速度比较慢。当舞蹈作品被进行一定程度的改编或模仿时，现有的识别技术往往难以准确判断其侵权性质。舞蹈作品作为一种视觉和听觉结合的艺术形式，其版权保护在技术上比文字或图像更为复杂。在侵权跟踪技术方面，舞蹈作品的传播渠道比较广泛，如网络视频平台、社交媒体、线下演出等，要对这些渠道进行实时监控和跟踪需要耗费大量的资源和人力。此外，盗链、P2P等非法的传播行为更加隐蔽，难以追踪。在监管技术方面，缺乏统一的监管平台，各个部门之间信息不共享，导致监管效率低下；监管技术手段有限，无法对侵权行为进行及时、有效的打击。

随着互联网行业的跨越式迅猛发展，网络舞蹈视频、舞蹈直播等新型视听作品出现在大众视野。在自媒体日益发展的今天，人人都可以是创作者，也可以是舞蹈家；既可以是传播者，也可以是受众。制作舞蹈作品视频成本低廉，仅需要一部手机和互联网就可以完成视频制作、视频发布等工作。随着网络上舞蹈作品视频的日益增多，传播方式和途径的多样化，如何有效保护舞蹈作品权利人权益，成为新媒体时代下的版权保护新难题。

综上，在数智化和互联网高速发展的环境下，新媒体已经发展成为覆盖面最大的媒体之一。在网络传播媒介发生变化的同时，舞蹈作品的形式不断翻新，现有的法律制度和维权手段已难以满足舞蹈作品全方位保护的现实需求。舞蹈作品权利人通过社交媒介将舞蹈艺术呈现给观众，打破了以往原生态的时间、空间限制，踏上了"掌握"舞蹈未来的新征程，但对舞蹈作品的创新和发展造成了不可忽视的障碍。舞蹈作品著作权保护的现状令人担忧，随意演出无监管、抄袭与否难界定、邻接权利难保障、版权贸易水平低、权责范围难辨析等情况普遍存在。① 舞蹈艺术界与法律界沟通不畅，舞蹈艺术与人工智能、法律学科等交叉融合研究理论不足。② 亟须从政策细化、法律、市场、技术、集体管理组织、公民等层面多维度构建新媒体时代舞蹈作品版权保护机制，系统解决当前舞蹈作品版权保护的现实困难。

二、研究意义

本研究立足于应对新媒体时代下舞蹈作品版权侵权现象频发，现有版权保护机制难以满足现实需求的问题，旨在构建舞蹈作品版权多维保护机制，结合我国现有舞蹈作品版权保护的发展历程和司法实践，运用学科交叉研究方法对舞蹈作品涉及的核心问题进行研究，通过文献研究法、比较研究法、案例分析法等多种分析方法，对舞蹈作品的版权保护问题进行多维度探讨，充分保障舞蹈作品权利人利益，促进舞蹈艺术市场的繁荣兴盛，实现舞蹈产业的繁荣发展。

随着时代和技术的发展，人们消费网络视频成为生活常态，舞蹈作品正在从原来的现场表演为主向网络表演为主转变。舞蹈作品的传播途径从依托剧场表演和录制音像制品的方式，逐渐发展为运用新媒体技术手段创作出适应数字媒体传播的舞蹈视频作品。舞蹈作品主要以三大方式进行传播，即剧场演出、录像制品、网络传播，随着高新科技与数字技术的发展，舞蹈作品在数字环境下的维权和保护将成为一个新问题。③ 目前舞蹈作品的法律保护仍然是版权法保护中的短板。如何补齐短板，攻克舞蹈作品版权保护核心问题，是当前理论界和司法实践中的棘手和紧迫问题。

舞蹈艺术不仅是人民精神追求的艺术形式，更是中华民族的伟大瑰宝。舞蹈艺术始终在我国文化艺术市场中占据举足轻重的地位，而且享有很大的市场份额。构建舞蹈作品版权多维保护机制，有利于保护中华民族的舞蹈文化艺术，增

---

① 刘洁. 当前中国舞蹈作品著作权保护的现状及对策研究[J]. 北京舞蹈学院学报，2016(6)：14-16.

② 刘洁. 当前中国舞蹈作品著作权保护的现状及对策研究[J]. 北京舞蹈学院学报，2016(6)：16-17.

③ 刘洁. 当前中国舞蹈作品著作权保护的现状及对策研究[J]. 北京舞蹈学院学报，2016(6)：16.

强中华民族文化自信。因此，应从舞蹈作品相关立法、司法、集体管理组织、行业自律、技术手段、和谐生态、道德与文化等多维手段和方式入手，提高舞蹈作品版权保护水平，促进我国舞蹈艺术市场的有序健康发展。

（一）理论层面

在舞蹈作品版权保护理论层面，舞蹈作品版权多维保护理论的丰富扩大了版权研究的范畴，弥补了舞蹈作品版权保护理论和实践之不足，进一步推动我国知识产权强国建设。在著作权领域的研究中，目前对舞蹈作品的理论研究相对比较滞后。舞蹈作品与其他作品相比，具有流动性、易逝性、综合性等特点，还具有跨学科的特点，需要综合视角的理论支持。加大舞蹈艺术与知识产权学科交叉融合研究力度，完善舞蹈作品的定义与分类、舞蹈作品的现场表演与传输表演、舞蹈作品独创性认定、舞蹈作品的司法保护标准、舞蹈作品的侵权判定标准等，是迫切需要解决的难点。①

舞蹈作品的权利主体具有多层次性。舞蹈作品版权的原始权利主体包括创作舞蹈作品的个人或团体。对于舞蹈作品的传播者和受益者等相关主体也应当根据其行为性质受到相应的法律规制。应针对新媒体时代下舞蹈作品的特点和舞蹈作品版权保护的难点，进一步丰富舞蹈作品版权侵权行为类型和版权法律救济制度等多维保护机制的理论成果，实现对舞蹈作品权益人的全面保护。

（二）立法层面

在法律制度层面，数字化时代背景下，亟须对舞蹈作品版权的相关法律进行变革，对舞蹈作品概念进行完善，明确舞蹈作品版权保护的范围。《著作权法》已经顺应时代发展进行了三次重大修订，但舞蹈作品版权保护一直存在主体维权难、司法手段救济不足等问题。我国《著作权法》对于"舞蹈作品"定义的表述，也存在过于笼统和不具体等问题，导致司法审判实践中舞蹈作品的保护范围受到诟病，难以形成统一的司法标准。

---

① 李伟民. 视听表演保护与版权产业的发展［M］. 北京：北京联合出版公司，2020：130.

在数字信息化时代背景下，构建舞蹈作品版权保护相关的法律制度、完善舞蹈作品版权侵权行为的法律救济制度，有利于全方位多维度强化舞蹈作品版权保护，有利于高效多能地为舞蹈作品版权权利人创作和传播保驾护航，有利于全方位地控制舞蹈作品版权侵权风险。

（三）司法层面

在司法层面，司法作为维护社会公平正义的最后一道防线，司法保护是舞蹈作品版权保护的最后一缕阳光。在互联网数字化技术高度发展的背景下，公众利用先进的技术方式侵犯舞蹈作品著作权，大部分侵权资料被存储在不同的网络服务器中，如果不对这些行为进行约束和限制，势必会挫伤舞蹈创作人的积极性，致使更多的公众实施侵权行为。

纵观以往的司法判例，关于舞蹈作品侵权的指导性案例较少，司法对舞蹈作品的保护没有大的突破。如何在新媒体环境下认定舞蹈作品的独创性、如何确定侵权行为的构成要件、如何计算侵权损害赔偿数额等问题，均可为司法实践提供有益的参考。人民法院可以在充分调研的基础上，发挥引领作用，出台相关舞蹈作品侵权判定的司法解释。加强司法保障，对侵权者是一种震慑，对权利人是一种强有力的保护，同时，司法保护实践也能为理论研究提供更多的素材。① 因此，应推进舞蹈作品版权的司法保护，在司法审判中让每一个舞蹈作品版权权利人感受到公正司法，致力于守住版权保护的最后一道防线。

（四）执法层面

在新媒体时代，舞蹈作品版权侵权行为日益严重，需要加强执法力度予以打击，通过加强对网络平台的监管和执法力度、建立舞蹈作品版权快速高效的维权机制、加强对侵权行为的惩罚力度等措施，提高执法效率和质量，有效遏制舞蹈作品版权侵权行为。同时，可以通过发布舞蹈作品侵权典型案例等方式，开展舞蹈版权知识宣传教育活动，向公众普及版权保护的重要性和必要性，营造全社会

---

① 李伟民．视听表演保护与版权产业的发展［M］．北京：北京联合出版公司，2020：131．

尊重和保护舞蹈作品版权的版权氛围，有助于形成全面参与和支持舞蹈作品版权保护的良好局面。

（五）市场层面

在新媒体时代，舞蹈作品的传播速度和范围都得到了极大的提升。同时，舞蹈作品也容易被非法复制、传播和滥用，损害了舞蹈创作者的合法权益和创作热情。建立舞蹈作品版权多维保护机制，可以有效打击侵权行为，维护良好的舞蹈市场秩序，为舞蹈创作者创造一个公平、透明、有序的和谐竞争环境，从而激发其创作热情，创作出更多优秀的舞蹈作品，有效保障创作者和投资者利益，促进整个舞蹈作品市场的健康发展，繁荣舞蹈文化。

舞蹈市场包含创作、表演、教育、衍生品开发等多个环节，具有综合性。多维保护机制的构建，不仅能保护舞蹈作品版权，还可以促进舞蹈相关产业的创新和繁荣。例如，通过加强版权保护推动舞蹈表演形式的创新；通过开发衍生品市场，拓展舞蹈产业的盈利空间；通过加强教育培训，提高整个舞蹈产业的专业水平和竞争力，为舞蹈产业的创新发展提供坚实保障。

（六）行业层面

舞蹈行业作为一个综合性产业，需要建立行业标准和规范来指导其持续发展。多维保护机制的构建有助于推动行业标准化和规范化建设，通过制定舞蹈行业相关标准和规范，明确各方在版权保护方面的权利和义务，提高行业整体的运营效率和质量，同时，也有利于加强国际交流与合作，共同推动全球舞蹈作品版权保护，消除合作障碍，促进国际舞蹈文化交流与合作，推动整个舞蹈行业的规范化和可持续发展。

中国舞蹈家协会在舞蹈作品多维保护机制中发挥了积极的引导和服务作用，如引导舞蹈艺术行业实行行业自律、建立行业管理规范、优化相关预警和警示制度、发布舞蹈行业相关消息和数据、建立行业处罚制度等。行业自律和法律规制共同作用，助力产业健康发展。①

---

① 李伟民. 视听表演保护与版权产业的发展[M]. 北京：北京联合出版公司，2020：131.

中国舞蹈家协会在互联网迅速发展的驱动下，运用互联网区块链技术为舞蹈工作者构建了舞蹈作品版权维权平台，将实现舞蹈工作者的自身价值作为舞蹈维权平台的最终目标。通过舞蹈维权平台，可以对版权范畴的相关内容进行备案，保护舞蹈工作者的合法权益，培养舞蹈工作者的维权意识。同时发挥中国舞蹈家协会的创新引领作用，面向舞蹈产业链的各个环节，构建线上线下融合的创新支撑服务体系，从而实现舞蹈作品版权保护，形成舞蹈版权产业链的综合高效运行机制，促成舞蹈作品在创作、版权保护、版权交易、版权管理等环节的良性循环。

（七）集体管理组织层面

在舞蹈作品版权集体管理组织层面，建立舞蹈作品版权集体管理组织，推动新媒体时代舞蹈作品版权保护的高效集体管理，有助于维护舞蹈行业的良好生态环境，推动版权保护在法律维度的深入研究。目前，中国舞蹈家协会、北京舞蹈学院等机构已经在舞蹈版权领域开展了教育教学、行业培训和学术研究，但迫切需要一个权威主体整合舞蹈行业和法律界的资源，可以考虑建立舞蹈作品版权集体管理组织。

舞蹈作品版权集体管理组织是舞蹈作品权利人与舞蹈作品使用人之间沟通的桥梁，可以对舞蹈作品权利人授权管理的舞蹈作品进行对外授权以及收取费用，也可以对侵害舞蹈作品权益的行为由组织进行集体、高效、专业维权，从而保障舞蹈作品权利人的合法权益和智力成果，从而发挥舞蹈作品的市场经济价值和市场利用价值，全方位保护舞蹈作品权利人的合法权益。

此外，集体管理组织进一步将舞蹈作品的无形财产进行分类和系统化，形成舞蹈作品资源库，推动舞蹈作品版权的授权和维权工作，确保形成良好的舞蹈作品版权保护池。舞蹈版权交易和保护行业规范的构建，有助于促进制定舞蹈作品版权在舞蹈创作、传播流通、版权使用等环节中的行业要求与行业标准，推动舞蹈作品版权的保护与经济交易，从而最终实现舞蹈产业繁荣。

第二节　研究现状及综述

一、国内现状

(一)舞蹈作品创作方面

张麟(2021)研究了舞蹈语言生成中"情境"与"动作形式"的互为关系，就作品而言，舞蹈作品创作过程中，情境的作用在于作品特定的情感空间营造；而就创作而言，动作是特殊的言语表达方式。① 侯文靖(2020)研究了舞蹈创作中舞台空间表现形式，舞蹈空间形式的变化展现了舞蹈作品的行为内涵，而舞蹈作品的行为内涵中蕴含着审美真实性的特质。② 王艳(2020)研究了舞蹈作品的创作过程，在排舞原创作品中融入不同民族舞蹈元素以提升舞蹈作品的独创性。③ 于平(2021)依据赵大鸣舞蹈美学思想述评总结了舞蹈创作应是真实生命积极的个性活动，探讨了如何建立属于自己时代和民族的舞蹈创作体系。④

学者对舞蹈作品创作的研究，侧重于对舞蹈创作过程中某个或某几个元素进行研究，例如"情境""动作形式"及"舞蹈空间表现形式"，对舞蹈创作中某个元素进行研究，从而体现独创性。现有的对舞蹈作品创作的研究不够全面，舞蹈作品由不同的元素组成，现有研究大多数只针对舞蹈动作以及舞蹈表现形式进行研究。舞蹈作品独创性的界定，需要舞蹈作品创作过程中的多个元素来证成其独创性。学界需进一步对舞蹈作品创作与版权关系进行研究，清晰界定舞蹈作品的独创性，在司法判定中更准确地判定舞蹈作品侵权与否，进而更好地保护舞蹈作品

---

① 张麟．舞蹈语言生成中"情境"和"动作形式"的互为关系研究[J]．民族艺术研究，2021，204(6)：123-130．

② 侯文靖．舞蹈创作中舞台空间表现形式研究[J]．北京舞蹈学院学报，2020，141(2)：89-91．

③ 王艳．中国的排舞原创作品融入中国不同民族舞蹈元素的研究[J]．首都体育学院学报，2020，32(2)：134-139．

④ 于平．舞蹈创作应是真实生命积极的个性活动——赵大鸣舞蹈美学思想述评[J]．南京艺术学院学报(音乐与表演)，2021，169(3)：8，135-145．

9

版权。

(二)新媒体技术与舞蹈作品传承、发展方面

常红(2018)认为在时代大趋势下，我国舞蹈艺术逐渐引入新媒体技术，这是传统艺术与时代科技的结合，是虚拟与真实的融合。引入新媒体技术有效提升了我国舞蹈艺术的效果以及视觉冲击力，使舞蹈艺术更加生动形象。[①]

陈立华(2012)指出少数民族舞蹈是文化传承的一种有效形式，探讨了我国少数民族传统舞蹈的文化特点和现状，提出了少数民族传统舞蹈传承的途径，对促进民族舞蹈事业的发展和繁荣、构建和谐社会起到了重要的作用。[②] 张志萍(2006)也对民族民间舞蹈的继承创新与发展展开研究，就我国而言，要不断创作出风格多样、个性鲜明、富有中国民族精神的民族民间舞蹈作品，就必须对中国优秀的民族民间舞蹈艺术进行研究、探索和传承。舞者只有深入生活，向民间艺术家学习，才能掌握民族文化、民间舞蹈中的文化史特征和民族精神，在掌握大量民间舞蹈知识和材料的基础上，获得舞蹈创新的灵感，使古老的中国民间舞蹈与时俱进。[③] 官效臣、杨小凤(2021)针对我国山东红色题材舞蹈创作的发展历程进行研究，描述了山东红色题材舞蹈的审美流变及其代表的政治意义。[④] 张巍(2017)从舞蹈作品和代表人物的角度看中国当代舞蹈的发展历程，利用时间顺序，总结各个时期的舞蹈代表作品，舞蹈作品和代表人物可以折射出某一时期社会发展现状和文化繁荣程度。[⑤]

现有研究立足于民族民间舞蹈的传承与发展，针对特定的舞蹈作品、舞蹈人物进行研究，缺少对舞蹈作品整体发展变迁的研究。[⑥] 随着新媒体及网络技术的

---

① 常红. 新媒体背景下我国舞蹈艺术的传承与发展[J]. 戏剧之家，2018(21)：110.

② 陈立华. 少数民族传统体育舞蹈传承发展的路径[J]. 哈尔滨体育学院学报，2012，30(1)：40-43.

③ 张志萍. 感悟民族民间舞蹈的继承创新与发展[J]. 贵州大学学报(艺术版)，2006(1)：64-68.

④ 官效臣，杨小凤. 山东红色题材舞蹈创作发展历程研究[J]. 北京舞蹈学院学报，2021，147(2)：94-98.

⑤ 张巍. 从舞蹈作品和代表人物看中国当代舞蹈的发展历程[J]. 大众文艺，2017，409(7)：175.

⑥ 刘晓静. 地域性舞蹈作品创作中的素材选择与运用研究[D]. 吉首：吉首大学，2021.

发展，舞蹈作品结合新媒体技术的发展研究也应当纳入舞蹈作品传承与发展的研究中。研究优秀的传统舞蹈作品可以为后续舞蹈作品创作者提供经验，使其创作出更优秀的舞蹈作品。① 应研究融合新媒体技术的舞蹈作品，辨析虚拟与现实融合下的舞蹈作品独创部分，更好地界定舞蹈作品的独创性，进而更好地保护舞蹈作品版权。

（三）新媒体时代舞蹈作品版权保护对策方面

王国宾、刘洁（2020）探讨了在互联网环境下舞蹈版权保护的现状及相应的对策。数字文化产业迅猛发展，促使舞蹈版权保护水平亟待提高。在互联网环境下舞蹈作品侵权形式多样且维权成本高、维权难度大。为应对舞蹈版权保护问题，我国应加强政策制定与指导，合理采用行政干预，树立知识共享理念，充分利用技术手段，赋能舞蹈版权的保护与交易。② 刘洁（2016）研究了当前舞蹈作品著作权保护的现状并提出了相应的对策。当前，存在舞蹈作品抄袭与否难界定、新媒体环境下出现保护危机、随意演出无监管等现状。导致这些现状的原因有很多，例如法律保护推动力不足、理论研究滞后、舞蹈作品特性难以界定。③ 针对当前现状，可采取相应措施提升舞蹈版权保护效能。这需要我国加强普法宣传与教育，提高舞蹈著作权领域的理论研究水平。张云（2007）对舞蹈作品的界定、构成要件以及原创性进行了探讨。通过厘清舞蹈作品的界定标准，分析舞蹈作品的构成要件来界定舞蹈作品的独创性，进而对舞蹈作品进行版权保护。④ 李超（2016）论述了网络传播中舞蹈作品著作权保护的问题，分析了舞蹈作品网络传播的特点以及著作权侵权的复杂性，对侵犯舞蹈作品信息网络传播权的行为进行分类，提出舞蹈作品信息网络传播权保护的建议。⑤

---

① 孙嘉璐. 舞蹈作品的意会思维探究[D]. 济南：山东师范大学，2021.

② 王国宾，刘洁. 互联网环境下舞蹈版权保护现状与对策研究[J]. 北京舞蹈学院学报，2020，145（6）：87-91.

③ 刘洁. 当前中国舞蹈作品著作权保护的现状及对策研究[J]. 北京舞蹈学院学报，2016（6）：13-18.

④ 张云. 舞蹈作品的版权保护[J]. 知识产权，2007，99（3）：83-87.

⑤ 李超. 论网络传播中舞蹈作品著作权的保护[J]. 北京舞蹈学院学报，2016，118（6）：8-12.

　　我国学者对舞蹈作品版权保护的主要研究为结合互联网技术，界定舞蹈作品网络侵权行为，以及探究网络传播中舞蹈作品的保护问题。学界对舞蹈作品版权保护缺少体系化研究，大多数学者只对舞蹈作品创作、发展、侵权等某个方面进行研究，未形成相应的研究体系。舞蹈作品从创作到传播，经历了一系列过程，各个环节都会涉及舞蹈作品版权保护。单个环节的研究缺乏舞蹈作品版权保护的整体视角。对舞蹈作品版权保护理论的深入研究，有利于更加清晰地界定舞蹈作品独创性，推动舞蹈作品版权法规完善，改善舞蹈作品侵权认定难的现状。

（四）舞蹈作品版权保护技术方面

1. 数字水印（Digital Watermarking）技术

　　数字水印技术是最早运用在舞蹈作品版权保护上的技术措施，其在数字作品版权保护上展现出强大效能。我国学者丰文、康丽娟（1997）研究了数字水印技术在版权保护上应用的可行性及利弊分析。[1] 张逸新（1998）对数字水印的特性进行分析，并提出运用数字水印技术进行版权保护。鲍翠梅（2006）从技术层面出发制定了一种利用数字水印的数字作品版权保护协议，[2] 为后续实践中的版权交易提供了便利。叶春燕（2020）拓展了数字水印在多媒体领域的具体应用。[3] 舞蹈作品作为集作品剧本、音乐、作品录像等多元素为一体的知识产权保护客体，数字水印技术在版权保护中的应用也可以为舞蹈作品版权保护提供相关的借鉴思路，在实践中可以借助数字水印技术对舞蹈作品进行具象化的保护。例如北京舞蹈学院在舞蹈特色馆藏资源建设中主要采用数字水印技术和电子认证技术，[4] 促进了舞蹈作品的版权管理与资源利用。但是基于目前研究来看，在应对舞蹈作品版权侵权攻击方面的理论研究相对欠缺，许多细节还需要进一步研究完善。

---

[1]　丰文，康丽娟. 图象版权保护的新技术——数字化水印[J]. 多媒体世界，1997（5）：59.

[2]　鲍翠梅. 数字水印及其在数字作品版权保护中的应用[J]. 现代图书情报技术，2006（6）：59-63.

[3]　叶春燕. 数字水印在多媒体版权保护中的应用[J]. 泰州职业技术学院学报，2020，20（Z1）：103-105.

[4]　徐飞，李成龙，曾纪君，白阳. 舞蹈特色馆藏资源建设研究——以北京舞蹈学院为例[J]. 情报探索，2014（11）：93-97，101.

2. DRM(Digital Rights Management)技术

数字版权保护(Digital Rights Management，以下简称为 DRM)技术是目前对在网络中传播的数字作品进行版权保护的主要技术手段。DRM 技术在 2001 年曾经被 *Technology Review* 杂志评为即将影响世界的十大技术之一，国内外不少学者都将其作为版权保护的必要手段，学者对于 DRM 技术的研究逐渐深入，将 DRM 技术逐步完善后应用至文献、图像、电影制作等多个领域。张莉(2010)对 DRM 在视频领域的本土化标准建设策略进行了分析，促进了 DRM 技术在数字视频版权保护方面的内化与发展。[1] 陈志业等人(2020)在新媒体环境下提供了一种基于国产密码的 DRM 技术的集成方案，并分析了中国 DRM 技术的发展历程，为 DRM 技术在新媒体领域的落地推广起到了重要的应用示范性作用。[2] 汪巍(2021)对 DRM 技术在 IP 直播时的应用进行了深入研究，为我国新媒体直播平台中多个 DRM 版权管理系统在协同模式下建设及运营提供业务技术支撑。[3] 然而，技术是一把双刃剑，在 DRM 技术给予数字作品强保护的同时，也有不少学者基于权益平衡、用户自由、合理使用等法益视角进行反思，并忧思在 DRM 技术的运用之下是否给予作品版权过度保护，而对其他法律所规定的权益造成了损害。权丽桃(2014)认为现行阶段 DRM 技术对数字版权的保护得到了版权法的确认，导致公众合理使用的权利受到了挤压，私人版权保护与公众权益保护失衡。[4] 姚鹤徽(2015)以法经济学的视角分析了 DRM 技术保护措施的使用使得合理使用制度面临严峻挑战，并且在很大程度上侵蚀了公众合理使用的空间。[5] 米竞(2018)认为 DRM 技术的过度使用，削弱了公众对已进入社会公共领域的作品的使用能力，

---

[1]　张莉.我国本土化 DRM 标准建设的策略分析[J].图书馆杂志，2010，29(12)：26-28.

[2]　陈志业，罗泽文，张智骞，冉大为，姜堃，王兵.新媒体环境下数字版权保护集成技术研究[J].广播电视信息，2020(S1)：63-67.

[3]　汪巍.数字版权技术在 IP 直播业务平台的应用及研究[J].广播电视网络，2021，28(11)：92-94.

[4]　权丽桃.冲突与悖反：数字版权管理技术与合理使用制度的博弈[J].出版广角，2014(10)：54-55.

[5]　姚鹤徽.法经济学视野下版权合理使用与技术保护措施之冲突与协调[J].科技与法律，2015(4)：844-859.

违背了《著作权法》保护作者权利和公共利益的双重目标。① 同时还需要注意的是在目前阶段，舞蹈作品版权保护技术措施的设置与合理使用制度之间的冲突亟须探寻可行的、系统的协调路径。但是，DRM 技术对舞蹈作品版权的保护是利大于弊的，这是因为技术的风险可以通过技术手段与法律措施逐渐化解，并且其内在的重要价值在于运用 DRM 技术对舞蹈作品进行版权保护时，可以较好地解决舞蹈作品的版权控制及授权交易等问题。DRM 技术在一定程度上属于对数字水印技术的升级，并且较之数字水印技术，DRM 技术在舞蹈作品版权保护的过程中还具有强大的催动法律与技术二次融合的潜能。

3. 区块链(Blockchain)技术

自 2008 年区块链概念首次提出至今，历经十多年的研究，区块链技术版权保护研究成果突出。在理论研究层面，区块链技术赋能版权保护，学者们普遍认为运用区块链技术进行版权保护效果斐然。李绍民、姚远(2015)认为利用区块链技术进行版权保护，其构建的全新数据存储中心应用广泛，并具有构建成本低、安全性高的显著特征。② 张青(2017)③，韩秋明、王革(2018)④也论证了区块链技术与版权登记平台结合的实用性与便捷性。黄龙(2018)⑤，金雪涛、王紫薇(2019)⑥也指出，区块链技术在版权运营过程中能够降低时间成本，加速版权确权、使用、交易。熊皓男(2022)认为不应仅仅局限于发挥区块链技术的工具价值，而是利用区块链技术对网络版权底层规则进行重构，完成从排他权到获酬权，从信息网络传播权到链上传播权的进阶。⑦ 然而，不少学者在认可区块链技术在版权登记、授权许可、侵权监测等场景中发挥重要作用的同时，也表露出对

---

① 米竞. 对网络时代版权过度保护的制度性反思——以 DRM 技术为例[J]. 河南工业大学学报(社会科学版)，2018，14(5)：14-20.

② 李绍民，姚远. 区块链多媒体数据版权保护方法研究[J]. 科技资讯，2015，13(35)：13，15.

③ 张青. 数字版权管理技术在数字图书馆中的应用[J]. 出版广角，2017(4)：44-46.

④ 韩秋明，王革. 区块链技术国外研究述评[J]. 科技进步与对策，2018(2)：154-160.

⑤ 黄龙. 区块链数字版权保护：原理、机制与影响[J]. 出版广角，2018(23)：41-43.

⑥ 金雪涛，王紫薇. 区块链+通证经济：版权运营的新模式[J]. 现代出版，2019(3)：41-44.

⑦ 熊皓男. 版权链论纲：区块链对网络版权底层规则的重塑[J]. 科技与法律(中英文)，2022(1)：36-44.

区块链技术的担忧。国外有相关学者曾经认为区块链技术是犯罪活动①、庞氏骗局②、无政府和独裁主义③的避风港。凯文·沃巴赫、林少伟(2018)认为区块链版权保护技术值得信任,但欠缺相应法律监管。④ 马明飞、刘新洋(2020)认为,区块链技术目前仍然处于技术发展阶段,存在一定的技术风险,尤其是在智能合约属性认定、匿名化风险控制、作品独创性认定等方面存在不足,并且其潜在技术还存在被滥用的风险。⑤ 赵双阁、姚叶(2021)从法律层面出发,分析了区块链技术运营模式、区块不协同的特性,认为其可能会与我国《著作权法》《刑法》《个人信息保护条例》等法律法规存在冲突。⑥

区块链技术与舞蹈作品版权保护的适用性具体表现在借助区块链技术可以实现舞蹈作品版权管理追踪。通过区块链技术,可以搭建一个集存储、创作、推广、消费、使用、版权、溯源、资源管理于一体的舞蹈产业平台。区块链技术的运用,可以简化舞蹈版权登记流程、降低版权信息的查询成本、助力舞蹈作品版权确权、促进舞蹈作品授权交易,同时也为舞蹈作品侵权后维权提供证据支撑。区块链技术无论是在舞蹈作品版权管理还是在舞蹈作品版权运营上都有其得天独厚的优势,尽管存在相关技术风险,但学者们也研究出较多合理的解决措施。

区块链技术的理论研究较为丰富,可实际上还需要大量的计算机研究人才与法学研究学者在技术逻辑以及法律逻辑上寻求跨界合作,以提供详实的实证材料

---

① Kim Zetter. FBI Fears Bitcoin's Popularity with Criminals, Wired.com, May9, 2012. https：//www. wired. com/2012/05/fbi-fears-bitcoin/.

② Matt O'Brien. Bitcoin Isn't the Future of Money—It's Either a Ponzi Scheme or a Pyramid Scheme, Washington Post Wonkblog, June 8, 2015. http：//www. washingtonpost. com/blogs/wonkblog/wp/2015/06/08/bitcoin-is-not-the-future-of-money-it-is-either-a-ponzi-scheme-or-a-pyramid-scheme/.

③ Ian Bogost. Cryptocurrency Might Be a Path to Authoritarianism, The Atlantic, May 30, 2017. https：//www. theatlantic. com/technology/archive/2017/05/blockchain-of-command/528543/.

④ 凯文·沃巴赫,林少伟. 信任,但需要验证:论区块链为何需要法律[J]. 东方法学,2018(4)：83-115.

⑤ 马明飞,刘新洋. 区块链技术在数字版权领域应用的困境与对策[J]. 中国出版,2020(9)：56-59.

⑥ 赵双阁,姚叶. 区块链技术应用于短视频版权保护的优势与局限[J]. 中国编辑,2021(8)：43-48.

作分析支撑，更好地提升法律与技术发展的协同性，以期为舞蹈作品版权保护提供更好、更全面的保护。

(五)舞蹈作品侵权认定方面

何敏、吴梓茗(2022)以"月光舞蹈案"为切入点，研究舞蹈作品侵权认定的误区。"月光舞蹈案"引出了"单个舞蹈动作是否具有版权性"这一问题，对于舞蹈动作之外的其他元素能否纳入舞蹈作品的范畴也值得学界讨论，以静态手段利用舞蹈作品何时构成侵权也未厘清。① 杨华权(2019)对舞蹈作品独创性的法律认定进行研究，《著作权法》不保护思想，只保护思想的表达。舞蹈作品的独创性从舞蹈动作、舞蹈姿势、舞蹈表情、舞蹈节奏、舞蹈构图、舞蹈结构、舞蹈情节②、舞蹈服装及舞蹈道具等多个方面体现出来，舞蹈作品独创性的法律认定需要我国学者进行深入研究。③ 马明、吴孟洋(2020)结合大数据背景，研究舞蹈视频信息网络传播权的侵权认定与集体管理，对权利体系中的舞蹈视频进行分类，从技术层面和作品层面探讨对舞蹈视频信息网络传播权的侵权认定。我国可以借鉴音乐著作权集体管理制度，进行舞蹈视频著作权集中管理，促进舞蹈视频良性可持续发展。④ 王军(2016)研究了舞蹈作品知识产权的保护策略，分析了舞蹈作品的知识产权结构，利用特定案件研究舞蹈作品的知识产权保护。著作权侵权的司法判定一般为接触与实质性相似，利用特定案件，具体分析侵权判定要素，可加深对舞蹈作品侵权判定理论的认识。⑤

我国学者对舞蹈作品侵权认定的研究主要集中在舞蹈作品独创性认定上。网络背景下，舞蹈作品侵权情况复杂且判定较为困难。互联网背景下，舞蹈作品侵权形式多样，权利人维权成本高，维权难度大。现有的研究缺乏对互联网背景下

---

① 何敏，吴梓茗. 舞蹈作品侵权认定的误区与匡正——兼评我国首例"静态手段侵犯舞蹈作品版权"案[J]. 贵州师范大学学报(社会科学版)，2022(2)：123-137.

② 黄雨微. 网络舞蹈资源现状研究[D]. 北京：中国艺术研究院，2019.

③ 杨华权. 论舞蹈作品独创性的法律认定[J]. 北京舞蹈学院学报，2019，135(4)：23-28.

④ 马明，吴孟洋. 论舞蹈视频信息网络传播权的侵权认定与集体管理[J]. 艺术评论，2020，202(9)：61-76.

⑤ 王军. 论舞蹈作品知识产权的保护策略[J]. 北京舞蹈学院学报，2016，118(6)：1-7.

舞蹈作品版权保护的深入研究。现有法律法规对舞蹈作品侵权标准的认定不够明确，加之利用新媒体技术进行舞蹈作品侵权，侵权行为较为复杂，侵权认定难。

互联网舞蹈作品权属认定较为困难，侵权责任认定不清晰。对舞蹈作品侵权认定进行深入的理论研究，明晰舞蹈作品侵权认定的判断要素，判定舞蹈作品是否构成实质性相似，有利于加强舞蹈作品的版权保护。[①] 学界对舞蹈作品网络侵权理论进行研究，分析舞蹈作品网络侵权中的侵权要素，保护舞蹈作品在网络传播中的著作权，可以减少类似侵权案件的发生。

(六)舞蹈作品形态呈现与舞蹈版权认定

关于舞蹈作品形态呈现的研究，主要聚焦在舞蹈的"美"，具体包括形式美、神韵美等。吴振(2011)提出，舞蹈作品的呈现形态随着网络技术的发展和社会的变迁，逐渐具有了许多新的形式。[②]

舞蹈影像是舞蹈在新时代发展出的一种全新舞蹈叙事样式，其能够让更多原本毫无关联的事物产生碰撞，进而形成一种全新的舞蹈艺术传播路径。石欣宇、郑茂平、王祎(2019)提出，舞蹈影像中的舞蹈语言主要是一种身体语言，它的思维逻辑主要是"写实和写意相结合，写实的作用是为了写意，以写意为中心"，并且系统分析和阐述了身体语言构建的思维倾向。[③] 陈忍(2019)在《新媒体舞蹈艺术表现特点与艺术张力》中对艺术类型维度进行了详细的剖析，认为新媒体舞蹈本质上也是剧场舞蹈的一种，它具备蒙太奇的特征，和舞台剧及电影等的艺术表现形式又有所不同，在传统舞蹈的基础上，从表现手法、审美观念和艺术载体等方面进行了突破发展，融合了现实和虚拟、技术和艺术，利用艺术和科技的交融，舞蹈艺术将更具有表现力[④]及艺术魅力。[⑤] 郝维一(2019)提到，将中国传统

---

① 刘晓静. 地域性舞蹈作品创作中的素材选择与运用研究[D]. 吉首：吉首大学，2021.

② 吴振. 多媒体在舞蹈编辑中的运用与实践[J]. 演艺科技，2011(11)：58-63.

③ 石欣宇，郑茂平，王祎. 论舞蹈影像身体语言构建的思维倾向[J]. 北京舞蹈学院学报，2019(6)：52-58.

④ 唐棵. 舞蹈作品形态呈现的多维比较研究——以舞蹈影像和剧场舞蹈为例[D]. 重庆：西南大学，2021.

⑤ 陈忍. 新媒体舞蹈艺术表现特点与艺术张力[J]. 黑河学院学报，2019，10(2)：173-174.

的音乐融入西方的舞蹈中，实现中西合璧，让观众既可以感受中国传统音乐的悠久历史，也可以感受西方舞蹈的优美姿态。两者进行融合，创造出中西合璧的优秀舞蹈作品，既可以让观众感受文化融合的魅力，又可以让舞剧的表现更加丰富。①

部分学者对舞蹈影像进行了深入研究，王佳佳（2012）介绍了新媒体舞蹈艺术的发展历史，从早期的舞蹈录像到现如今利用新技术进行高清摄影和录像的发展过程。② 社会的发展和科技的进步使得舞蹈作品在形态呈现方面具有多样化特点。

剧场舞蹈作品是经过舞蹈创作人员专业的编排、加工、导演，利用舞蹈服饰、舞台布景、舞台灯光和舞蹈音乐等艺术手法，在剧场舞台上直观呈现的综合舞台艺术。剧场舞蹈作品能够体现舞蹈最为重要的美学特征。③ 李响（2011）指出，舞蹈主要是以人的肢体动作为表达语言的一种艺术表演形式，源于生活也归结于生活。④ 舞蹈作品需要借助一定的媒介才能被大众知晓，剧场舞蹈作品需要利用特定的表演场地进行表演，而舞蹈影像作品则需要借助录音录像设备来保存，利用设备进行传播。熊艳（2018）认为，舞蹈常常融合多种艺术表现手法，利用跨界带来不一样的新体验，舞蹈剧场的出现将跨界反传统意识带向高潮，艺术的跨界行为在舞蹈的推动下向更深处发展，传统框架形式被重新定义，甚至可以以其他的艺术形式去交替，但在探寻时代性创新作品的同时，还需把握舞蹈的脉络。⑤ 幕羽（2019）分析了舞剧创作与剧场特性的相互关系，指出事件情节与冲突将不再作为舞剧追求的目标，舞剧正向复合性的舞蹈剧场演变，在其各个构成因素当中，身体动作不再是主体，而是与文本、语言、声响、装置和灯光等一样的剧场因素，舞蹈剧场的呈现方式具有多样性、时间性、实践性、包容性、过程性、可塑性和复调性等特征。⑥

---

① 郝维一. 论芭蕾舞剧《牡丹亭》的艺术特征[J]. 黄河之声，2019（18）：129.

② 王佳佳. 当代新媒体舞蹈发展概述[D]. 南京：南京艺术学院，2012.

③ 唐棵. 舞蹈作品形态呈现的多维比较研究——以舞蹈影像和剧场舞蹈为例[D]. 重庆：西南大学，2021.

④ 李响. 舞蹈传播方式分析与比较研究[D]. 延吉：延边大学，2011.

⑤ 熊艳. "舞蹈剧场"的核心与划分边界[J]. 艺术评鉴，2018（5）：142-143.

⑥ 慕羽. "戏剧性""剧场性"与"身体性"的互文表达——从舞剧到舞蹈剧场[J]. 北京舞蹈学院学报，2019（4）：48-57.

　　舞蹈形态的呈现需要将舞蹈作品的构成元素进行编排、加工，编排和加工后呈现出来的舞蹈作品具有独创性。对舞蹈作品呈现形态进行研究可以发现，部分舞蹈作品呈现形态的具体元素可以体现出舞蹈作品的独创性，认定部分舞蹈作品呈现形态的具体元素的独创性可以界定舞蹈作品的独创性，对舞蹈作品版权保护有重要作用。

（七）舞蹈创作动机与舞蹈版权认定

　　吕艺生（2019）指出舞蹈创作动机为"意会"。意会，作为一种思维现象，是最为宝贵的，因为它是人类认识世界的一种方式，一种思维形式。[1] 当舞蹈发展到很高境界时，意会便起重要作用，它不是一种物理实在，但也并非虚无的空头理论。[2] 漆捷（2012）专门从学理与实践两个层面研究了意会的相关理论及现象知识，运用哲学、语义学与理论心理学的相关理论及其方法，对意会知识加以详细论述与分析，将其研究的相关理论与知识整理到同名的理论著作中，对这种"难言"的认知思维结构[3]进行更为深入系统的挖掘探究。[4] 李晓鸥（2016）结合"接受美学"的相关知识，探讨舞蹈作品著作权人与观众之间的关系，突出了观众在舞蹈作品表演过程中的重要地位。观众与艺术作品间产生联系的过程中，意会同样发挥着不可替代的作用。[5]

　　学者对现有舞蹈创作动机的研究集中在意会的概念阐释及表达境界的赏析阶段。舞蹈作品的创作动机——意会是作者的思维现象，来源于生活或者作者的想象，作者将意会通过舞蹈作品表达出来，使观众产生共鸣。众所周知，《著作权法》不保护思想，保护思想的表达。学界对舞蹈作品创作动机的研究应逐渐侧重于意会表达板块，作者通过舞蹈动作、舞蹈服饰、舞蹈角色、舞台布置、舞台灯光、音乐等表达意会。这个表达过程呈现出来的舞蹈作品使作者的意会具有独创性，可以受到《著作权法》的保护。

①　孙嘉璐. 舞蹈作品的意会思维探究[D]. 济南：山东师范大学，2021.
②　吕艺生. 舞蹈本体论钩沉[J]. 文化艺术研究，2019，12（1）：41-46.
③　孙嘉璐. 舞蹈作品的意会思维探究[D]. 济南：山东师范大学，2021.
④　漆捷. 意会知识及其表达问题研究[M]. 北京：光明日报出版社，2012：4.
⑤　李晓鸥. 接受美学视域下的舞蹈接受方法探析[J]. 北京舞蹈学院学报，2016：21-24.

二、国外现状

(一)关于舞蹈版权的性质界定和立法发展

英国作为资产阶级革命的先锋地,世界上第一部版权法《安娜法令》于 1709 年颁布,对其后的著作权产生了深刻影响。尽管如此,舞蹈作品的版权在相当长一段时间内都未被纳入法律的保护范围之内。英国颁布的《1988 年版权、外观设计和专利法案》阐明,戏剧作品包括舞蹈或哑剧作品。但由于缺少对舞蹈作品详细的定义、司法解释和法令,在舞蹈版权的判定上,仍面临法律依据不足的问题,只能依照相关案例的判决来总结经验。1886 年德国签署《伯尔尼保护文学和艺术作品公约》,承认舞蹈作品也是受保护的作品之一,将舞蹈作品置于文学和艺术作品之中,然而《伯尔尼公约》也没有对舞蹈作品作出详细的界定。1908 年柏林修正案修订了《伯尔尼公约》,承认舞蹈作品是受保护的作品之一,但仅将舞蹈作品放置于文学和艺术作品之下。[1] 在 1976 年修订著作权法时,美国第一次明确将编舞作品(choreography)作为保护对象写入联邦版权法。在此前的 1909 年法案,其保护对象尚未涉及舞蹈作品,仅将其作为戏剧作品,在《著作权法》修订之后,舞蹈作品不再作为戏剧作品的一部分被保护。换言之,舞蹈作品成为一个单独的类别,不再对舞蹈作品有戏剧性内容和故事情节的要求。[2] 法国 1992 年将当时分散的 23 个与知识产权有关的立法汇编起来,制定成《法国知识产权法典》,予以颁布,开创了世界知识产权法典化之先河,将对舞蹈作品的保护规定于作者权之中,明确舞蹈作品、马戏、哑剧,其表演以书面或其他固定形式为作者权所保护的客体内容。[3] 但是纵览法典,对舞蹈作品这一客体对象内涵的具体描述仍是空缺的。

在以美国、英国、德国、法国为代表的西方国家中,版权法律都经过长期的发展。英国和德国都把舞蹈作品看作戏剧作品的一部分来进行版权保护,并且只

---

[1] 《伯尔尼公约》柏林修订本(1908 年 11 月 13 日通过,1910 年 9 月 9 日生效),第 2 条.

[2] Robert Freedman. Is Choreography Copyrightable: A Study of the American and English Legal Interpretations of Drama[J]. Duquesne Law Review, 1963, 1(2): 77.

[3] 《法国知识产权法典》Article L112-2.

保护具有戏剧性内容和故事情节的舞蹈作品,单纯的抽象性舞蹈并未被纳入保护的范畴,即在戏剧作品的一般类别中给予保护,且舞蹈作品要想得到版权保护,必须具有戏剧性的内容和情节等必备要素。美国、法国明确将舞蹈作品作为单独的一个类别进行保护,不再强调舞蹈作品的戏剧性内容和故事情节。与英国相比,中国的舞蹈作品受版权保护,不需要戏剧性的内容和故事情节,但是明确需要表现思想情感。同1976年美国版权法相比,中国的舞蹈作品受版权保护要多一个表现思想情感的要求。从法律的内在逻辑上看,通过舞台演出的舞蹈作品仍然属于戏剧作品。我国法律把表现思想情感作为舞蹈作品的必备要素,也就是说单纯的舞蹈动作并不会被当作舞蹈作品来进行保护,这一点和美国富勒诉贝米斯案确立的原则是一致的。①

(二)关于舞蹈作品独创性研究

独创性是作品受到版权法保护的实质性条件,是版权保护认定的前提条件,独创性包括了"独"和"创"两个基本要求。Steven教授(2000)认为应将独创性作为获得版权保护的根本基础。② 采用作者权利制度的大陆法系国家往往对受保护的舞蹈作品设定更严格的鉴定标准。英美法系国家对于作品的独创性要求相较而言宽松一些。美国Holmes法官(2000)认为,由那些只受过法律训练的人来判断美术作品的价值是危险的。一方面,有些极具天才创意的绘画一开始不被人们所欣赏。另一方面,有些在法官看来缺乏美学价值和教育意义的作品却能够被一些民众所接受。不能根据品位的高低判定作品受不受版权保护。该观点后来被总结为"美学不歧视原则"。即不以作品艺术标准来判断舞蹈作品的独创性,而是从各国法律的角度判断。

Harms(2013)认为在判断一部作品是否具有"变革性"(transformative)时,法院会询问是否添加了新的内容,是否有进一步的想法或不同的性质,是否用新的

---

① Fuller v. Bemis[Albany Law Journal, v.46, 1892, pp.165-166].

② Steven S. Boyd. Deriving Originality in Derivative Works: Considering the Quantum of Originality Needed to Attain Copyright Protection in a Derivative Work[J]. Santa Clara Law Review, 2000(40).

表达替换第一个意思或者信息。① 美国学者 Evie Whiting(2012)指出，动作不是凭空被创造出来的，而是不断被人类发现的。② 舞蹈作品的独创性体现在整个舞蹈作品之中，大量体现在舞蹈动作之中。精心编排的作品通常包括以下一个或多个元素：一个或多个舞者的身体在规定的顺序和规定的空间环境(如舞台)中有节奏的运动；一系列的舞蹈动作或模式被组织成一个综合的、连贯的、有表现力的作品整体；通过动作传达的一个故事、主题或抽象的构成；在观众面前展示的由个人进行的熟练的表演，以及音乐或文字的伴奏。虽然这些都是舞蹈作品中的常见元素，但它们并非一成不变的标准。美国著名法官 Posner(2012)在谈及保护舞蹈动作时认为，法院将不得不界定每一个动作，划定其边界，确定它与其他动作的重叠之处，而且其中最为困难的是，确认被控侵权作品中的原创性动作。③ 舞蹈在人类历史舞台上存在的时间可追溯上千年，舞蹈动作虽源自生活，但仍需人类进行创作加工，才可作为著作权法所保护的客体，舞蹈家"创造"出某一看似新颖、从未有过的舞蹈动作是极为困难的。

20 世纪 90 年代，美国最高法院在 Feist 案中明确否定了英国将作者付出的劳动作为作品受版权保护的"额头出汗原则"，④ 认为版权法的首要目的不是犒赏作者的劳动，而是促进科学和实用艺术的进步。大法官 O'Connor(1991)在判决书中写道：作品具有独创性需要达到两个要求，其一是作品由作者独立完成，其二是作品中必须体现最低程度的创造性。虽然独创性在司法实践中或许是一个主观的和不确定的概念，但并不意味着不能达成一定程度的一般意义上的共识。之后，"创造性的火花"成为判断舞蹈作品独创性的重要标准。

德国教授 Manfred Rehbinder(2005)曾言，对舞蹈作品著作权的保护范围以一枚"小硬币"的厚度为标准，即对于舞蹈作品的独创性要求通常比较低，只需要

① Harms, L. T. C.. "Originality" and "Reproduction" in Copyright Law with Special Reference to Photographs[J]. Potchefstroom Electronic Law Journal, 2013, 16(5).

② Evie Whiting. Square Dance: Fitting the Square Peg of Fixation into the Round Hole of Choreographic Works[J]. Vanderbilt Law Review, 2012(4): 1286.

③ 威廉·M. 兰德斯，理查德·A. 波斯纳. 知识产权法的经济结构[M]. 金海军，译. 北京：北京大学出版社，2016：111.

④ Financial Info. Inc. v. Moody's Investors Serv. Inc. [Z]. 808 Federal Reporter, 2d Series 204(2d Cir. 1986).

达到一枚"小硬币"厚度那样微小的创作高度,就应该受到著作权的保护。① 舞蹈作品受现存作品的影响相当大,只要该作品中含有哪怕一点点独创性,也不能排除该作品受版权法保护的原创性。最低限度的独创性成为法院判决侵权的重要衡量因素。法国理论界关于作品独创性的观点简单明确,Sterling(1998)认为在法国,独创性即作品体现的作者的个性。② 舞蹈作品具备创作者个性色彩是其在法国具备独创性的前提条件。德国和法国同属大陆法系国家,在认定作品独创性时,相较于舞蹈作品的"财产价值",更加强调作品的"人格价值",此点同英美法系国家正好相反。Mathilde 等人(2017)从学理的法律角度出发,将舞蹈与法律结合起来,探讨文化价值、受众素养和商业剥削等棘手问题,以英国版权法为切入点,结合残疾人舞蹈艺术家的作品,探讨舞蹈的所有权问题。③

(三)关于实质性相似问题和侵权认定衡量方法

判断实质性相似是衡量是否构成版权侵权的重要手段,两者关联密切。美国"实质性相似加接触"原则最早于 Laurence v. Dana 案中提出,法官 Clifford(1869)认为如果涉案内容与他人作品中具有价值的独创性部分相似,且无法作为独立创作予以排除,那么该不当挪用即造成对原作的实质性侵害。④ 这一规则虽未以法律的形式成文书写,但其在美国判断舞蹈侵权的司法实践中一直被沿用,也成为以法国、日本为代表的大陆法系国家公认的判别版权侵权的核心所在。⑤

美国学者 Patricia(1987)认为,在分析两张拍摄的舞蹈图片中的舞蹈是否构成实质性相似时,事实认定者需要将图片中出现的无关因素统统排除出去,如服装、灯光效果、舞台布景等。⑥ Patricia(1987)评价了著名的有关舞蹈作品侵权纠

---

① [德]雷炳德. 著作权法[M]. 张恩民,译. 北京:法律出版社,2005:50-51,116-117.

② Sterling J. A. L.. World Copyright Law. London Sweet & Maxwell, 1998.

③ Mathilde Pavis, Charlotte Waelde, Sarah Whatley. Who Can Profit from Dance? An Exploration of Copyright Ownership[J]. Dance Research, 2017, 35(1):96-110.

④ F. Cas. 26 (C. C. D. Mass. 1869), 8, 136, Laurence v. Dana.

⑤ Keiji Sugiyama, Dennis S. Karjala. Fundamental Concepts in Japanese and American Copyright Law[J]. The American Journal of Comparative Law, 1988(36):613, 649-650.

⑥ Patricia Solan Gennerich. One Moment in Time:The Second Circuit Ponders Choreographic Photography as a Copyright Infringement:Horgan v. MacMillan, Inc. [J]. Brooklyn Law Review, 1987(2):382, 397.

纷的 Horgan 案，他认为，对拍摄的静态舞蹈图片进行实质性相似对比，排除无关元素可以更好地判定作品是否构成侵权。①

学者 Leslie(1985)曾明确指出，舞蹈作品并非用电影胶片记录下来的事物，而是通过舞者的姿态和动作来对外呈现的具体表达。② 就舞蹈作品而言，动作设计是否相同或相似才是判断不同舞蹈之间是否构成实质性相似的决定性因素。英国法官 1921 年审判 Tate v. Thomas 案时同样认为舞台的场景效果、表演风格等因素不同于舞蹈作品，不具有被固定性或被记录性，不能被简单囊括进舞蹈作品的范畴内，故不受版权法保护。③ 综上所述，通过动作比对判断是否侵犯舞蹈作品版权为各国司法通例。何种程度才能构成"实质性相似"，世界各国的著作权法未作出具体规定，也少有明确指出在司法实践中可以适用的具体标准，但从各国学者的总结和司法判例的实践中可见一斑。在判断舞蹈侵权时，应判断被控侵权作品与权利作品之间的相似性部分是否来源于权利作品的独创性表达。

思想表达二分法的理论源于德国学者 Cella(1784)，其主张作品与构成其社会内容的社会事实或事件是有区别的，后者并不能成为著作权的客体，作者也不能排除第三人对作品内容的自由利用。④ 美国法官 Earl(1858)在审理案件时宣称：权利的主张不能延及思想。思想表达二分法是判断舞蹈作品是否存在实质性相似的重要原则。该方法不仅是美国版权法中的一项基本原则，也是国际通用的一般准则，即著作权法不保护舞蹈作品中的思想，而只保护思想的表达载体——舞蹈作品本身。《美国著作权法》第 102 条第(b)款规定：任何情形下，对原创作品的著作权保护都不得延及其思想、工具、工序、规律、操作方法、概念、原则或者新的发现，无论上述内容在作品中是以什么形式来被描述、说明或者是体现，包括文学、艺术和科学等形式的作品。在 TRIPS 协议中也有相关规定：著作权的保护范围仅限于对思想观念的表达，不包括观念、程序、操作方法或者是数

---

① Patricia Solan Gennerich. One Moment in Time：The Second Circuit Ponders Chreographic Photography as a Copyright Infringement：Horgan v. MacMillan, Inc. [J]. Brooklyn Law Review, 1987(2)：382, 397.

② Leslie Erin Wallis. The Different Art：Choreography and Copyright [J]. UCLA Law Review, 1985(5)：1467.

③ Tate v. Thomas [1921] 1 Ch 503.

④ 吴汉东，王毅. 关于"著作权保护思想的表现形式"理论的辨析[J]. 著作权，1991(3).

理概念等。这一方法被认为是体现了著作权保护的根本立场，也是具有高度的国际性认同原则。

日本学者 Keiji Sugiyama(1988)提出情形分析法，接触、利用他人智力成果的行为大致可分为三种情形：(1)本人创造的智力成果与他人已完成的智力成果构成"实质性相似"，(2)本人创造的智力成果是在他人智力成果基础上的"二次创造"，(3)本人虽接触他人的智力成果，但其创造的智力成果是不从属于他人的"新成果"。具体到舞蹈作品领域，无论是直接侵权或者间接侵权，只要实施的行为关系到作品的全部或者任何实质部分，构成了实质性相似，即为所禁止的侵权行为。在判定是否构成舞蹈作品侵权时，不仅要对挑取的舞蹈片段进行定性分析，还要从整体出发，考虑挑取的片段对整个舞蹈作品的实质性影响。

美国法官 L. Hand(1930)在 Nichols 案中首次提出，对任何作品，随着更多的情节被剔除，就会有一系列愈加概括的模式与之匹配，但在抽象过程中，存在一个临界点，作品内容一旦超过临界点就不受保护。[①] 美国法官 Walker(1992)进一步提出三步检验法，[②] 即"抽象—过滤—比较"法，试图将作品受保护的表达要素与作品不受保护的思想区分开，对此后的侵权认定具有重要意义。先把抽象的"思想"予以排除，只留下"表达"；剔除一些不受著作权法保护的东西，主要是指公共领域的内容；最后将剩下的部分与侵权作品进行对比。任何一部确定的作品都可以是许多思想和表达的混合，在一些作品本身相似度难以判断的情况下，仅靠整体观感法难以得出准确的结论，需要对作品的独创性元素进行划分，并作细致的比对分析。三步检验法的成文最初出现在《伯尔尼公约》第 9 条第(2)款中，之后被纳入 TRIPS 协定和 WCT 中，用于平衡著作权法中的权利授予与权利限制。[③] 2008 年，德国马克斯-普朗克知识产权研究所和英国伦敦玛丽王后学院牵头发布了《平衡解释"三步检验法"宣言》，用以进一步规范、解释三步检验法。[④]

---

①　Nichols v. Universal Pictures Corp., 45 F. 2d 119 (2d Cir. 1930).

②　Computer Associates International, Inc. v. Altai, Inc., 982 F. 2d 693(2d Cir. 1992).

③　Senftleben M. Copyright, Limitations, and the Three-Step Test: An Analysis of the Three-Step Test in International and EC Copyright Law[M]. Kluwer Law International BV, 2004.

④　Declaration of a Balanced Interpretation of The"Three-Step Test"in Copyright Law[EB/OL]. [2020-11-10]. http://hfgga4358b2be30ed48b9h9wouqwpv0xbf6wv6.fhaz.libproxy.ruc.edu.cn/en/research/researchnews/declaration-on-the-three-step-test-list-of-supporters.html.

美国 Goldstein 教授(2014)认为，整体观感法是一种具体贯彻了版权法的传统目的，保障作者对其受保护的表达拥有排他性的受众市场的判断方法。① 从大众的角度理性看待舞蹈作品是否构成"实质性相似"，强调的是大众对该作品整体的艺术感受和精神体验，而不是纠结于拆分作品的具体部分或所需的技术支撑。美国法官 Feinberg(1986)在巴兰钦遗产的执行人诉麦克米伦公司一案，运用该方法判断静态照片是否侵犯动态舞蹈作品版权，② 将作品作为一个整体，以一般读者的感受进行判断，更强调普通公众对作品的感受，对作品整体不做技术上的区分，更有益于寻求作者同公共利益的平衡点。

Said(2017)详细论述了版权侵权原则在司法中的适用，并提出著作权完善建议：(1)增加法官在法律方面的工作，从而缩小陪审团在判定侵权行为中的作用；(2)专家证据在著作权诉讼中应发挥更大作用；(3)陪审团在评估侵权艺术品时，应被指示进行更加知情的阅读；(4)法院应探索使用特别裁决，使陪审团审议更加透明。③

世界各国司法机关自舞蹈版权侵权产生之初，以审判实践经验的积累为打击舞蹈作品侵权行为奠定坚实基础。理论界在舞蹈版权立法的发展及对司法审判实践经验的总结之中，不断就舞蹈版权侵权的性质判断和责任认定总结经验，在作品实质性相似的判定方法上，结合本国实践和他国实践，归纳出诸多方法与原则，为遏制违法侵权行为，保护原创作者创造条件。

(四)关于舞蹈版权保护机制的创新发展

Lee Davis(2006)认为，全球化的发展壮大，数字化日益广泛的影响，对版权产业提出了新的挑战和提供了新的机会。④ 舞蹈版权保护机制的建立是伴随新媒体技术的兴起和文娱产业的发展而逐步形成的。版权的制定最初是由出版商推动

---

① 李明德. 美国知识产权法[M]. 北京：法律出版社，2014：363-364.

② Horgan v. Macmillan, Inc., 789 F. 2d 157, 158 (2d Cir. 1986).

③ Said Z. A Transactional Theory of the Reader in Copyright Law[J]. Social Science Electronic Publishing, 2017, 102(2)：605-650.

④ Lee Davis, "Globalisation, Digitisation and the Changing Role of Copyright," in F. Macmillan, ed., New Directions in Copyright Law, vol. 33, Cheltenham：Edwar Elgar Publishing Ltd., 2006：79.

并促其发展和变革的，以保护图书、绘画和音乐作品之类的传统文化创造。但是，近几百年间，在文化娱乐（音乐、舞蹈、电影、电视）、图像游戏和软件行业，版权作为保护创新的手段，具备一定的商业属性。从萌芽的版权制度，到伴随互联网的诞生而发生的网络版权侵权行为，以及在保护网络版权过程中所面临的问题，Goldstein（2008）对版权持有者和使用者之间的关系作了详细的研究，从而展现了版权制度应如何适应快速发展的互联网技术。① 随着技术的发展，舞蹈版权在立法中得到调整和完善。Patterson（2015）认为，在美国，版权法的形成在历史上很大程度回应了版权企业家的诉求。② 信息化时代的舞蹈作品市场亟须完善的版权保护机制维持其正常运转和促进其繁荣发展。

Oriakhogba（2019）明确指出，著作权集体管理组织制度之所以存在，是因为其本身具有极强的正当性。即由于技术的不断发展更新，使得权利人与使用者之间进行一对一的个体授权模式变得越来越难以实现。因此，将相关权利委托给集体管理组织进行管理，将极大地提升相关效率。③ Freegard（1985）认为与垄断性运营模式相比，自由竞争式的集体管理组织将能够更为高效地处理相关事务。④ Gervais（2010）认为，著作权集体管理组织能解决著作权交易成本过高的问题，其作为使用者及著作权人沟通的媒介，也可为著作权过于分散这一问题提供解决思路。⑤ 纵观国内外各个领域的版权保护情况，集体组织管理在资源规模、组织影响、利益协调、市场规范上都具有相当优势。定期组建的集体管理组织有权在授权范围内提起法律诉讼，以捍卫其法定权利，并捍卫其成员的物质和精神利益，特别是在与其相关的专业协议的框架内。这不仅有效地提高了作品的传播效率，也降低了舞蹈作品流通的经营成本。欧盟各国的集体管理组织之间也会合作成立

① ［美］保罗·戈斯汀. 著作权之道［M］. 北京：北京大学出版社，2008.
② ［美］莱曼·雷·帕特森，斯坦利·W. 林德伯格. 版权的本质：保护使用者权利的法律［M］. 郑重，译. 北京：法律出版社，2015：3.
③ Oriakhogba D O. Collective Management of Copyright in Nigeria：Should It Remain Voluntary，May It Be Mandatory or Extended，2019.
④ Freegard. Collective Administration：The Relationship Between Authors' Organizations and Users of Works［J］. Copyright，1985（3）：443-446.
⑤ Gervais D，Collective Management of Copyright and Related Rights ［J］. Amsterdam：Kluwer Law International，2010：1-3.

版权管理机构，以便实现跨区域授权。

英国 Lan Hargreaves 教授（2011）对现行知识产权制度发展问题进行调研，形成了《哈格里夫斯报告》，提出设立"数字版权交易中心"。① Richard Hooper（2012）建议建立一个由政府支持、产业主导的版权交易中心，该中心具有跨部门、国际化功能，能够与国内外各类数字版权交易平台、版权登记中心或者其他版权数据库相连。② 平台以实现政府对版权产业数字化管理为根本，整合数字版权领域上下游产业，打造数字版权产业新生态。建立数字版权行业新标准，全力推动舞蹈版权产品的数字化、资产化、资本化、产业化。

当前，将区块链技术用于舞蹈版权的保护也备受关注。O'dair（2017）认为，在现有版税的分配模式下，版权人通常需要数年才能收到全部版税。③ 从舞蹈版权的产生到收益的取得，由于介入的中心环节过多而需要耗费大量的时间和精力。美国学者 Lawrence（2009）指出，区块链所具有的分布式、免信任性、时间戳、非对称加密技术、智能合约技术等特性使得区块链技术具有其他技术所不能取代的优势。④ 区块链技术具有去中心化、防篡改、可追溯、公开透明等特点，通过点对点传输、加密算法等计算机技术维护数据库，"版权维护+区块链"运作机制的优势不断显现。Alexander（2018）认为，区块链可以实现版权链的公开透明，这有助于辨析版权关系，加密技术的使用大大减少了在线盗版的风险，智能合约能实现对创作者的经济补偿。⑤ 从确权、用权、维权三个方面引入区块链技

---

① Lan Hargreaves. Digital Opportunity：Review of Intellectual Property and Growth［EB/OL］. ［2011-05-18］. https：//www. gov. uk/government/publications/digital-opportunity-review-of-intellectual-property-and-growth.

② Richard Hooper, Ros Lynch. Media Legislation Reports："Copyright Works：Streamlining Copyright Works Licensing for the Digital Age"［EB/OL］. ［2012-07-01］. http：//hfggaf40ee671 d3764801hpbw90o6np9fx6wu5. fhaz. libproxy. ruc. edu. cn/copyright-guidance/mlr/index. php/site/350.

③ O'dair M，Beaven Z. The Networked Record Industry：How Blockchain Technology Could Transform the Record Industry［J］. Strategic Change，2017，26（5）：471-480.

④ ［美］劳伦斯·莱斯格. 代码 2.0：网络空间中的法律［M］. 李旭，沈伟伟，译. 北京：清华大学出版社，2009：57.

⑤ Alexander Savelyev. Copyright in the Blockchain Era：Promises and Challenges ［J］. Computer Law & Security Review：The International Journal of Technology Law and Practice，2018，34（3）.

术，提升知识产权服务的运行效率和服务水平，解决知识产权运作冗长繁杂、取证困难、费用昂贵等问题。Christopher(2014)指出，在区块链技术的应用下，用户的随意进出直接导致监管困难，以私有链为基础的联盟链，设置了准入门槛和监管主体，解决了监管主体与去中心化间的矛盾，降低了上链成本。但如何处理平台提供方、技术支持方和链上使用者之间的关系，如何最大化发挥其优势，有待研究。① Whitaker(2019)认为，区块链技术会给艺术(舞蹈、戏剧等)和创意行业带来根本性的改变，并极有可能通过集体所有权结构或者艺术产品的商品化促进艺术产品的版权保护。②

各国强化舞蹈版权保护，激发创新活力，为版权运营机制的现代化服务体系提供智力支撑。在舞蹈版权的发展历程中，面对侵权形式日益多样化、隐蔽化趋势，学界提出充分利用互联网思维和科技手段，催生系统性的集群效应和专业的服务性机构，降低维权难度和成本，保护原创者的智力成果。

综上所述，国内外学者从舞蹈作品的创作、舞蹈作品的呈现形态、舞蹈作品传承与版权保护的关系、舞蹈作品独创性的认定、舞蹈作品实质性相似的判断标准、舞蹈作品保护机制与策略、舞蹈作品技术保护手段、新媒体时代舞蹈作品保护面临的困难和宏观措施等方面作了前期研究。但在舞蹈作品独创性认定、实质性相似判定标准方面，仍有进一步完善的空间；舞蹈作品保护措施及手段并未完全与新媒体技术发展环境相匹配，相关法律与措施仍存在抽象、零散现象，缺乏一定的系统性、针对性和可操作性。现有保护手段并没有解决好新媒体时代舞蹈作品侵权频发的问题，没有保护好舞蹈作品权利人的利益。这需从政府、网络运营商、版权产业链、技术措施、集体管理组织、版权使用者、道德与法律等层面作全面、系统、深入的研究，构建多维的立体式保护机制，以营造健康、和谐的舞蹈作品保护生态。

---

① Christopher May. Digital Rights Management the Problem of Expanding Ownership Rights[J]. Oxford：Chandos Publishing Press，2014：38.

② Whitaker, A. Art and Blockchain：A Primer, History, and Taxonomy of Blockchain Use Cases in the Arts[J]. Artivate：A Journal of Entrepreneurship in the Arts，2019，8(2)：21-46.

第三节 研究路线、研究方法及创新点

一、研究路线

首先，提出问题：新媒体时代舞蹈作品版权侵权表现形式有哪些？具体侵犯权利人什么权利？侵权行为如何得到有效治理？如何有效保障舞蹈作品权利人的权益？其次，分析问题：分析新媒体环境下舞蹈作品侵权行为特征，如移动性、便捷性、无形性、取证难、随时性、广泛性、快速性等；从法律层面、政策制度层面、社会环境层面、版权保护技术层面、商业模式层面、集体管理组织层面、公民行为层面梳理舞蹈作品版权保护现状，并指出版权保护存在的现实困境。最后，解决问题：针对舞蹈作品版权保护现状及存在的困境，从完善舞蹈作品相关立法、创新版权保护技术、构建和谐的版权保护生态、构建多元化版权授权机制、创新舞蹈作品版权集中管理机制、构建舞蹈作品权利人快速维权机制、构建舞蹈版权道德与文化培育机制等方面提出解决措施。（见图1）

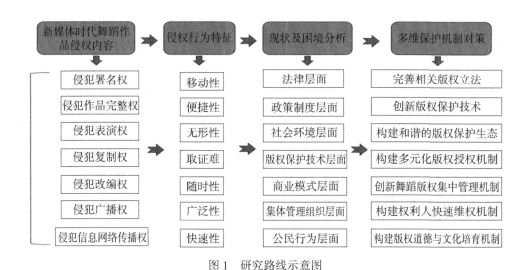

图 1 研究路线示意图

二、研究方法

文献研究法：在充分阅读理解《党的二十大报告》《"十四五"规划和 2035 年远景目标纲要》《中华人民共和国著作权法》《著作权法实施条例》《信息网络传播条例》等党的政策、文件、法律法规的基础上，寻找研究出发点，并结合《党的二十大报告》《"十四五"规划和 2035 年远景目标纲要》等最新文件精神寻求有针对性的解决措施。

比较研究法：结合美国、英国、德国等知识产权发达国家舞蹈作品版权保护现状，进行分析比较，并予以借鉴。

案例分析法：参考"北大法意""Alpha""Westlaw""Lexis""中国裁判文书网"等法律数据库和网站，选取国内外影响较大的舞蹈作品版权侵权案例进行研究分析。

规范分析法：运用《中华人民共和国民法典》(以下简称《民法典》)《中华人民共和国著作权法》《中华人民共和国刑法》等法律文件中关于版权和舞蹈作品版权侵权行为与责任承担的相关法律规定，对相应舞蹈作品版权侵权行为进行分析。

三、创新点

1. 新媒体时代舞蹈作品版权保护需要构建多维保护机制。除了政策与法律支持外，还需要从舞蹈作品版权权利人、集体管理组织、互联网企业、网络运营商、版权产业链、版权使用人、必要的技术措施等方面予以规制。

2. 完善舞蹈作品相关立法和司法实践。完善舞蹈作品版权保护法律体系，统筹舞蹈界和法律界对舞蹈作品概念的界定，使其统一化、明确化；明确舞蹈作品独创性认定标准，规范舞蹈作品实质性相似的判定规则；完善舞蹈作品版权侵权判定的司法适用指导，出台舞蹈作品侵权判定的司法解释，发布舞蹈作品侵权判定的指导性案例。

3. 构建新媒体时代舞蹈作品和谐的版权生态环境。充分发挥舞蹈作品著作权人、集体管理组织、各市场主体和相关行业协会的作用，使其在舞蹈作品视频传播、定价、支付技术授权模式以及在社会公众版权教育方面形成强大的保护合力。

4. 构建舞蹈版权道德与文化培育机制。版权道德与文化属于对人意识上的一种约束力，它可以规范人的自身行为，版权文化的培育与道德约束是新媒体时代舞蹈作品版权保护的软约束手段。除了法律保护"硬"手段以外，还需借助"软"措施，构建版权文化与道德体系，让舞蹈作品版权保护内化为网民的一种意识，内化于心、外化于行。

第二章　新媒体时代的舞蹈创作、传播及版权规范

第一节　舞蹈及其创作

一、舞蹈概论

当代社会，舞蹈已成为人民生活中一个重要部分。从庆祝中华人民共和国成立 70 周年的舞蹈演出到居民晚饭后的广场舞，从国际交流舞台上的舞蹈到民族节日中的舞蹈，无一不显示着舞蹈在生活中扮演着非常重要的角色。舞蹈对个人、民族、国家乃至国际社会都有着非常重要的意义。随着人民生活水平的提高，审美教育与艺术教育的普及，舞蹈也不再是高不可攀的艺术，表演舞蹈、创作舞蹈已成为一种社会常见的现象。同时，伴随着民众舞蹈审美需求的崛起，舞蹈呈现出产业特征，舞蹈产业在经济社会中的重要性也愈发凸显。

按照艺术史的研究，舞蹈是一种起源非常早的艺术，几乎是与人类文明同步诞生的，艺术史学家甚至将舞蹈称作"艺术之母"。伴随人类文明的发展，舞蹈艺术精彩纷呈，不仅涌现出纷繁的舞蹈形式和不计其数的舞蹈作品，人们对舞蹈的研究与思考也不断深入。作为一种艺术形式，舞蹈是艺术的重要部分；作为一种学科理论，舞蹈理论也成为艺术理论的重要部分。对于舞蹈的定义及其特点，从舞蹈的学科视角看，这些都是经久不衰的话题，众说纷纭，莫衷一是，也正是对这些问题的讨论，促进了舞蹈学科的发展，不断深化人们对舞蹈艺术的认识。

我国古代经典《毛诗序》在阐述"诗言志"时有一段非常诗意的描述："诗者，志之所之也，在心为志，发言为诗，情动于中而形于言，言之不足，故嗟叹之，

嗟叹之不足，故永歌之，永歌之不足，不知手之舞之、足之蹈之也。"这一段精彩的描述，表明舞蹈同语言、音乐一样，属于人们思想感情自然流露的一种表达方式，但是其有超越语言、音乐的独到之处。语言艺术、音乐艺术是当代艺术领域中与舞蹈艺术联系非常紧密的领域，其在表达形式与理论认识上的相互影响极其深远，讨论舞蹈问题也不可能决然抛开语言艺术与音乐艺术。

舞蹈的定义、特质等基本问题，属于舞蹈艺术研究者的"一亩三分地"，也是其他领域研究人员应当涉猎的。本书探讨舞蹈作品的版权保护问题，就研究旨趣而言，更关注的问题是舞蹈艺术普遍被认可的一些特点，以及这些特点对舞蹈作品版权理论与规范的影响。总结舞蹈艺术领域的一些普遍被接受的观点，结合本书的主题，可以从以下四个方面描述舞蹈的特点。

（一）舞蹈是一种直观艺术

舞蹈是一种直观艺术，即舞蹈主要通过视觉来进行审美感知。这一特点，反过来说，人们视觉所能感知的对象才属于舞蹈的"表达"，比如动作（造型）、表情乃至舞台等视觉能够感知的对象。而伴随舞蹈表演的音乐，属于听觉感知的对象，尽管很多舞蹈都有伴乐，但音乐不是舞蹈所必需的，伴乐可以与舞蹈分离，是另一种独立的艺术形式。这一特点影响到了版权法中关于舞蹈作品概念的界定。按照版权法保护表达而不延及思想的基本原理，确定舞蹈的版权客体资格，首先是要明确舞蹈的"表达"究竟是何种对象，这影响到作为法律概念的舞蹈作品的构成要件，以及如何处理构成要件与非构成要件的关系问题。比如，如果认为动作属于舞蹈作品的"表达"，而舞台、伴乐不是，这会使得舞蹈作品的版权保护范围只延及动作，而不关乎舞台、伴乐，一旦相关法律纠纷涉及舞台、伴乐，需要寻找另外的请求权基础甚至借助其他法律规范（如《反不正当竞争法》）。

舞蹈作为一种直观艺术，使得舞蹈的传播与接受（审美感知）变得非常困难，尤其是与语言艺术、音乐艺术相比。版权法上，作品需要能够被有形形式固定，同一个作品允许被多种有形形式固定，并且不同的形式不会导致作品保护的差异。舞蹈作品可以通过舞谱乃至文字等视觉符号进行记录，从版权法的角度解读，不能排斥一个通过舞谱记录的舞蹈作品的版权客体身份。但是从艺术的角度看，艺术形式非常重要，舞谱与直观的舞蹈可以说是千差万别的，舞蹈的直观性，或者说直观的舞蹈才是舞蹈艺术的"灵魂"。这好比声音是音乐艺术的"灵魂"，一个精通五线谱的音乐爱好者，喜爱音乐也是喜爱构成音乐的声音，而不是记录这些音乐的五线谱。因此，相较于语言艺术、音乐艺术，舞蹈艺术的普及、产业化程度都落后于它们。反映到版权领域，语言艺术及音乐艺术领域的版权纠纷多如牛毛，相比之下，舞蹈艺术领域的版权纠纷少之又少，其中一个重要的原因是舞蹈的传播与接受程度远不如语言艺术及音乐艺术，而制约舞蹈的传播与接受程度的主要是媒介（媒体），即记录（表现）舞蹈的媒介。语言文字及印刷的发展，声音的物理学研究与技术应用，使得语言艺术、音乐艺术很早就做到了让接受者"身临其境"，而对于舞蹈艺术而言，视频等数字媒体技术的发展，才真正促进了舞蹈的传播与接受。

（二）舞蹈是一种表情艺术

舞蹈是一种表情艺术，即舞蹈艺术是人们用以表达思想感情的。而表情艺术，是指通过一定的物质媒介（音响、人体）来直接表现人的情感，间接反映社会生活的艺术类型。[①] 甚至可以认为，舞蹈的抒情性是舞蹈艺术的内在本质属性，并且舞蹈是长于抒情的，同时也能够表现故事情节。[②] 这些艺术观点对我国《著作权法》有深远的影响。我国《著作权法实施条例》[③]对舞蹈作品的定义是：通过连续的动作、姿势、表情等表现思想情感的作品。如果说对思想情感做广义一点的理解，整个艺术领域的作品都是表现思想情感的，但是在定义艺术领域其他作品时，《著作权法实施条例》并没有此类的表述。从解释论角度，需要对此处的思想情感做特定的解释，才足以阐明"表现思想情感"作为舞蹈作品明示的构成要件，而不作为其他艺术类作品明示的构成要件，以及其对法律实施的影响。

另一个值得关注的点是，在比较法上，对舞蹈作品此类的定义却是少见的。在《舞蹈艺术概论》一书的附录中，英、美、法三国的"百科全书"对"舞蹈"的解释中都明确提到了舞蹈是为了表达感情，此外，英、美两国也都附注舞蹈可能是

---

① 彭吉象．艺术学概论[M]．北京：北京大学出版社，2006：166．
② 隆萌培．舞蹈艺术概论[M]．上海：上海音乐出版社，2016：22-25．
③ 本书所指《著作权法实施条例》，不做特殊说明，均指依据 2013 年 1 月 30 日《国务院关于修改〈中华人民共和国著作权法实施条例〉的决定》第二次修订后实施的版本。

仅仅为了娱乐。① 显然，各国对舞蹈的创作目的，有基本一致的认识，但是也存在一些差异。尤其是对于舞蹈表达情感这一观点，应该说是普遍接受的，但是这一观点被版权规范所承认，尤其是像我国这种写入成文法式的承认，却是少见的。这一观点显然会影响到版权理论对舞蹈作品客体的认定问题，是一个值得关注的比较法问题。对于我国为何将表现思想情感写入舞蹈作品的定义之中，本研究认为这与我国当代舞蹈艺术观念存在关联，对舞蹈的艺术认知直接影响了作为法律概念的舞蹈作品，而对舞蹈的艺术认知同我国艺术的抒情传统以及抒情与叙事二分的认识框架等因素存在关联。回到前面的一个问题，我国对舞蹈作品的定义，将会对我国舞蹈作品的客体范围产生深远的影响，不仅仅是前面提到的如何解释和适用这一构成要件的问题，还可能会使得我国舞蹈作品的客体范围与其他国家存在明显的差异。

(三) 舞蹈是一种表演艺术

舞蹈是一种表演艺术，即舞蹈需要通过表演者的表演来呈现。舞蹈的表演者，在舞蹈的直观化呈现中不可或缺。舞蹈只有通过表演，才能完成艺术化的呈现。舞蹈的表演，伴随着很多议题。首要的是作品的同一性问题，这是艺术与法律共同关注的问题。从艺术的视角看，舞蹈表演是舞蹈呈现或者符号化的过程，不同表演者所呈现的或符号化所形成的对象(直观的舞蹈)是存在差异的。导致这种差异的因素包括两方面，一方面，表演者自身条件与表演技巧存在差异，必然会导致这种差异的产生；另一方面，由于人的主观能动性的存在，舞蹈表演必然是表演者理解和演绎舞蹈作品的结果，这也会导致这种差异的产生。这带来的问题是：不同的表演者所呈现的直观的舞蹈与舞蹈作品本身是什么样的关系，上述差异又是否影响对这种关系的判断。对于规定了"演绎作品""保护作品完整权"等概念的版权法而言，这个问题显然会带来很多麻烦，尤其是如何划分界限的问题。对于艺术而言，这也是一个重要议题，但是艺术不承担"定分止争"的功能，这种差异所带来的影响并不一定是消极的，相反，可以认为表演的差异正是表演这类艺术的"灵魂"所在。

---

① 隆荫培. 舞蹈艺术概论[M]. 上海：上海音乐出版社，2016：366-369.

舞蹈作为一种表演艺术，在法律上还引发了另外一个重要议题，即表演者地位及其权利义务问题。以法律的视角看，表演者是独立的法律主体，由于表演者对于舞蹈的直观化呈现不可或缺，因此在法律上必然要考虑这一主体的法律地位，以及其与舞蹈的创作者、舞蹈作品本身等各方之间的法律关系。在版权法上，这已经演变为"邻接权"这一重要且相对独立的版权体系，其理论与规范体系也相对成熟。

二、舞蹈创作

（一）舞蹈创作及其版权关系

舞蹈艺术经过漫长的发展，人们已形成对舞蹈丰富的认识，这既包括对舞蹈表现形式的认识，也包括人们对舞蹈领域的理论总结。舞蹈创作是舞蹈发展的源头活水，影响着舞蹈艺术的发展。从版权法的角度来说，版权要促进作品的创造。因此，舞蹈创作是舞蹈艺术与版权法共同关注的问题。同样出于本书旨趣的考虑，对舞蹈创作问题的探讨，应重点关注舞蹈创作的自然形态以及其对版权法的影响。

舞蹈的创作，即舞蹈的创作者创作舞蹈作品的过程。舞蹈创作有三个不可或缺的要素：创作者、创作过程和作品。版权法对创作者和作品更加关注，创作过程对于法律规范而言，属于难以确定的对象。在舞蹈界，专业化的创作者通常称为舞蹈编导（choreographer），而在版权法领域，舞蹈的创作者即舞蹈作品的作者，其基础是自然人。舞蹈作品，是创作过程的结果，在法律关系上，版权是以作品为基础的，作品是权利客体，而作者是权利主体。

而创作过程在艺术领域就是一个妙不可言、难以捉摸的对象，尽管舞蹈学科已发展出关于舞蹈创作的各种理论与观点，其中不乏广被接受的经典理论，但是对创作过程的探索，还远远不够。对于法律而言，这一难以捉摸的领域是法律应当保持敬畏的，不确定的状态往往与正义价值相背离，会使得法律采取消极的态度。关于舞蹈的创作过程，最值得版权法关注的问题应当是"模仿"的价值评价问题。在舞蹈的创作过程中，一个与版权限制有关的价值问题是"模仿"的价值评价问题。不管创作者有什么样的才能，其创作的作品总会有在先作品的"影子"。这些"影子"有时候会被认为是对艺术共同体审美价值认同的"借鉴"，有时候则会被认为是卑劣的"剽窃"，前者是版权法所鼓励的应给予正面评价，后者是版权法所反对的应给予负面评价。应当认识到，"模仿"是人们学习的必然过程，作为一种主观活动的舞蹈创作，其过程也必然会受到"模仿"的影响。如果我们将各种自然形态下的创作规律称之为创作法，即引出一个根本性的价值问题：对于创作而言，版权法与创作法何者是原则，何者是例外。

在知识产权法律规范已成为社会普遍认知的今天，知识产权作为一种私主体专有的权利，社会公众应当予以尊重。出于鼓励智力成果产出的考虑，应当对知识产权给予严格保护，严格保护知识产权也是知识产权法发展的必然方向。在法治不断进步的今天，很容易让人们认为版权法才是艺术创作的原则，而创作法是例外。对这一问题的不同回答，版权法发展出了不同的价值体系。就当前的法律部门而言，知识产权法恐怕是争议最多的法律部门之一。在实行知识产权严格保护的国家，对知识产权的限制往往是热门话题；而在没有实行知识产权严格保护的国家，执法不严本身就是对法律规范的一种不认可。对于版权法与创作法的关系问题，本研究认为，创作法是创作的原则与基础，版权法是创作的例外与限制。版权法中的诸多规范属于版权的例外与限制情形，这些例外与限制情形有一些是源于对创作法的遵守，进而成为创作的原则与基础。

(二)舞蹈创作的当代发展

对于当代的舞蹈创作而言，需要关注两个方面对舞蹈创作的影响，一个是美学观念，另一个是技术发展，前者是舞蹈创作的内在影响因素，后者属于舞蹈创作的外部影响因素。

1. 美学观念与舞蹈创作

美学观念是艺术创作的内在动力，对于当代艺术的美学观念，很难准确进行概括。甚至以当代诸多美学观念的立场来看，试图进行准确概括本身就是一个错误方向。为了方便叙述，可以将当代的美学观念笼统地归为"后现代思潮"。"后现代"之于"现代"，一个显著的特征是"后现代"不再遵循"现代"的经典理论与范式，尤其是现代性的"宏大叙事"。因此，后现代艺术思潮的观点与作品形式林林总总，让普通人眼花缭乱。对于版权法而言，后现代的诸多艺术形式由于与版权法的基础相背离，因此不受版权法保护，诸如行为艺术、概念艺术，按照版权法进行分析，作为权利基础的客体——作品都无法认定。随着美学观念的发展和转变，整个艺术领域都在从传统到现代，再到后现代，舞蹈艺术也遵循着同样的道路。[①] 后现代舞蹈带来的问题是，一些作品会试图突破传统的舞蹈艺术形式，尤其是受到"跨界"思潮影响之后，这些在艺术界被认可的新的艺术形式，在寻求版权法保护时却面临"不适法"（即不满足版权保护的基本要求，通常不能认定为受版权法保护的作品）的尴尬情况。对于版权法而言，后现代艺术本身就是一个严峻的挑战，具体到舞蹈艺术领域，挑战依然存在。这些问题的核心将是权利客体——作品的认定问题。当前，后现代艺术的版权问题并不紧迫，毕竟后现代艺术的群众基础比较弱，更多是属于艺术圈这一特定社会范围的文化现象，并不迫切需要版权法这种对全社会通用的社会规范来调整社会关系。

在当代令人眼花缭乱的美学观念中，一些"新奇"的思潮影响的往往是专业的舞蹈创作者，甚至是思想前卫的艺术家，而审美教育的普及，极大影响了大众，激发了大众的艺术热情。前者使得舞蹈创作走向极致的专业化，后者使得舞蹈创作走向世俗化。一个显著的现象是，舞蹈创作不再专属于职业舞蹈编导或者舞蹈艺术家，大众开始大量参与舞蹈作品的创作，并借助新媒体平台发表、传播。从艺术的角度看，普通人的舞蹈作品在艺术价值上可能乏善可陈，但是对于版权法而言，作品的艺术价值并不影响作品受版权法保护的地位。而更值得注意的是，普通人创作的舞蹈作品，由于数量大、传播广，渗透到各种产业中，涉及大量的经济、财产关系，容易产生纠纷，需要对版权法进行及时有效的调整。

2. 技术发展与舞蹈创作

对舞蹈创作产生重要影响的技术领域，可以归结为两类：一类是媒体技术，另一类是人工智能技术。这些技术的发展有力促进了舞蹈作品的创作、传播，但是也给舞蹈作品的版权保护带来了诸多新问题，其中一些问题还挑战了版权法的基础。不管怎么样，技术的发展及其对舞蹈的影响，是现实与趋势，不管其产生的问题对当前的版权规范多么抵触，版权法也不能对此视而不见，这是版权法必须要面对的社会现实问题。

---

① 孙慧佳. 观念更迭场域中的舞蹈形态流变[J]. 吉林艺术学院学报，2006（1）：25-28.

　　媒体技术对舞蹈创作的影响，主要体现在运用新媒体技术创作舞蹈。由于舞蹈艺术的传播受媒体技术的制约，因此，当媒体技术快速发展之后，舞蹈界即开始在舞蹈相关活动中大量运用媒体技术，尤其是舞蹈创作活动中。特别是近年来，大型的舞蹈作品通过媒体技术，极大丰富了舞台效果，使得舞蹈作品的呈现形态、表达方式发生了翻天覆地的变化。媒体技术不仅被运用到舞台等舞蹈作品的辅助性部分，还被积极运用到舞蹈本身，其中典型的形态当属各种运用媒体技术所创作的"数字化舞蹈"（digital dance）。① 即通过数字技术（如虚拟化的数字人物）呈现舞蹈。在数字化舞蹈中，舞蹈的呈现不再依赖人的身体，甚至可以不再以人的身体为基础。比如当前的视频技术、电子游戏技术，已经使得创作的数字化舞蹈中包含现实的表演者无法完成的动作。这些无法在现实中表演的动作缺乏表演性，是否还能受版权法保护？如果给予这些动作版权法保护又如何安排表演权？同样，在舞蹈的表演端，未经允许，通过操控数字虚拟人物"表演"舞蹈作品，如何对相关行为进行定性？这属于涉嫌侵害舞蹈作品相关权利人的复制权还是表演权？除此之外，媒体技术的运用，使得创作舞蹈作品的过程中，产生了多种类型的版权作品。比如，运用媒体技术参与创作的舞蹈作品，最终形成了视频电子文件，以版权法的视角看，存在舞蹈作品；如果是录像，会存在录像制品；如果有蒙太奇手法的剪辑，会存在视听作品（类电作品）。如何区分和处理这些不同类型作品、制品之间的关系，尤其是在权利人权益保护的过程中如何综合运用，将是版权保护实践过程中的重要问题。

　　相比较媒体技术，人工智能技术对舞蹈创作的影响比较小，却更深远。当前，人工智能技术并没有媒体技术成熟，但是人工智能技术给舞蹈创作所带来的版权法挑战却更为严峻，甚至可谓之"麻烦"。应当说，人工智能技术对整个知识产权法乃至很多法律部门都带来了底层性的挑战。在传统观念中，法律是人类社会专属的，自然人是法律主体的基础，而人工智能技术带来的问题是：给予人工智能何种法律上的地位，如何安排与之相应的法律关系。具体到版权法领域，传统的版权法理论认为作为版权客体的作品，必须是人类精神活动的产物，非人类精神活动的生成物不属于版权法保护的范围。人工智能的生成物在形式上很多

---

① 刘春. 舞蹈新媒体初探[J]. 北京舞蹈学院学报，2005(4)：90-97.

时候已满足构成版权作品的客观要件，且现实中很难将其与自然人创作的版权作品进行区分。更为现实的问题是，人工智能参与作品的创作也已经是现实和趋势，是版权法无法回避的。显然，版权法要思考的是如何调整好相关社会关系，而不是简单地以其不属于自然人的创作，将相关问题弃置一旁。人工智能参与创作所带来的问题是知识产权领域的共性问题，在舞蹈艺术领域表现并不突出，也不紧迫，对人工智能参与舞蹈创作所带来的版权法问题的解决，还有赖于版权法更高层次的思考以及更顶层的制度设计。

第二节　新媒体与舞蹈版权

一、新媒体时代的舞蹈

就新媒体的构词而言，其核心是"媒体"（media），又称"媒介"。以媒体为研究对象的学科，关注社会层面的属于传播学，关注媒体技术的则属于工程学。通常，媒体一词包括两种含义，一种是指传播信息的介质，另一种是指从事信息传播相关活动的组织。两种含义中，前者属于媒体的技术本质，后者则是用以借喻人类社会中的实体。与新媒体相对的是传统媒体，通常认为当前的图书、报刊、广播、电视、电子音像制品等都是传统媒体，其主要特征是它们只能使信息单向度流动。而新媒体的严谨表述是"数字化互动新媒体"，其中，在技术方面，新媒体是数字化的；在传播层面，新媒体是互动化的。[①] 上述传统媒体中，电子音像制品也是数字化的，由于不具备互动化的特征，因此仍然属于传统媒体的范畴。新媒体以数字化为基础，在技术上将不同类型的媒体形式同时数字化，因此新媒体的呈现形式通常是多媒体的。多媒体是新媒体的常见形式，但不属于本质特征，电子音像制品这样的传统媒体也属于多媒体。依据新媒体的基本特征，新媒体时代的主要特征可以归结为信息传递的数字化和互动化。

新媒体不仅仅是技术的进步，更是一场深刻的社会变革，具体到舞蹈方面，新媒体也深刻影响了舞蹈的创作与传播，并带来了相关问题。

---

① 匡文波. 新媒体概论［M］. 北京：中国人民大学出版社，2019：4.

(一)传播便捷使得舞蹈创作热情提高

作为一种依靠人体表现的直观艺术，舞蹈的传播因媒体技术的局限一直受到限制，这使得优秀的舞蹈作品常常会"酒香还怕巷子深"，不能像歌曲那样轻易达到"传唱大江南北"的传播效果。对于舞蹈创作者而言，普遍关注的首要问题是其作品能否得到观众的认可，这是创作的基本动机之一，而作品是否获得版权保护是相对次要的问题。传播技术的限制使得舞蹈作品的传播缺乏"快车道"，随着电子时代的到来，这一问题得到极大的缓解。通过制作舞蹈的录像制品，继而通过大屏幕等现代设备进行播放；又或者通过广播电视信号，对现场表演的舞蹈进行实时转播。这些技术手段已经基本能够实现舞蹈作品的"直观化"的传播，使得舞蹈的传播与音乐的传播开始走在同一起跑线上，无数优秀的舞蹈作品通过电视、录像等形式被广大观众欣赏并认可，这使得广大的舞蹈创作者的创作热情大大提高。但这仅仅是电子时代的媒体技术对舞蹈创作热情的影响，其本质是数字化技术减少了作品传播的阻碍，从而提高了舞蹈创作者的创作热情。

迈入新媒体时代，舞蹈作品的传播不仅仅是数字化的，也是互动化的。新媒体时代，制作舞蹈作品的多媒体内容，并通过网络对外传播的门槛大大降低，尤其是通信及移动电话技术的发展，使得人人都可以成为自媒体人。舞蹈创作者主动传播舞蹈作品变得更方便，舞蹈作品数字化后进入网络空间，观众可以在自己选择的时间和地点观看舞蹈作品，观众欣赏舞蹈也极其便利，这使得优秀的作品很容易得到观众的认可，并借助网络快速传播。同时，网络媒体还为观众与舞蹈创作者提供互动的平台，比如在一些视频网站，舞蹈创作者可以上传舞蹈作品的视频，观众观看视频后可以留下评论，对作品通过"点赞"等方式表示认可，甚至对舞蹈作品进行一些艺术批评。这会形成一个非常良好的创作回馈机制，使舞蹈创作者的创作热情大大提高，优秀作品得以快速传播，甚至形成某些文化圈的现象级作品。比如国内综合性视频社区哔哩哔哩(bilibili，又称"B站")，曾经多次出现某些舞蹈作品成为该网站现象级作品，作品相关话题的视频播放量居于该网站年度视频播放量总排名前列的情况。

(二)版权保护实践未能匹配作品传播程度

新媒体极大促进了舞蹈作品的传播,使得舞蹈作品能够与音乐作品、视听作品、戏剧作品等主要依靠多媒体形式传播的作品实现同等程度的传播。但是相较于这些作品,舞蹈作品在版权保护方面有着"先天性不足",一方面是由于舞蹈作品难以被准确识别,另一方面是舞蹈作品版权保护实践经验少。

舞蹈作品难以被准确识别,是指舞蹈作品在传播过程中,难以被一般观众识别并记忆。舞蹈作品对接受者的影响程度远远不及其他常见类型的文艺作品,尤其是与音乐作品、影视作品甚至美术作品相比。其中典型的现象是,对于热爱"网上冲浪"的当代年轻人而言,他们普遍能识别一些音乐作品、影视作品,却难以准确识别舞蹈作品,也基本上说不出一些舞蹈作品的名称,尽管他们可能是在互联网上欣赏过非常多的舞蹈作品的观众。其中原因主要在于表达舞蹈的"语言"(或称符号)体系对于一般人来说还是非常陌生的,不容易被记忆与识别。一般人通常能快速识别出两部影视作品、音乐作品之间的差异,却难以识别出两部舞蹈作品之间的差异。这使得舞蹈作品在快速传播的过程中,其作品类型不能被快速识别,其作品内容也不能被快速识别并形成记忆。这也使得舞蹈作品在传播过程中相对而言容易被"忽视"。比如用户在观看某个视频网站上的舞蹈视频时,可能非常容易识别出视频所用的音乐是哪一个具体的音乐作品,但是对于舞蹈作品却说不上来。即使是在该网站广为流传的舞蹈作品,如果视频中呈现的舞蹈对原舞蹈作品做了相应的改变,一般网站用户是难以发现的,而这可能涉及侵害原舞蹈作品著作权人改编权的问题。这导致的问题是,舞蹈作品与音乐作品、视听作品等传播程度相同的作品相比在版权保护方面非常"吃亏",即由于舞蹈作品难以被准确识别,舞蹈作品的版权保护面临着现实的困难。舞蹈作品难以被准确识别,不仅是对一般的网络用户而言,应当说除了舞蹈爱好者或者接受过舞蹈教育的人员,其他人员都难以准确识别舞蹈作品,这人员包括作品的观众、使用者,甚至法院的法官。这会使得舞蹈作品版权保护面临着极大的挑战,因为对作品的保护,显然要基于对作品的准确识别,这是舞蹈作品获得版权保护现实性的前提。

舞蹈作品版权保护实践经验少,也是相较于音乐作品、影视作品等产业相对成熟的作品而言的。这主要是由于舞蹈作品的传播在电子时代并没有搭上"快车",从而避免直面各种版权问题,而到了新媒体时代,却要直接面临复杂的网络版权规则。这主要体现在,音乐作品、影视作品等类型作品,由于产业化成熟,涉及的经济利益较多,容易因为经济利益引发直接的版权诉讼,而版权诉讼使得相应类型作品的版权规则在司法审判中日渐成熟,不管是学术界还是司法、行政等实务层面,人们会对该类型作品保护的认识逐渐加深,相关法律规则会越清晰越完善。相比较而言,舞蹈作品是直接被推到网络版权时代的,并没有经历过一个自然的发展过程。人们对舞蹈作品的版权保护问题,讨论还比较少,司法实践经验也不多,尤其是相关保护力度与舞蹈作品的传播程度不匹配,这也会为舞蹈作品的版权保护带来现实性的问题。

二、新媒体与版权法

媒体的发展对版权法有着深刻的影响,吴汉东教授曾以信息革命的视角,总结阐述了著作权制度从"印刷版权时代"到"电子版权时代"再到"网络版权时代"的历史变革:在"印刷版权时代",著作权中最主要的权项是复制翻印权,更有学者将著作权称为"印刷出版之子";自 20 世纪以来,著作权制度进入"电子版权时代",其保护对象延伸到各种电子产品,并使得复制权、演绎权、传播权出现了新内容;自 20 世纪 80 年代以来,随着信息革命时代的到来,著作权制度进入"数字版权"或者"网络版权"的新的历史阶段,著作权的作品范围、权项及其内容都发生了深刻的变化。[1]

总的来说,新媒体对于版权法的影响是方方面面的,除前述对作品创作的影响之外,还包括以下几个重要方面:

(一)内容载体包含的版权作品类型多样化

以数字化为基础的多媒体的内容载体,以版权法的视角看,通常包含多种受版权法保护的作品类型,因此同一内容载体呈现版权作品类型多样化的特征。如一段视频内容,以版权法的视角看,视频本身可以是录像制品或者视听作品,如

---

① 吴汉东.知识产权法[M].北京:法律出版社,2021:145-147.

果这段视频记录的是舞蹈，那么就还包括舞蹈作品。同样，一段视频中还可以包括文字作品、音乐作品等各种类型的作品。不同类型的作品，其认定标准、保护范围都不相同，如果这些作品属于不同作者的创作，还会使得作品的权利人不同。以日常生活视角观之非常简单的一段视频，以版权法的视角看，其法律问题相当复杂。对于版权法而言，内容载体包含的版权作品类型多样化，使得版权制度不仅要从同一个内容载体之中，明确识别并认定各种类型作品，划定其保护范围，还需要明确各种类型作品权利人的权利内容、权利人之间的关系，并实现权利人与公众之间的利益平衡。

内容载体包含的版权作品类型多样化，使得从同一内容载体中识别受版权法保护的作品的难度大大增加，这一方面增加了权利人对难以识别的作品进行维权的成本，另一方面也使得作品的使用者很容易构成非故意侵权。权利人主张与版权相关的权利时，需要明确其作品的类型、内容并就权属举证，这使得他们在对一些多媒体形态的新媒体内容进行权利主张时，需要进行分析识别，并面临多种选择和举证要求。以前面提到的舞蹈作品难以被识别问题为例，如果一个舞蹈创作者创作了一个舞蹈作品，自己表演、配乐，并制作成视频，最终形成了一个经过剪辑的视频。该视频上传到视频网站之后，如果该视频被未经许可使用，明显构成侵害版权行为，此时这个创作者可以主张多种不同的权利，但是就维权方式的经济性而言，单一主张该视频构成视听作品是最为简单的，相关版权规则也是比较完善的。对于作品的使用者而言，由于内容载体包含了多种类型的作品，在这些作品属于不同的权利人情况下，获得所有权利人的合法许可在现实中是比较困难的。除非接受过专门的版权培训，要从一个包含了多种类型作品的视频中准确识别各种类型作品，并分析应当获得哪些相关权利人的许可显然是困难的。作品使用者由于欠缺版权知识，对于这种包含了多种作品、集合了多种版权权利的内容载体，很容易构成非故意侵权。

（二）版权权利及其内容的发展

进入新媒体时代，版权法也进入网络版权法时代。新媒体对于版权权利及其内容的影响，主要在于改变了原有版权权利内容，并延伸出新的版权权利内容。这种变化源于信息网络传播权的发展，信息网络传播的"交换式传播"特征与新媒体的"互动化"契合，使得信息网络传播权属于新媒体时代专属的版权权利。

新媒体对原有版权权利内容的影响，主要表现在使复制权、发行权、表演权等财产权在数字化媒体时代有了新的含义。其中复制权的问题主要在于，将以文字、声音、动作为基础的作品进行数字化，如何认定版权法上的"复制"行为。在发行权方面，数字产品的原件、复制件不再是人们能触摸到的实物，数字产品的传播哪些属于版权法意义上的"发行"。在表演权方面，版权法区分了现场表演和机械表演，其中机械表演是指使用电子设备等方式公开传送表演的作品，尽管机械表演在名称上没有数字化的味道，但是作为一个法律概念，已经包含通过数字方式公开传送表演的作品这一传播作品的形式。

新媒体时代对版权法的最大影响，是促进了信息网络传播权的发展。按照我国《著作权法》的规定，信息网络传播权是指"以有线或者无线方式向公众提供，使公众可以在其选定的时间和地点获得作品的权利"。按照该定义，信息网络传播权所控制的网络传播行为要具备两个条件：一个是通过网络向公众提供作品，另一个是"交互式传播"行为。① 其中，通过网络向公众提供作品是以新媒体的"数字化"为基础的，而"交互式传播"则与新媒体的"互动化"在本质上是相同的，只不过版权法中的"交互式传播"出于充分规则的相关需要，在定义上只规定了最基本的"互动"，并没有强调充分的"互动"。信息网络传播权是当代版权法中最重要的权利之一，我国还专门出台了行政法规《信息网络传播权保护条例》，该条例于 2006 年 5 月 18 日以中华人民共和国国务院令第 468 号公布，并在 2013 年进行修订。该条例也是版权领域为数不多的行政法规之一，作为一种需要通过专门的行政法规规定的权利，足以可见信息网络传播权的重要性。该条例实际的立法过程也颇具艰辛，表明信息网络传播权属于复杂且对现实有重大影响的版权权利。随着新媒体对时代的影响逐步加深，信息网络传播权的重要性也会进一步凸显。

(三)侵权行为及其认定的变革

新媒体技术及相关公共基础设施的发展，极大促进了数字化作品的传播，这

---

① 　王迁. 网络版权法[M]. 北京：中国人民大学出版社，2008：68.

直接使得各种类型的作品数字化后，能够实现快速传播。在哔哩哔哩网站，截至2021年，已经有多个舞蹈作品的视频播放量突破1000万次，甚至达到2000万次。[①] 这些视频往往会在多个视频网站发布，全网实际的播放量还会更高，这样的传播度在新媒体时代以前，是难以达到的。这样的传播度得益于新媒体时代作品的获取成本非常低，人们不需要购买特定的数字载体（如唱片），也不需要在特定时刻到特定场地（如观看演出），就能够欣赏到作品的内容。人们获得作品内容的成本大幅降低后，数字化产品本身的特性使作品被复制并传播的难度大大降低。特别是对于掌握一定的软件技术的人来说，复制数字化的舞蹈作品是非常容易的。同时，由于传播便捷，未经许可复制的作品也能够借助新媒体实现快速传播并获得收益。这使得在新媒体时代，作品的侵权行为频发。比如在视频网站，视频搬运是一个难以治理的顽疾。所谓视频搬运，即未经许可，将他人已经发布的视频获取后再上传到其他视频平台。由于视频作者通常忙于创作，无暇将视频内容同步发布到所有的视频平台，这使得这些视频搬运工有了可乘之机。这种搬运视频的行为，实际上就是侵权行为。同时，新媒体时代的权利人对版权规则的期待也发生了变化，很多内容创作者在特定时候，是不排斥其作品未经许可被复制并传播的。这种看似有悖常理的行为，实际上有权利人的经济理性在作为支持。从这些现象也可看出，在新媒体时代，一些经济关系发生了变化，如果从法经济学的观点来看，此时版权规则的变革应当对一些经济关系进行调整。侵权成本变低后，如果不加重侵权的经济后果，则会使侵权人在纯粹的经济理性下实施侵权行为。如何在确保版权立法宗旨的前提下，治理新媒体时代频发的版权侵权行为，是版权法面临的难题。

新媒体时代的发展，离不开从事媒体经济活动的各种组织。新媒体时代作品的传播离不开媒体组织的发展，对于舞蹈作品而言，各类视频网站是舞蹈作品传播的重要"阵地"。没有这些视频网站，人们难以方便快捷地欣赏到舞蹈作品，舞蹈作品也不会得到广泛的传播。在法律关系上，这些视频网站都是由各种组织或个人运营，不管是什么类型的组织，又或者是个人，都属于民事主体。如果一个舞蹈作品在视频网站未经许可传播，构成侵害权利人版权行为，这些视频网站

---

① 2021年12月，依据"舞蹈"搜索结果，按照播放量排序得出。

是否也存在侵权行为，需要细致分析判断。为了解决网络时代这一频发的问题，出现了"避风港原则"，即作为视频网站运营方的网络服务提供者，由于其只提供网络空间，并不是网络内容的制作者，因此在法律上并不要求他们审查网站用户上传的内容是否属于侵权作品，但是如果被告知作品侵权，这些网络服务提供者则有删除侵权内容的义务，否则会构成侵权。在侵权行为的分类上，上传侵权内容的网络用户属于直接侵权，构成侵权行为的网络服务提供者属于间接侵权。当前，"避风港原则"也存在被网络服务提供者滥用的情况，此类现象如何治理，如何确定直接侵权与间接侵权的责任，都是版权法要面临的问题。

（四）版权保护技术措施的发展

新媒体时代因数字和网络技术而发展，也因为技术被滥用导致版权侵权问题频发。然而，数字和网络技术并不是都被滥用在侵权领域，有很多技术也被应用到作品的版权保护上，这便是版权保护技术。权利人通过版权保护技术来保护自己作品的措施，在版权法上称"版权保护技术措施"。我国《著作权法》直接称其为"技术措施"，《著作权法》第49条规定："本法所称的技术措施，是指用于防止、限制未经权利人许可浏览、欣赏作品、表演、录音录像制品或者通过信息网络向公众提供作品、表演、录音录像制品的有效技术、装置或者部件。"最常见的版权保护技术措施是软件作品的口令加密技术。在当前的视频网站上，对于一些重点作品，如影视作品，网站运营方通常会采取技术措施，限制用户直接下载这些影视作品的电子文件，或者提供"缓存"这些影视作品的服务，但是只能通过该网站提供的专用软件才能播放。这些措施都是通过版权保护技术来避免作品未经许可被使用、复制和传播。版权保护技术措施的实施，使得一般用户无法获得数字化作品并进行复制、传播，大大减少了数字化作品版权受到侵害的情况，是一种比较有效的预防数字化作品版权被侵权的手段。然而，对于拥有一定技术的有意侵权人来说，版权保护技术只是一种技术性阻碍，并且这种技术性阻碍通常是可以通过其他技术消除的。随着版权保护技术措施的发展，版权保护技术的破解技术也发展起来，并使得版权保护技术措施预防侵权的效果大打折扣，特别是破解技术被广泛传播并实施之后，相应的保护技术如同虚设。对于这样的情况，版权法必须对版权保护技术措施予以特别的保护，即规定通常情况下避开或者破坏这些权利人设置的版权保护技术措施的行为属于违法行为，才能保障版权保护技术措施的实施，从而预防侵权行为的发生。给予版权保护技术措施版权法保护，是各国通行的做法。

然而，版权保护技术措施如果被权利人滥用，又会损害公众的利益，从而与版权法平衡权利人与公众之间利益的价值原则相违背。版权法中有一项"合理使用"的基本制度，即规定以一定方式使用作品可以不经著作权人的同意，也不向其支付报酬，这项制度既是为了保护公共利益，亦可以平衡权利人与公众之间的利益。如果规定所有避开或者破坏版权保护技术措施的行为都属于违法行为，在价值层面，显然与合理使用制度相违背，也属于过分保护了权利人的利益。因此，对版权保护技术措施的法律保护，也需要加以限制，这种限制需要在利益平衡的理念下，结合社会实际，制定相应的版权规则。我国《著作权法》第50条就规定了避开技术措施的几种法定情形，并明确了依法避开技术措施时"不得向他人提供避开技术措施的技术、装置或者部件，不得侵犯权利人依法享有的其他权利"。

第三节 舞蹈作品版权基本原理

一、权利客体

（一）舞蹈作品的版权法概念

依据我国《民法典》第123条的规定，民事主体依法享有知识产权，知识产权是权利人依法就特定客体享有的专有权利。其中，作品是版权的客体，也是版权制度的基础，只有作品产生之后，才能依据版权法产生具体的版权权利。我国《著作权法》第3条规定："本法所称的作品，是指文学、艺术和科学领域内具有独创性并能以一定形式表现的智力成果。"该条同时分项列举了不同类型的作品，其中一项包括"音乐、戏剧、曲艺、舞蹈、杂技艺术作品"。《著作权法实施条例》第2条规定：著作权法所称的作品，是指文学、艺术和科学领域内具有独创性并能以某种有形形式复制的智力成果。《著作权法实施条例》第4条第6项又明确了"舞蹈作品"的定义：舞蹈作品，是指通过连续的动作、姿势、表情等表现思想情感的作品。依据版权法和我国的上述规定，对舞蹈作品这一概念，应当进行如下理解：

1. 舞蹈作品属于版权法概念

明确舞蹈作品属于版权法概念，这意味着这一概念不同于人们日常或艺术观念中的舞蹈作品，不能将这一概念与其他学科的概念直接等同。从语言及其所指的对象关系来看，舞蹈作品一词可以指多个学科或者意义体系的相应概念。就概念的内涵与外延而言，不同学科或者意义体系对相同事物抽象出来的概念通常会有差异。这些差异缘于不同学科或者意义体系的价值取向及自身的体系性。艺术学或者哲学(美学)通常会探讨舞蹈作品的哲学本质，并带有明确的审美价值取向。然而，作为一个法律概念，舞蹈作品的定义是不能明确舞蹈的哲学本质及其审美价值取向的，因为这不满足法的价值，即不符合法律对概念的要求及其自身的体系性要求。版权法要保护所有应当保护的作为客观事物的舞蹈作品，在定义舞蹈作品时，必须对该概念的内涵作出适当的规定，以使其外延足以涵盖相当的作为客观事物的舞蹈，从而实现对这些舞蹈的版权法保护。如果对舞蹈作品的概念作出过多的规定，则会使得舞蹈作品这一法律概念的外延大大减少，甚至丧失保护艺术领域舞蹈作品的基本作用。因此，对于舞蹈作品的版权法概念，不能有过多内涵上的规定，以避免其外延被不当缩减。但是，也不能因此将舞蹈作品这一版权法概念无限泛化，其必须要满足版权法的基本原理，并明确与其他类型作品的界限。如何处理法律概念与其他学科对应概念的关系，观点庞杂，涉及理论体系较多，因不属于版权法理解与适用的实践性问题，本处不做深入探讨，将在从立法论角度探讨版权法律法规时进行讨论。

2. 舞蹈作品必须是人类的智力成果

版权法意义上的舞蹈作品，必须是人类的智力成果。作品必须属于人类的智力成果，这意味着非人类的生成物，以及没有经过人类智力活动的客观事物都不是作品，这属于版权法的基本原理。现实地说，这一论断在当前面临着巨大的挑战，尤其是在处理人工智能生成物的问题上。但是，依据国际版权法，从我国法律出发，这一论断仍然是有效的。我国《著作权法》第 2 条规定："中国公民、法人或者非法人组织的作品，不论是否发表，依照本法享有著作权⋯⋯"第 11 条规定作品作者时，明确了"创作作品的自然人是作者。由法人或者非法人组织主持，代表法人或者非法人组织意志创作，并由法人或者非法人组织承担责任的作品，法人或者非法人组织视为作者"。依据对上述法条的解释，法人或者非法人组织仍然是人类活动的实体，因此，非人类是不能创作出作品的。如果抛开版权法的观念，会有一些对象可能被认为是其他意义上的"作品"，比如动物凑巧按下了某部相机的快门，拍下的精美照片；或者一块外形精巧如同出自名匠之手的天然石头；又或者人工智能随机排列的词语，恰巧形成了一首诗意朦胧的绝句。但是上述对象在事实清楚的情况下，不属于版权法意义上的作品，其理由是它们不是人类的智力成果。

具体到舞蹈作品，一些非人类智力活动的成果，以其他视角，也可以称之为舞蹈，但是它们不属于版权法意义上的舞蹈作品。比如，动物界也存在"舞蹈"，尤其是很多动物在求偶时会"跳舞"；又或者某个人形玩偶在受到随机性外力作用下抖动起来，形成了"舞姿"。这些"舞蹈"或者"舞姿"都不是舞蹈作品，其理由是它们不属于人类智力活动的成果。就现实的问题而言，如何处理人工智能生成物的作品认定问题，是版权法面临的重要挑战，当前我国司法界采取的基本态度是认为人工智能生成物在符合相关条件的情况下可以属于著作权法保护的对象。在相关政策与规定没有进行重大调整的情况下，这一司法实践中的态度，会对舞蹈作品的范围产生重大的影响。李杨教授表示，将文学、艺术和科学领域内具有独创性的人工智能生成物认定为作品并通过著作权法来保护，有利于鼓励作品的创作和传播，促进文化的多样性，同时激励人们研发出能够减轻人的智力劳动和体力劳动、能够生成具有独创性作品的人工智能，并利用该人工智能进行作品创作。

3. 舞蹈作品必须经过一定形式来表达

作品必须以一定形式表达，并且该形式要能以某种有形形式复制，这对作品提出两个要求：一个是作品必须表达出来，不能是"腹稿"；二是表达必须被固定，且能够以有形形式复制。举例来说，一位诗人在心中默念了一首诗，然后脱口而出(无人进行记录)，最后诗人写下这首诗。在这个过程中，诗人的这首诗只有被文字或者录音设备等方式记录下来，才形成版权法意义上的作品，在此之前，只有其他意义上的作品产生。诗人在心中默念的"腹稿"，因为没有表达出来，所以不受保护。诗人脱口而出后，这首诗因为没有经过文字或录音等形式固定，版权法也不予以保护。应当说，上述过程是比较典型的创作过程，然而版权法只在作品的表达经过固定之后才承认作品的产生，这不是版权法不尊重创作规律，而是为了满足基于法律保护的基本要求。因为只有经过固定的表达，法律才能确定这一作品的内容，否则就没有法律保护的基础。

对于舞蹈作品而言，舞蹈作品要有经过固定的外在表达，这一规定有着极其重大的影响。这意味着，舞蹈创作者独自一人创作的舞蹈，在没有任何记录的情况下自己跳了出来，此时仍然没有产生达到版权保护条件的舞蹈作品，除非该舞蹈作品通过舞谱、录像等形式固定下来。舞蹈通常以人的具体表演呈现出来，但是人的表演过程不属于版权法意义上的有形形式，因为版权法要求的有形形式必须是能够复制的。而一个人跳的舞与另一个人跳的一样，不属于版权法意义上的复制，因为这不可能构成对"复制权"的侵害，即使侵权也是对"表演权"的侵害。这样的规定给确定舞蹈作品的版权法地位带来了很多麻烦，举例来说，舞蹈创作者将创作的舞蹈当着很多人的面跳了出来，此过程并没有任何人进行记录，但是很多人能够清楚记住这个舞蹈，此时能否认定已经产生受版权法保护的舞蹈作品，属于法律上的难题。显然，直接认定为舞蹈作品在形式上不符合法律的规定，予以否认在价值上又很难解释。

4. 舞蹈作品的表达必须具有独创性

独创性是作品受到版权法保护的实质性条件，独创性包括了"独"和"创"两个基本要求。其中"独"是指独立创作、源于本人，而"创"是指作品必须是智力创作成果。[①]"独"要求作品是创作者独立完成的，而非是抄袭或者复制、还原他人作品的结果。在特殊情况下，两个创作者独立创作，产生了一样的作品，也满足"独"的要求。"创"要求作品是创作的结果，且具备一定的创作高度。尽管不同法系国家对于作品创作高度的标准并不统一，但是对创作高度的要求是存在的。需要注意的是，版权法要求作品具备一定的创作高度，并不是要求作品具备很高的创作高度。在此问题上，美国著名的霍姆斯法官曾有经典的表述："由那些只受过法律训练的人来判断美术作品的价值是危险的。一方面，有些极具天才

---

①　王迁. 知识产权法教程：第七版[M]. 北京：中国人民大学出版社，2021：64-66.

创意的绘画一开始不被人们所欣赏。另一方面，有些在法官看来缺乏美学价值和教育意义的作品却能够被一些民众所接受。不能依据品位的高低判定作品受不受版权保护。"该观点后来被总结为"美学不歧视原则"（the principle of aesthetic non-discrimination）。

舞蹈作品的表达必须具有独创性。将别人跳过的舞蹈尽力还原出来，简单地扭动身体，在激动情况下手舞足蹈，这些动作都不满足舞蹈作品表达独创性的要求，因此它们都不属于舞蹈作品。非人类的对象，如果经过舞蹈创作者的选择，作为舞蹈作品创作出来，是可以达到独创性要求的。比如，某位舞蹈创作者，看到某个动物的舞蹈之后，依照这些动物的"舞姿"创作出的舞蹈，是满足独创性要求的，构成版权法意义上的舞蹈作品，只不过对该作品中部分要素的版权保护会受到限制。

（二）舞蹈作品构成要件分析

《著作权法实施条例》第 4 条第 6 项规定：舞蹈作品，是指通过连续的动作、姿势、表情等表现思想情感的作品。依据这一规定，构成舞蹈作品的要件包括：（1）属于版权法保护的作品范围；（2）该作品要有连续的动作、姿势、表情等对象；（3）该作品要表现思想情感。其中，第一个构成要件属于构成版权作品的基本条件，即上述讨论的属于人类智力成果、经过有形形式固定、满足独创性要求等条件；第二个构成要件属于对舞蹈作品外在表达形式的要求，即连续的动作、姿势、表情等要素属于舞蹈作品的表达；第三个构成要件属于对舞蹈作品内在主题的要求。只有满足上述三个构成要件的对象，才属于我国版权法意义上的舞蹈作品。

对于我国规定的舞蹈作品的构成要件，需要注意两个问题：一个是《著作权法实施条例》第 4 条第 6 项的表述"动作、姿势、表情等"，该表述对舞蹈作品的表达进行了列举——动作、姿势、表情，但又通过"等"表达了立法者并非穷举的意思，留下承认其他表达也属于舞蹈作品表达的解释空间。另外一个问题是要求舞蹈作品表达思想情感，从相近类型作品的定义和比较法的情况来看，属于比较特殊的规定，其在法律实施中的作用和影响值得进一步讨论。上述两个问题涉及具体的司法解释活动和对舞蹈作品定义的立法论讨论，在本处也不做深入探讨。

（三）舞蹈作品中不受保护的对象

满足舞蹈作品构成要件的对象，即属于版权法保护的舞蹈作品。然而，一部作品通常包括很多对象，作品整体上受到保护，并不意味着作品包含的所有可以区分出来的对象都受到版权法保护。著作权法通过保护包括舞蹈作品在内的具有独创性的作品，维护创作人人身及财产权益，以激励创作人继续从事创作工作的热情，从而保证国家智力成果保持可持续高效发展，对创新型强国建设有着关键的促力作用。但对独创性的保护同样不能过度，过度的著作权保护将束缚同领域其他创作人的创作激情和创作空间，从而导致原创作品的质量和数量不增反减，使结果与立法本意背道而驰。

依据版权法原理和舞蹈作品的特点，受版权法保护的舞蹈作品，其下列对象不受版权法保护：（1）因"思想与表达二分"原则，舞蹈作品包含的思想不受版权法保护；（2）属于公有领域的舞蹈表达不受版权法保护；（3）舞蹈作品功能性的动作不受版权法保护。思想与表达二分原则是版权法的基本原则，换言之版权法只保护表达，不保护思想。在思想与表达问题上，版权法还有"混同原则"与"场景原则"，其中"混同原则"是指一种"思想"实际上只有一种或非常有限的表达，那么这些表达也被视为"思想"而不受保护；"场景原则"是指根据历史事实或者人们的经验、观众的期待，在表达某一主题的时候，必须描述某些场景、使用某些场景的安排和设计，那么这些场景即使是由在先作品描述的，在后作品以自己的表达描述相同场景也不构成侵权。① 举例来说，以模仿动物动作为基础创作的舞蹈动作，因为有模仿的意图，在设计舞蹈动作时，能够选择的表达非常有限，此时适用"混同原则"，相关动作不受版权法保护；而对于一些演绎历史事件或者特定的民族文化内容的舞蹈，相关舞蹈动作、姿势或表情可以依据"场景原则"不构成侵权。此外，类似于舞蹈风格等艺术特征，也应当归为思想而排除在舞蹈作品的版权保护之外。

舞蹈作品中一些表达可以独立出来，因其属于公有领域，不给予版权保护。

---

① 王迁.知识产权法教程：第七版[M].北京：中国人民大学出版社，2021：91-92.

这个原理以文字作品为例，更容易理解：诗人的一首诗属于版权作品，但所用的词语属于公有领域，版权法并不禁止这些词语用于其他作品，但是由这些词语组成的句子通常具备独创性。同样，一个舞蹈作品受到版权保护，其中的特定动作、姿势或表情如果属于公有领域，版权法不予以保护。舞蹈作品与文字作品不同的是，诗人不能创造新的文字，但是舞蹈创作者可以创造新的动作、姿势或表情，使相关表达具备受到法律保护的基础。

按照版权法只保护科学、文学及艺术领域的作品表达的基本原理，对于舞蹈作品中功能性的动作，应当将其排除在版权保护范围之外。常见的功能性动作为体育运动动作，而体育运动动作不属于版权法的保护对象，具体可以参见本节"舞蹈与体育运动"的相关内容。

（四）舞蹈作品与其他版权作品

舞蹈作品作为受版权法保护的诸多作品类型之一，将其与其他类型作品进行比较，以进一步明确舞蹈作品在版权法中的地位。其他类型的版权作品中，与舞蹈作品有比较价值的包括两类：一类是创作过程中与舞蹈通常关联的作品，另一类是舞蹈作品传播过程中经常出现的混同作品。前一类作品包括戏剧作品、杂技艺术作品，后一类主要包括视听作品。

依照《著作权法实施条例》第4条的规定，戏剧作品是指话剧、歌剧、地方戏等供舞台演出的作品，杂技艺术作品是指杂技、魔术、马戏等通过形体动作和技巧表现的作品。在创作层面，戏剧与舞蹈同为表演艺术，两者在创作方面有很多相似的地方，甚至结合衍生出了"舞剧"这一艺术形式。杂技艺术作品与舞蹈作品，作为同样以动作为基本表达要素的作品，在实际创作过程中，杂技艺术作品中会融入很多舞蹈作品的表达要素。这使得同样一个作品，既具备舞蹈作品的构成要件，同时也包含属于戏剧作品、杂技艺术作品范围的特定表达，甚至同样满足戏剧作品、杂技艺术作品的构成要件；又或者戏剧作品、杂技艺术作品中包含属于舞蹈作品范围的表达——连续的动作、姿势、表情。尽管舞蹈作品的构成要件中有"表现思想情感"的要求，但是如前面所述，舞蹈只是长于抒情，并非不能像戏剧那样叙事，"思想情感"表述中的"思想"如果单独理解，解释为故事情节也没有问题。同样，如果一个舞蹈作品为了体现崇高美，动作干练且充满技巧，又会与杂技艺术作品难以区分。尽管版权法对作品类型作了规定，但是艺术创作并不是按照版权法的规定进行的，这导致了实际的艺术作品可能满足多个类型作品的构成要件，最典型的例子莫过于一个书法家兼诗人挥毫写就的诗作，这样的作品同时构成文字作品和美术作品。对于这样的情况，同一个对象满足多种类型作品的构成要件时，可以同时作为不同类型的作品给予版权法保护。在舞蹈艺术领域，同时满足多种类型作品构成要件的艺术作品实际上并不多见，更普遍的情况是一个作品是以某种类型的作品为主，并包含其他类型作品的独特表达要素。在张某杂技团与中国杂技团有限公司著作权权属、侵权纠纷一案中，北京知识产权法院对相关问题进行了阐述："将杂技作品单独保护，要注意到杂技作品与相近作品的差异，其中最典型的为舞蹈作品。舞蹈作品与杂技作品均系主要通过人体动作进行表现的作品，但二者仍存在一定差异。杂技作品中的动作主要强调技巧性，而且是通过高难度的、普通人难以掌握的身体或道具控制来实现相应动作，一般公众可以认识到这类动作主要属于杂技中的特定门类，例如柔术、抖空竹、蹬鼓等；舞蹈作品中的动作往往是用于传情达意、塑造角色的有节奏的肢体语言，常配合音乐进行表演，相较于前者对技巧、难度的重视，其更注重情感表现乃至角色塑造。需要注意的是，现阶段，诸多杂技吸收舞蹈元素进行动作设计和编排，包括杂技动作之中融入舞蹈动作，杂技动作的衔接之间引入舞蹈动作等。此种情形下，强行将连贯动作分割为支离破碎的舞蹈动作与杂技动作，将舞蹈元素剔除，将使得原作的美感大打折扣，分离后的动作编排亦难以单独作为舞蹈或杂技作品进行保护。因此，以杂技动作设计为主要内容，又融入一定舞蹈动作设计的作品，仍可按杂技作品予以保护。"[1]北京知识产权法院在该案中的观点对类似问题有着极佳的参考意义。

在新媒体时代，舞蹈作品的传播普遍依靠新媒体，其传播形式主要是视频。视频，按照版权法的区分，属于视听作品或者录像制品。我国《著作权法》规定的视听作品来源于原来的"电影作品和以类似摄制电影的方法创作的作品"，即"类电作品"，依据《著作权法实施条例》第 4 条的规定，该类型作品是指摄制在一定介质上，由一系列有伴音或者无伴音的画面组成，并且借助适当装置放映或

---

[1]　(2019) 京 73 民终 2823 号。

者以其他方式传播的作品。而录像制品，依据《著作权法实施条例》第 5 条是指电影作品和以类似摄制电影的方法创作的作品以外的任何有伴音或者无伴音的连续相关形象、图像的录制品。比较两者的定义，发现两者的主要差别在于视听作品是经过创作的，而录像制品的录制过程并不是一种创作。一段包含舞蹈的视频，如果是指单纯的录制，则该视频是记录(以有形形式固定)舞蹈作品的录像制品；如果该视频经过创作，满足视听作品的独创性要求，则该视频属于包含(以有形形式固定)舞蹈作品的视听作品。包含舞蹈作品的视听作品，也属于一个对象同时满足两种不同类型作品的构成要求，可以分别以两种作品的身份得到版权法的保护，只不过这两种作品在表达上并不具有像戏剧作品、舞蹈作品及杂技艺术作品之间的关联性，其关系更类似于前述例子中的书法家兼诗人挥毫写就的诗作同时构成文字作品和美术作品。尽管同一个作品能够以多种类型作品的身份受到版权法保护，但是版权法认定作品类型的构成要件是独立的，给予不同类型作品的保护也是不同的。举例来说，对于一个既包含舞蹈作品又构成视听作品的视频，若保护其中的舞蹈作品，则不关注视频创作过程中的表达；若保护其中的视听作品，则可以对视频中是否包含舞蹈作品不予过问。在当前的新媒体环境下，舞蹈创作者自行创作舞蹈、表演，并将其制作成满足视听作品构成要件的视频，随后将视频上传到视频平台，已是常态，对此，该舞蹈作品创作者将享有更多的版权权利，也意味着权利人维权有更多的选择。

此外，录像制品不属于版权法意义上的作品，但是录像制品可以记录舞蹈作品，也会涉及一些法律关系，主要是权利人之间的关系。作为客体的舞蹈作品和录像制品在版权法上不属于同一层次的概念(如作品)，没有比较分析的意义。

（五）舞蹈与体育运动

在人类的活动中，最为常见的是各种体育运动，在体育运动中，体操在外观上与舞蹈有相似之处。首先需要明确的是，体操并不属于受版权法保护的作品。体操不作为版权作品，其与舞蹈作品的关系，北京市西城区人民法院在案件裁判中做过精彩阐述："广播体操是一种具有健身功能的体育运动，由屈伸、举振、转体、平衡、跳跃等一系列简单肢体动作组成，但与同样包含肢体动作的舞蹈作品不同，其并非通过动作表达思想、感情，而是以肢体动作产生的运动刺激来提高机体各关节的灵敏性，增强大肌肉群的力量，促进循环系统、呼吸系统和精神传导系统功能的改善。简而言之，广播体操的动作有强身健体之功用，而无思想、情感之表达，既不展现文学艺术之美，亦不展现科学之美，故不属于文学、艺术和科学领域内的智力成果。"①

当代的舞蹈中有结合体育运动所形成的体育舞蹈，对于这样的对象是否构成作品，应当进行具体的分析。由于体育运动本身不属于作品的表达，因此这些对象想要获得版权保护，其应当是作为舞蹈作品来获得版权保护。如果这些对象属于舞蹈作品，应当是作为包含非舞蹈动作设计的舞蹈作品。因此，在判断这些对象时，只需要独立评价其是否构成舞蹈作品，而对其包含的"不属于文学、艺术和科学领域内的智力成果"的其他动作内容不予过问。

二、权利主体

作品是创作活动的结果，而创作者是创作活动的主体。在版权法中，创作者被称为作者。舞蹈作为一种表演艺术，在传播过程中，还需要表演者的参与。在新媒体时代，舞蹈作品还会借助数字化、网络技术快速传播，因此舞蹈作品的传播过程中还涉及录像制作者、广播组织等其他主体。版权具有地域性，依据相关版权国际条约或我国法律规定，大陆地区以外的主体，在我国也能作为版权的主体。

(一)作者及著作权人

依据朴素的观念，创作者创作作品之后，作品的相关权益应当归创作者即作者所有。版权法规范相关权利之后，作者属于版权的权利人，又称著作权人。随着经济关系的发展，简单的由作者享有版权的制度日渐不符合社会财产关系发展的需要，基于财产可以转让的特性，作者逐步与著作权人分离，成为全球各国的共识。依据我国《著作权法》第 11 条规定，除另有规定的外，著作权属于作者，创作作品的自然人是作者，法人或者非法人组织在一定条件下可以视为作者。需要注意的是，从比较法的视角看，视法人为作者是英美法系的规定，大陆法系的

---

① (2012)西民初字第 14070 号。

著作权法通常不会有此类规定。基于财产权利可以变动的特征，作者可以将著作权中的财产权利进行转让，从而实现作品原始作者与著作权人的分离。

相较于专利权、商标专用权等其他知识产权，版权普遍采取自动取得制度，即作品一旦产生，且不以是否发表为条件，即会产生版权，并依法归相应的权利人所有。版权的自动取得制度，相较于依申请取得制度，大大节约了权利人获取知识产权的成本，但是也带来了"确权难"的问题，该问题主要表现在两个方面：一个是创作的对象是否满足构成作品的条件，另一个是如何证明一个民事主体与一部作品之间的版权主客关系，即权属关系。创作的对象是否满足构成作品的条件，由于版权法对作品的创造高度要求是很低的，所以这一方面的问题并不普遍，证明作品的权属是实践中普遍存在的问题。对此，版权制度发展出了相应的解决方案，以我国为例，我国实行了作品的自愿登记制度，以及署名推定权属制度。作品经过登记之后，可以作为版权归属的证据，通常在证明版权归属时发挥优势证据的作用。按照法律上的"推定主义"规定，可以依据作品上的署名，推定作品的作者，除非有更优势的相反证据。我国《著作权法》第 12 条第 1 款就规定：在作品上署名的自然人、法人或者非法人组织为作者，且该作品上存在相应权利，但有相反证明的除外。在新媒体时代，很多作品都是相关权利人用网名在作品上署名，并通过自行控制的网络账号在网络空间发布。司法实践中，对以网名的署名方式经法院审查后一般予以认可。由于我国网络用户数量不断增长，以网名署名的方式将会越来越普遍，因此，国家全面实施网络实名制，相关权利认定规则也会越来越清晰。

对于舞蹈作品而言，与作品的权利人密切相关的制度还包括法人作品制度与特殊职务作品制度。法人作品制度即前述法人或者非法人组织视为作者的情况。依照我国的版权规范，构成法人作品的要件包括：（1）由法人或者非法人组织主持；（2）代表法人或者非法人组织的意志创作；（3）由法人或者非法人组织承担责任。这意味着，一个舞蹈作品如果是由某个法人组织主持，代表该组织的意志创作，并由该法人组织承担责任，那么该法人组织是这个舞蹈作品的作者。而特殊职务作品，是指作者享有署名权，著作权的其他权利由法人或者非法人组织享有的职务作品。我国《著作权法》本次修改，新增的第 18 条第 2 款第 2 项规定"报社、期刊社、通讯社、广播电台、电视台的工作人员创作的职务作品"即属于特殊职务作品。我国很多大型的舞蹈活动通常都由法人组织主持举办，同时也不排除电视台等单位在工作范围内组织创作舞蹈作品，相关的舞蹈作品属于法人作品、特殊职务作品还是该组织成员的职务作品，属于实践中经常遇到的问题。

（二）表演者

舞蹈是一种表演艺术，表演对于舞蹈作品而言意义重大。通常情况下，优秀的舞蹈创作者并不一定是优秀的舞蹈表演者，舞蹈的创作才能与表演才能两者之间并不存在明确的正相关联系。与作者一样，实际参与表演的表演者是自然人，本次《著作权法》修订之前，表演者包括演员及演出单位，本次修订后的《著作权法》第38条删除了相关表述，表演者限定为自然人。在版权规范中，表演者拥有与作者不同的版权权利，统称为表演者权。我国《著作权法》本次修订，对演员与演出单位之间的关系做了进一步明确的规定，《著作权法》第40条规定：演员为完成本演出单位的演出任务进行的表演为职务表演，演员享有表明身份和保护表演形象不受歪曲的权利，其他权利归属由当事人约定。当事人没有约定或者约定不明确的，职务表演的权利由演出单位享有。职务表演的权利由演员享有的，演出单位可以在其业务范围内免费使用该表演。上述规定对于单位组织的表演活动将产生重要的影响。

（三）其他主体

新媒体时代，舞蹈作品的传播主要依靠各类媒体，尤其是新媒体。因此，舞蹈作品的传播过程中，除了舞蹈作品的作者和表演者，通常还会涉及其他权利人，其中包括录像制作者、视听作品作者、广播组织及网络服务提供者。

录像制作者，依照《著作权法实施条例》第5条第5项的规定，是指录像制品的首次制作人。对于舞蹈作品而言，如果录像制作者制作的录像是关于舞蹈作品的，则该录像包括舞蹈作品的内容，属于舞蹈作品的复制件，制作、传播该录像制品会受到舞蹈作品作者、表演者相关权利的限制，同时，录像制作者依照法规，对其制作的录像制品也享有相应的权利，但其行使权利不得侵害作者、表演者的合法权益。

视听作品作者，是指对视听作品享有著作权的权利人。舞蹈作品经摄制、创作形成视听作品后，相应的载体（如视频）会同时构成舞蹈作品和视听作品，两种作品的版权人可能是同一主体，也可能是不同主体，两个主体对各自的作品都享有相关版权，但是行使权利时不得侵害他人的权利。

广播组织，是指广播组织权的权利人，我国法律规范中并没有明确使用广播组织这一表述，取而代之的是广播电台、电视台。然而，实际情况是，当前一些提供网络播放的组织，其网播行为在版权法上与广播电台、电视台的广播行为是一致的，因此在描述上需要一个更上位的概念。广播组织在进行广播行为时，涉及舞蹈作品的作者、表演者，录像制作者的相关权利，应当按照法律的规定取得相应的许可，支付相应的报酬。

网络服务提供者（Internet Service Provider，ISP），或称网络服务提供商，在版权法中具有特殊的地位，但与作者、表演者、广播组织这些主体并不具有对等的关系。新媒体时代，舞蹈作品大量通过视频网站等网络平台传播，这些网络平台即是网络服务提供者，网络服务提供者对舞蹈作品的传播有着非常重要的意义：从版权保护的角度，网络服务提供者可以作为侵害版权的间接侵权主体；从版权运用的角度，网络服务提供者可以通过其技术手段和经济资源来推广并保护舞蹈作品。总的来说，对于新媒体时代的舞蹈作品，网络服务提供者是一个极其重要的主体。

（四）外国主体

对于外国人、无国籍人的版权主体身份，我国《著作权法》第2条规定：外国人、无国籍人的作品根据其作者所属国或者经常居住地国同中国签订的协议或者共同参加的国际条约享有的著作权，受本法保护。外国人、无国籍人的作品首先在中国境内出版的，依照本法享有著作权。未与中国签订协议或者共同参加国际条约的国家的作者以及无国籍人的作品首次在中国参加的国际条约的成员国出版的，或者在成员国和非成员国同时出版的，受本法保护。

《著作权法实施条例》第33条至第35条规定了外国邻接权主体。其中第33条规定：外国人、无国籍人在中国境内的表演，受著作权法保护。外国人、无国籍人根据中国参加的国际条约对其表演享有的权利，受著作权法保护。第34条规定：外国人、无国籍人在中国境内制作、发行的录音制品，受著作权法保护。外国人、无国籍人根据中国参加的国际条约对其制作、发行的录音制品享有的权利，受著作权法保护。第35条规定：外国的广播电台、电视台根据中国参加的国际条约对其播放的广播、电视节目享有的权利，受著作权法保护。

三、权利内容

对于版权及相关权利，习惯上分为两大类三种，其中两类是指版权及邻接权，版权又可以进一步分为著作人身权及著作财产权，因此，版权及相关权利包括著作人身权、著作财产权及与作品相关的邻接权。其中，著作人身权、著作财产权都是基于作品本身的权利，而邻接权则属于基于作品传播产生的权利。著作人身权，又称精神权利，与著作财产权相对，在重视民法的国家，著作人身权受到民法一般人身权原理的限制，不可转让、继承或受遗赠。著作财产权即著作权中的经济权利，是指著作权人享有的以特定方式利用作品获得经济利益的专有权利。邻接权，是指作品传播过程中其他主体依法对其劳动成果享有的权利。我国《著作权法》第10条详细规定了著作权的人身权与财产权。

《著作权法》第10条的内容：

第十条　著作权包括下列人身权和财产权：

(一)发表权，即决定作品是否公之于众的权利；

(二)署名权，即表明作者身份，在作品上署名的权利；

(三)修改权，即修改或者授权他人修改作品的权利；

(四)保护作品完整权，即保护作品不受歪曲、篡改的权利；

(五)复制权，即以印刷、复印、拓印、录音、录像、翻录、翻拍、数字化等方式将作品制作一份或者多份的权利；

(六)发行权，即以出售或者赠与方式向公众提供作品的原件或者复制件的权利；

(七)出租权，即有偿许可他人临时使用视听作品、计算机软件的原件或者复制件的权利，计算机软件不是出租的主要标的的除外；

(八)展览权，即公开陈列美术作品、摄影作品的原件或者复制件的权利；

（九）表演权，即公开表演作品，以及用各种手段公开播送作品的表演的权利；

（十）放映权，即通过放映机、幻灯机等技术设备公开再现美术、摄影、视听作品等的权利；

（十一）广播权，即以有线或者无线方式公开传播或者转播作品，以及通过扩音器或者其他传送符号、声音、图像的类似工具向公众传播广播的作品的权利，但不包括本款第十二项规定的权利；

（十二）信息网络传播权，即以有线或者无线方式向公众提供，使公众可以在其选定的时间和地点获得作品的权利；

（十三）摄制权，即以摄制视听作品的方法将作品固定在载体上的权利；

（十四）改编权，即改变作品，创作出具有独创性的新作品的权利；

（十五）翻译权，即将作品从一种语言文字转换成另一种语言文字的权利；

（十六）汇编权，即将作品或者作品的片段通过选择或者编排，汇集成新作品的权利；

（十七）应当由著作权人享有的其他权利。

著作权人可以许可他人行使前款第五项至第十七项规定的权利，并依照约定或者本法有关规定获得报酬。

著作权人可以全部或者部分转让本条第一款第五项至第十七项规定的权利，并依照约定或者本法有关规定获得报酬。

（一）舞蹈作品人身权

依照我国版权规范，作者对舞蹈作品享有的人身权包括发表权、署名权、修改权、保护作品完整权。

发表权，即决定作品是否公之于众的权利，其中包括公之于众的时间、方式和地点等内容。对于舞蹈作品而言，公之于众通常需要借助表演者的表演进行，在新媒体时代，还可以通过录制或者制作视听作品的形式，将舞蹈作品进行发表。除此之外，舞蹈作品也可以通过舞谱等形式发表。需要注意的是，公之于众的状态是不可逆转的，作品一经作者发表，即不存在侵犯相应作品发表权的问题。在实践中，与侵犯作品发表权有关的一个常见问题是，作者针对其作品许可他人公开传播、利用，却因为合同缔约不完善，没有约定发表权。这是否构成侵犯发表权。比如，某舞蹈编导创作了一个大型舞蹈，与一家演出单位约定，许可其在某大型公开活动中表演该舞蹈，合同中明确约定了广播权、信息网络传播权以及表演权等相关权利，却忽视了该作品未经发表，那么会导致一个问题：演出单位公开表演该舞蹈，是否侵犯了舞蹈编导对该舞蹈的发表权。对此，实践中可以采取的思路是：表演者主张依据合同的解释方法中的目的解释，推定作者有许可发表其作品的意思表示。

署名权，即表明作者身份，在作品上署名的权利。该项权利结合署名推定权属制度，具有极其重要的意义。作者对其作品有自主决定署名的权利，内容包括署名的方式、时间等。版权法对署名权的保护，主要是规定使用他人作品应当指明作者。我国《著作权法实施条例》第 19 条就规定：使用他人作品的，应当指明作者姓名。由于作品使用方式的特性无法指明的除外。对于舞蹈作品，尤其是通过媒体传播的舞蹈作品，使用时应当指明作者姓名，除了公开的现场表演，一般不适用"由于作品使用方式的特性无法指明的除外"的例外规定。需要注意的是，表演者表明自己的身份，在版权法上也可以称之为"署名"，但其相应的权利并不是署名权。

修改权，即修改或者授权他人修改作品的权利。修改权属于人身权，财产权中包括改编权这项名称上近似的权利。修改权是指对作品局部的变更，不影响作品的整体，不产生新的作品，而改编权则会产生新作品。值得注意的是，许多国家的版权法都没有规定修改权，我国修改权的存废问题，在学术界也引起过不少讨论。

保护作品完整权，即保护作品不受歪曲、篡改的权利，也称为作品受尊重权。作品，尤其是文学艺术领域的作品，通常是表达了作者的思想、观点及情感，当作品受到歪曲、篡改时，可能使作者的名誉受到损害，保护作品完整权即是基于此问题设立的权利。值得注意的是，我国规定的保护作品完整权没有像其他很多国家限定"可能对作者的声誉造成损害"，使得保护作品完整权与上述修改权有重叠之处，因为对作品进行修改，也意味着破坏了作品的完整性。司法实践中，对于如何认定侵害保护作品完整权也是需要审慎处理的问题。

（二）舞蹈作品财产权

复制权，即以印刷、复印、拓印、录音、录像、翻录、翻拍、数字化等方式将作品制作一份或者多份的权利，复制权是版权的核心财产权利。复制权所控制的是作品的复制行为，在版权法上，复制并不等同于再现，而是专指在有形物质载体上再现作品。我国《著作权法》本次修订，明确增加数字化作为复制的方式，对于新媒体时代的作品复制认定，有着极其重要的意义。需要注意的是，人体本身并不是版权法意义上的有形物质载体，因此，演员表演舞蹈作品不属于复制舞蹈作品的行为，相应地也不构成侵害复制权。

发行权，即以出售或者赠与方式向公众提供作品的原件或者复制件的权利。对于舞蹈作品而言，发行权只针对作品的复制件存在意义。发行权的行使，有"发行权用尽原则"，又称"权利穷竭"或"首次销售原则"（the first sale doctrine），即作品著作权人行使发行权，作品原件或者复制件被出售或者赠与，著作权人无权控制该原件或复制件所有权的再次出售或者赠与。需要注意的是，如果作品原件或复制件首次变动所有权时侵害了著作权人的发行权，则后续的所有权变动仍然可以适用发行权。

表演权，即公开表演作品，以及用各种手段公开播送作品的表演的权利。通常认为，表演权控制的表演行为包括现场表演和机械表演两大类，其中前者是指演员直接面向公众现场进行表演，后者是指通过录制等手段将作品的表演固定下来，通过设备进行公开播放。在电子时代，机械表演对于作品的利用有着极其重要的意义。对于舞蹈作品，表演权所控制的表演行为是舞蹈作品在新媒体时代传播的重要起点，因此表演权是舞蹈作品的核心财产权利。需要注意的是，表演权所控制的行为并不包括广播权及信息网络传播权控制的行为，同时，表演权也不同于邻接权中的表演者权。

信息网络传播权，即以有线或者无线方式向公众提供，使公众可以在其选定的时间和地点获得作品的权利。如前所述，信息网络传播权的特征在于通过网络向公众提供作品及实施"交互式传播"行为，属于新媒体时代最重要的著作财产权。

广播权，即以有线或者无线方式公开传播或者转播作品，以及通过扩音器或者其他传送符号、声音、图像的类似工具向公众传播广播的作品的权利。我国新修订的《著作权法》专门明确了广播权不包括信息网络传播权，因此广播权所控制的广播(传播或者转播)行为，并不指向信息网络传播权所控制的交互式传播。举例来说，某网络平台通过网络直播的方式传播某舞蹈作品，受广播权的控制，如果该网络平台将直播录制成视频，供用户点播，此时的传播行为转变为受信息网络传播权控制的传播行为。

摄制权，即以摄制视听作品的方法将作品固定在载体上的权利。该权利所控制的摄制行为，并不是复制权的复制行为，摄制行为必须要有创作视听作品的方法，同时，摄制行为的实施，会导致视听作品的产生。摄制权的主要作用在于控制根据小说、戏剧等作品制作视听作品的行为。① 在新媒体时代，舞蹈作品在传播过程中，经常与视听作品混同，将舞蹈作品通过电子技术制作成视听作品，是否属于摄制权控制的摄制行为，这一问题并没有明确的法律规范予以解答。依照法律解释的原理，将上述行为解释为受摄制权控制的行为是可行的，如果发展出相应的版权规范，将会对舞蹈作品的保护产生非常积极的影响。对于通过摄制形成的视听作品，本次《著作权法》作出了新的规定，《著作权法》第 17 条规定：视听作品中的电影作品、电视剧作品的著作权由制作者享有，但编剧、导演、摄影、作词、作曲等作者享有署名权，并有权按照与制作者签订的合同获得报酬。前款规定以外的视听作品的著作权归属由当事人约定；没有约定或者约定不明确的，由制作者享有，但作者享有署名权和获得报酬的权利。视听作品中的剧本、音乐等可以单独使用的作品的作者有权单独行使其著作权。如果按照规定或者约定，舞蹈作品的创作者没有保留完整的权利，则只能主张署名权及请求报酬。

改编权，即改变作品，创作出具有独创性的新作品的权利。改编权所控制的改编行为，是指在尊重原作品的基本表达的前提下，通过改变原作品产生新作品的行为，必须是"改变作品"并产生"新作品"，两个要件缺一不可。如果产生了

① 王迁. 知识产权法教程：第七版[M]. 北京：中国人民大学出版社，2021：196.

新作品，但不是通过改变作品，而是依据作品的思想独立创作；又或者改变了作品，但没有产生新作品，这些行为都不属于改编权控制的行为，它们受其他版权权利的控制，或者是不受版权权利控制的行为。

汇编权，即将作品或者作品的片段通过选择或者编排，汇集成新作品的权利。汇集成的新作品（即汇编作品），实际上是原作品或者其片段的集合，两者属于元素和集合的关系。需要注意的是，汇编作品也有独创性的要求，如果汇编的是"选集"，通常要满足汇编作品的独创性要求；如果是汇编"全集"，则不满足汇编作品的独创性要求，不构成汇编作品，相应的汇编行为也不受汇编权的控制。

我国《著作权法》明确规定的著作财产权中，还包括出租权、展览权、放映权、翻译权，这些权利通常是针对特定类型作品的，因此与舞蹈作品并没有直接关系。这些财产权中，出租权是针对视听作品、计算机软件的，展览权是针对美术作品、摄影作品的，放映权是针对美术作品、摄影作品、视听作品的，翻译权是针对文字作品、口述作品的。尽管视听作品中可能包含舞蹈作品，但是相关法律关系是依据视听作品产生的，舞蹈作品及其相关权利，并不能作为相应法律关系基础。《著作权法》中还有"应当由著作权人享有的使用作品的其他权利"的兜底条款，依据当前的学术讨论和司法实践，所有作品领域对于如何适用"其他权利"都是新问题，对舞蹈作品来说，其现实意义更不明确。

四、相关邻接权

邻接权的出现，是为了解决作品传播过程中，相关主体的劳动由于不满足作品的构成要件，特别是独创性要求，不能基于作品享有相应权益的问题。在制度设计上，需要设置邻接权相关条款，来保护相关主体的合法权益。以表演者权为例，表演者对舞蹈作品的表演，对舞蹈作品的传播意义非凡，并且不同的表演者，其表演的效果显然会存在差异。不管怎么样，表演者对舞蹈作品的表演，虽然不属于创作新作品，但是对表演者表演作品所付出的辛劳，应当予以尊重和保护，这就形成了版权法中的表演者权。邻接权包括表演者权、录制者权、广播组织权及版式设计权，其中版式设计权针对图书、期刊，在此不做讨论。

67

(一)表演者权

表演者权是指表演者对其表演活动所享有的权利。按照《著作权法实施条例》第 5 条第 6 项对表演者的定义——表演者是指演员、演出单位或者其他表演文学、艺术作品的人。表演者是演员、演出单位或其他主体,表演的作品是文学、艺术作品。通常认为,表演者权包括表明表演者身份权,保护表演形象不受歪曲权,现场直播权,首次固定权,复制、发行及出租权,信息网络传播权。

表明表演者身份权与保护表演形象不受歪曲权是两项人身权,与作者权利中的署名权与保护作品完整权类似。两项权利分别规定在我国《著作权法》第 39 条第 1 款第 1、2 项中。保护表演形象不受歪曲权是指表演者有权禁止他人对自己在表演中的形象加以歪曲,以防止损害表演者声誉。在当代舞蹈作品的传播过程中,保护表演形象不受歪曲权显得尤为重要。舞蹈作品的视频在传播过程中,可能会被恶意剪辑,损害表演者声誉,需要格外关注。

表演者权的其他权利,则属于财产权。现场直播权,是指表演者对其表演享有许可他人从现场直播和公开传送其现场表演,并获得报酬的权利(《著作权法》第 39 条第 1 款第 3 项)。首次固定权,或称首次录制权,是指表演者对其表演享有许可他人录音录像,并获得报酬的权利(《著作权法》第 39 条第 1 款第 4 项)。复制、发行及出租权是指表演者对其表演享有许可他人复制、发行、出租录有其表演的录音录像制品,并获得报酬的权利(《著作权法》第 39 条第 1 款第 5 项)。信息网络传播权是指表演者对其表演享有许可他人通过信息网络向公众传播其表演,并获得报酬的权利(《著作权法》第 39 条第 1 款第 6 项)。需要注意的是,尽管"许可他人通过信息网络向公众传播其表演"的表述并没有强调"交互式传播",但是由于有规定现场直播权,因此,表演者的信息网络传播权与作者的信息网络传播权所控制的行为都是通过网络的交互式传播行为。

由于表演者权的存在,舞蹈作品在传播时面临"双重许可"问题,即传播舞蹈作品需要得到舞蹈作品作者及表演者的双重许可。此外,还需要注意的是,表演者表演作品,除非是构成合理使用的免费表演,否则应当经过著作权人的许可,以免构成对著作权人表演权及相关版权的侵犯。

（二）录制者权与广播组织权

录制者权，是指首次制作录音录像制品的人对其制作的录音录像制品所享有的权利，这些权利包括复制权、发行权、信息网络传播权、出租、录音制作者的传播录音制品获酬权及录像制作者的许可电视台播放权。这些权利中，由于舞蹈作品无法通过声音进行固定，因此，针对录音制作者的权利对于舞蹈作品而言没有现实的意义。录像制作者享有的复制权所控制的行为是将原有录像制品中所包含的画面复制到其他物质载体上。录像制作者享有的发行权所控制的行为是以出售或者赠与方式向公众提供录像制品的原件或复制件的行为。录像制作者享有的信息网络传播权所控制的行为是通过网络交互式传播其录像制品图像。录像制作者享有的许可电视台播放权所控制的行为是电视台播放其录像制品。

广播组织权，是指广播电台、电视台对其播放的广播、电视所享有的权利。需要注意的是，我国《著作权法》中没有采用"广播组织"的表述，广播组织权的主体只包括广播电台、电视台。尽管将提供网络直播的组织解释为广播组织并不存在障碍，但是提供网络直播的组织并不能享有我国版权法意义上的广播组织权。广播组织权包括转播权、录制和复制权、信息网络传播权。其中，转播权所控制的行为是其他广播组织同步传播其广播、电视，录制和复制权所控制的行为是将广播组织的广播、电视内容通过录制方式固定在物质载体上，信息网络传播权所控制的行为是将广播组织播放的广播、电视通过信息网络向公众交互式传播。值得注意的是，广播组织权并不包括发行权。

录像制品与广播，同样属于新媒体时代舞蹈作品传播的重要形式，舞蹈作品的传播也会涉及录制者权与广播组织权。相对于舞蹈作品的表演者权而言，对录制者权与广播组织权的保护，显然离保护舞蹈作品有点远了，不属于舞蹈作品保护的核心问题。

五、权利期限

知识产权具有时间性，对于版权而言，超过一定法定期限，作品即进入公有领域。

我国《著作权法》第22条规定：作者的署名权、修改权、保护作品完整权的保护期不受限制。而发表权由于与财产权关系紧密，因此保护期限的适用规则与财产权相关。

我国《著作权法》第 23 条规定：自然人的作品，其发表权、本法第 10 条第 1 款第 5 项至第 17 项规定的权利的保护期为作者终生及其死亡后五十年，截止于作者死亡后第五十年的 12 月 31 日；如果是合作作品，截止于最后死亡的作者死亡后第五十年的 12 月 31 日。

法人或者非法人组织的作品、著作权（署名权除外）由法人或者非法人组织享有的职务作品，其发表权的保护期为五十年，截止于作品创作完成后第五十年的 12 月 31 日；本法第 10 条第 1 款第 5 项至第 17 项规定的权利的保护期为五十年，截止于作品首次发表后第五十年的 12 月 31 日，但作品自创作完成后五十年内未发表的，本法不再保护。

视听作品，其发表权的保护期为五十年，截止于作品创作完成后第五十年的 12 月 31 日；本法第 10 条第 1 款第 5 项至第 17 项规定的权利的保护期为五十年，截止于作品首次发表后第五十年的 12 月 31 日，但作品自创作完成后五十年内未发表的，本法不再保护。

对于邻接权的保护期限，依照《著作权法》第 41 条规定，表明表演者身份、保护表演形象不受歪曲两项权利的保护期不受限制，表演者其他财产性权利的保护期为五十年，截止于该表演发生后第五十年的 12 月 31 日。依照《著作权法》第 44 条规定，录音录像制作者对其制作的录音录像制品，享有许可他人复制、发行、出租、通过信息网络向公众传播并获得报酬的权利；权利的保护期为五十年，截止于该制品首次制作完成后第五十年的 12 月 31 日。《著作权法》第 47 条，只规定了"将其播放的广播、电视以有线或者无线方式转播"权利的保护期为五十年，截止于该广播、电视首次播放后第五十年的 12 月 31 日。

第三章　新媒体时代舞蹈作品版权侵权行为及其规制

第一节　舞蹈作品版权侵权及其保护

一、版权侵权基本理论

（一）版权侵权法律规定

侵犯版权的行为，是指未经权利人许可，又无法律上的根据，擅自实施受版权控制的行为。《民法典》第 1166 条规定：行为人造成他人民事权益损害，不论行为人有无过错，法律规定应当承担侵权责任的，依照其规定。我国《著作权法》第 52、53 条规定了各种具体的侵犯版权的行为。

第五十二条　有下列侵权行为的，应当根据情况，承担停止侵害、消除影响、赔礼道歉、赔偿损失等民事责任：

（一）未经著作权人许可，发表其作品的；

（二）未经合作作者许可，将与他人合作创作的作品当作自己单独创作的作品发表的；

（三）没有参加创作，为谋取个人名利，在他人作品上署名的；

（四）歪曲、篡改他人作品的；

（五）剽窃他人作品的；

（六）未经著作权人许可，以展览、摄制视听作品的方法使用作品，或者以改编、翻译、注释等方式使用作品的，本法另有规定的除外；

（七）使用他人作品，应当支付报酬而未支付的；

（八）未经视听作品、计算机软件、录音录像制品的著作权人、表演者或者录音录像制作者许可，出租其作品或者录音录像制品的原件或者复制件的，本法另有规定的除外；

（九）未经出版者许可，使用其出版的图书、期刊的版式设计的；

（十）未经表演者许可，从现场直播或者公开传送其现场表演，或者录制其表演的；

（十一）其他侵犯著作权以及与著作权有关的权利的行为。

第五十三条　有下列侵权行为的，应当根据情况，承担本法第五十二条规定的民事责任；侵权行为同时损害公共利益的，由主管著作权的部门责令停止侵权行为，予以警告，没收违法所得，没收、无害化销毁处理侵权复制品以及主要用于制作侵权复制品的材料、工具、设备等，违法经营额五万元以上的，可以并处违法经营额一倍以上五倍以下的罚款；没有违法经营额、违法经营额难以计算或者不足五万元的，可以并处二十五万元以下的罚款；构成犯罪的，依法追究刑事责任：

（一）未经著作权人许可，复制、发行、表演、放映、广播、汇编、通过信息网络向公众传播其作品的，本法另有规定的除外；

（二）出版他人享有专有出版权的图书的；

（三）未经表演者许可，复制、发行录有其表演的录音录像制品，或者通过信息网络向公众传播其表演的，本法另有规定的除外；

（四）未经录音录像制作者许可，复制、发行、通过信息网络向公众传播其制作的录音录像制品的，本法另有规定的除外；

（五）未经许可，播放、复制或者通过信息网络向公众传播广播、电视的，本法另有规定的除外；

（六）未经著作权人或者与著作权有关的权利人许可，故意避开或者破坏技术措施的，故意制造、进口或者向他人提供主要用于避开、破坏技术措施的装置或者部件的，或者故意为他人避开或者破坏技术措施提供技术服务的，法律、行政法规另有规定的除外；

（七）未经著作权人或者与著作权有关的权利人许可，故意删除或者改变作品、版式设计、表演、录音录像制品或者广播、电视上的权利管理信息的，知道或者应当知道作品、版式设计、表演、录音录像制品或者广播、电视上的权利管理信息未经许可被删除或者改变，仍然向公众提供的，法律、行政法规另有规定的除外；

（八）制作、出售假冒他人署名的作品的。

第 52 条列举的侵权行为的法律责任主要是民事责任，而第 53 条列举的侵权行为的法律责任除民事责任之外，还有行政责任，构成犯罪的，还可以追究刑事责任。上述法条采用列举的方式规定了具体的侵犯版权行为，但并不意味着对侵权行为的穷举，没有被纳入上述情形的行为也可能构成侵权。尤其是我们属于大陆法系国家，依照《民法典》确定的侵权认定规则，在法律上能够认定侵犯了版权（含邻接权）的，都属于侵权行为。

（二）版权侵权认定规则

在侵权行为认定上，版权法采用"实质性相似+接触"这一规则。这一规则的要点包括：（1）两件作品经鉴定构成实质性相似，即创作在后的作品与创作在先的作品在思想表达形式方面构成实质性相似；（2）被控侵权作品行为人接触了享有著作权的在先作品。[①] 版权法发展至今，对于文学艺术领域的作品实质性相似的认定，发展出了"抽象观察法""整体观察法"等复杂的规则。然而，对两部作品实质性相似的判断，仍然是司法实践中的难题，这是抽象的法律规则适用到具体的实践案例中，正义从抽象到具体的过程中必然会发生的。

在版权侵权认定过程中，是否应当考虑行为人的过错，此前一直存在争议。《民法典》发布实施后，依照前述《民法典》第 1166 条规定，行为人实施《著作权法》规定的侵权行为，无论是否存在过错，都属于侵犯版权，已不存在争议。尽管版权侵权认定不考虑行为人的过错，但行为人的过错对于认定赔偿责任有着重大意义。

---

① 吴汉东. 知识产权法［M］. 北京：法律出版社，2021：292.

二、网络侵权特殊问题

从侵权理论与立法体例来看，有必要讨论多个主体共同侵犯版权的问题。在英美法系国家，此类问题通常区分为直接侵权问题与间接侵权问题。我国属于大陆法系国家，此类问题归为共同侵权问题，相关理论及规范主要源自《民法典》。对于版权而言，间接侵权或共同侵权问题主要发生在网络领域，尤其以网络服务提供者的行为认定及责任承担问题最为关键。在新媒体时代，舞蹈作品传播的重要途径——视频网站即属于网络服务提供者。对于网络服务提供者的侵权行为认定，一般适用"避风港原则"。然而实践中的问题要复杂得多，依据我国当前的版权规范，对网络服务提供者的侵权行为及责任认定进行细致的讨论。

首先，《民法典》对共同侵权的一般规定如下：

第一千一百六十八条　二人以上共同实施侵权行为，造成他人损害的，应当承担连带责任。

第一千一百六十九条　教唆、帮助他人实施侵权行为的，应当与行为人承担连带责任……

第一千一百七十条　二人以上实施危及他人人身、财产安全的行为，其中一人或者数人的行为造成他人损害，能够确定具体侵权人的，由侵权人承担责任；不能确定具体侵权人的，行为人承担连带责任。

第一千一百七十一条　二人以上分别实施侵权行为造成同一损害，每个人的侵权行为都足以造成全部损害的，行为人承担连带责任。

第一千一百七十二条　二人以上分别实施侵权行为造成同一损害，能够确定责任大小的，各自承担相应的责任；难以确定责任大小的，平均承担责任。

第一千一百七十三条　被侵权人对同一损害的发生或者扩大有过错的，可以减轻侵权人的责任。

其次，对于网络领域的侵权，《民法典》又做了特殊规定：

第一千一百九十四条　网络用户、网络服务提供者利用网络侵害他人民事权益的，应当承担侵权责任。法律另有规定的，依照其规定。

第一千一百九十五条　网络用户利用网络服务实施侵权行为的，权利人有权通知网络服务提供者采取删除、屏蔽、断开链接等必要措施。通知应当包括构成侵权的初步证据及权利人的真实身份信息。

网络服务提供者接到通知后，应当及时将该通知转送相关网络用户，并根据构成侵权的初步证据和服务类型采取必要措施；未及时采取必要措施的，对损害的扩大部分与该网络用户承担连带责任。

权利人因错误通知造成网络用户或者网络服务提供者损害的，应当承担侵权责任。法律另有规定的，依照其规定。

第一千一百九十六条　网络用户接到转送的通知后，可以向网络服务提供者提交不存在侵权行为的声明。声明应当包括不存在侵权行为的初步证据及网络用户的真实身份信息。

网络服务提供者接到声明后，应当将该声明转送发出通知的权利人，并告知其可以向有关部门投诉或者向人民法院提起诉讼。网络服务提供者在转送声明到达权利人后的合理期限内，未收到权利人已经投诉或者提起诉讼通知的，应当及时终止所采取的措施。

第一千一百九十七条　网络服务提供者知道或者应当知道网络用户利用其网络服务侵害他人民事权益，未采取必要措施的，与该网络用户承担连带责任。

《民法典》作为民事基本法，其规定适用于所有民事领域，其对于网络领域侵权责任的特殊规定，对于版权法则属于一般规定。鉴于《民法典》已规定共同侵权及网络服务提供者侵权问题，本次《著作权法》修订，删除了原先出现在送审稿中的此类重复规定。除上述规定外，版权法领域有着大量的规则，成文法尤见于《信息网络传播权保护条例》及《最高人民法院关于审理侵害信息网络传播权民事纠纷案件适用法律若干问题的规定》（法释〔2012〕20号，2020年修正）（以下简称《信息网络传播权司法解释》）。随着《著作权法》的修订，相关行政法规也会进行调整。为了方便讨论，本研究对司法实践中形成的网络侵权问题进行类型化讨论：

（一）网络服务提供者教唆、帮助行为认定

网络服务提供者教唆、帮助侵权是指其与其他行为人共同实施了侵害版权的行为，且其行为是教唆、帮助他人实施受版权控制的行为。教唆侵权包括语言、行为的教唆，而帮助侵权是指为侵权行为提供便利。《信息网络传播权司法解释》第 7 条规定：网络服务提供者在提供网络服务时教唆或者帮助网络用户实施侵害信息网络传播权行为的，人民法院应当判令其承担侵权责任。网络服务提供者以言语、推介技术支持、奖励积分等方式诱导、鼓励网络用户实施侵害信息网络传播权行为的，人民法院应当认定其构成教唆侵权行为。网络服务提供者明知或者应知网络用户利用网络服务侵害信息网络传播权，未采取删除、屏蔽、断开链接等必要措施，或者提供技术支持等帮助行为的，人民法院应当认定其构成帮助侵权行为。

（二）违反通知—删除规则

通知—删除规则是网络侵权领域的重要规则，《民法典》对此有较多的规定。在版权法领域，《信息网络传播权保护条例》第 14 条至第 17 条对"提供信息存储空间或者提供搜索、链接服务的网络服务提供者，作出了更为详细的规定：

第十四条　对提供信息存储空间或者提供搜索、链接服务的网络服务提供者，权利人认为其服务所涉及的作品、表演、录音录像制品，侵犯自己的信息网络传播权或者被删除、改变了自己的权利管理电子信息的，可以向该网络服务提供者提交书面通知，要求网络服务提供者删除该作品、表演、录音录像制品，或者断开与该作品、表演、录音录像制品的链接。通知书应当包含下列内容：

（一）权利人的姓名（名称）、联系方式和地址；

（二）要求删除或者断开链接的侵权作品、表演、录音录像制品的名称和网络地址；

（三）构成侵权的初步证明材料。

权利人应当对通知书的真实性负责。

第十五条　网络服务提供者接到权利人的通知书后，应当立即删除涉嫌侵权的作品、表演、录音录像制品，或者断开与涉嫌侵权的作品、表演、录音录像制品的链接，并同时将通知书转送提供作品、表演、录音录像制品的服务对象；服务对象网络地址不明、无法转送的，应当将通知书的内容同时在信息网络上公告。

第十六条　服务对象接到网络服务提供者转送的通知书后，认为其提供的作品、表演、录音录像制品未侵犯他人权利的，可以向网络服务提供者提交书面说明，要求恢复被删除的作品、表演、录音录像制品，或者恢复与被断开的作品、表演、录音录像制品的链接。书面说明应当包含下列内容：

（一）服务对象的姓名（名称）、联系方式和地址；

（二）要求恢复的作品、表演、录音录像制品的名称和网络地址；

（三）不构成侵权的初步证明材料。

服务对象应当对书面说明的真实性负责。

第十七条　网络服务提供者接到服务对象的书面说明后，应当立即恢复被删除的作品、表演、录音录像制品，或者可以恢复与被断开的作品、表演、录音录像制品的链接，同时将服务对象的书面说明转送权利人。权利人不得再通知网络服务提供者删除该作品、表演、录音录像制品，或者断开与该作品、表演、录音录像制品的链接。

（三）网络接入、自动传输与自动存储

《信息网络传播权保护条例》第 14 条至第 17 条适用于提供信息存储空间或者提供搜索、链接服务的网络服务提供者，而对于只提供网络接入，或提高网络传输效率且自动存储作品、表演、录音录像制品的网络服务提供者，适用其他规则，对此，《信息网络传播权保护条例》规定：

第二十条　网络服务提供者根据服务对象的指令提供网络自动接入服务，或者对服务对象提供的作品、表演、录音录像制品提供自动传输服务，并具备下列条件的，不承担赔偿责任：

（一）未选择并且未改变所传输的作品、表演、录音录像制品；

（二）向指定的服务对象提供该作品、表演、录音录像制品，并防止指定的服务对象以外的其他人获得。

第二十一条　网络服务提供者为提高网络传输效率，自动存储从其他网络服务提供者获得的作品、表演、录音录像制品，根据技术安排自动向服务对象提供，并具备下列条件的，不承担赔偿责任：

（一）未改变自动存储的作品、表演、录音录像制品；

（二）不影响提供作品、表演、录音录像制品的原网络服务提供者掌握服务对象获取该作品、表演、录音录像制品的情况；

（三）在原网络服务提供者修改、删除或者屏蔽该作品、表演、录音录像制品时，根据技术安排自动予以修改、删除或者屏蔽。

（四）网络存储服务

《信息网络传播权保护条例》第22条规定，网络服务提供者为服务对象提供信息存储空间，供服务对象通过信息网络向公众提供作品、表演、录音录像制品，并具备下列条件的，不承担赔偿责任：

（一）明确标示该信息存储空间是为服务对象所提供，并公开网络服务提供者的名称、联系人、网络地址；

（二）未改变服务对象所提供的作品、表演、录音录像制品；

（三）不知道也没有合理的理由应当知道服务对象提供的作品、表演、录音录像制品侵权；

（四）未从服务对象提供作品、表演、录音录像制品中直接获得经济利益；

（五）在接到权利人的通知书后，根据本条例规定删除权利人认为侵权的作品、表演、录音录像制品。

实践中，很多网络服务提供者并不只是单纯提供存储服务，为了避免上述免责条款被滥用，《信息网络传播权司法解释》第 12 条规定，人民法院可以根据案件具体情况，认定提供信息存储空间服务的网络服务提供者应知网络用户侵害信息网络传播权的三种情况：

（一）将热播影视作品等置于首页或者其他主要页面等能够为网络服务提供者明显感知的位置的；

（二）对热播影视作品等的主题、内容主动进行选择、编辑、整理、推荐，或者为其设立专门的排行榜的；

（三）其他可以明显感知相关作品、表演、录音录像制品为未经许可提供，仍未采取合理措施的情形。

（五）网络搜索与链接服务

网络搜索与链接是互联网的基本功能，在用户与网络信息之间起到重要的桥梁作用。对于提供网络搜索与链接服务的网络服务提供者，按照《信息网络传播权保护条例》第 23 条的规定，其在接到权利人的通知书后，根据该条例规定断开与侵权的作品、表演、录音录像制品的链接的，不承担赔偿责任；但是，明知或者应知所链接的作品、表演、录音录像制品侵权的，应当承担共同侵权责任。实践中，搜索还涉及网页快照、缩略图等信息形式，对此，《信息网络传播权司法解释》第 5 条规定，网络服务提供者以提供网页快照、缩略图等方式实质替代其他网络服务提供者向公众提供相关作品的，人民法院应当认定其构成提供行为。前款规定的提供行为不影响相关作品的正常使用，且未不合理损害权利人对该作品的合法权益，网络服务提供者主张其未侵害信息网络传播权的，人民法院应予支持。

三、侵权行为的主要特征

新媒体时代，移动电子终端已成为人们生活中的必需品，通过它们，人们可以随时随地接入互联网，享受海量的互联网信息。依据国家统计局公布的《2020 年国民经济和社会发展统计公报》，2020 年末我国互联网上网人数 9.89 亿人，其中手机上网人数 9.86 亿人。便捷的互联网服务，为舞蹈作品的创作与传播都带来了新的契机，但是也导致了侵权行为的泛滥，这些侵权行为的特征包括移动性、便捷性、无形性、取证难、随时性、广泛性和快速性。

（一）移动性

移动性是指舞蹈作品侵权行为发生地点的不固定性。新媒体时代，交互式传播是核心特征，而交互式传播则意味着人们可以在选定的地点和时间获取信息。移动性是互联网移动化导致的，当前，人们享受互联网服务的主要终端是手机。由于手机人们是经常随身携带的，其地点并不固定，如果通过手机实施了侵害舞蹈作品权利人权益的侵权行为，侵权行为将呈现出移动性的特征。比较典型的情况是，手机用户未经舞蹈作品版权人及表演者的许可，拍摄舞蹈表演的视频并将其上传到网络，则会构成对舞蹈作品版权人信息网络传播权的侵害，该侵权行为可以发生在任何地点，具有典型的移动性特征。

（二）便捷性

便捷性是指舞蹈作品侵权行为的实施条件非常低。随着网络的普及，越来越多的人能够便捷地享受互联网服务，但其在享受互联网服务过程中实施了侵害舞蹈作品版权的行为，使得侵权行为也呈现出便捷性的特征。同样是手机用户未经舞蹈作品版权人及表演者的许可，拍摄舞蹈表演的视频并将其上传到网络，从而构成对舞蹈作品版权人信息网络传播权的侵害，该行为通常只需要通过手机"一键转发"就可实现，这使得该侵权行为也呈现出便捷性的特征。

（三）无形性

无形性是指舞蹈作品侵权行为通常不留下有形物质载体。在数字化时代以前，舞蹈作品难以通过物质载体进行记录，给舞蹈作品的传播带来了不少阻碍。进入数字化时代，尤其是新媒体时代后，舞蹈作品开始大量通过数字形式尤其是视频电子文件进行记录。这些数字文件属于电子信息，虽然仍然需要一定的物质载体作为基础，但是对于自然人的认知能力而言，这些数字信号是无形的。尤其是相较于印刷时代的图书等出版物、电子时代的光盘，新媒体时代舞蹈作品的传播大量以数字信号形式存在，呈现出无形性的特征。

（四）取证难

取证难是指舞蹈作品相关权利人对侵权行为难以取证。取证难是侵权行为的移动性和无形性导致的，尤其是后者。对于盗版图书的取证，权利人可能只需要就近到一家书店买一本盗版图书，即完成了基本的取证工作。然而对于舞蹈作品侵权行为的取证并不是特别简单，因为侵权行为移动性和无形性的特征，权利人需要通过特殊的技术手段进行电子取证。尽管网络用户基本都是实名制用户，但是这些信息属于保密的个人信息，对于权利人而言，即使知道了侵权行为，很多时候也难以确定侵权人的身份。这些现实的困难都导致了舞蹈作品侵权行为具有取证难的特征。

（五）随时性

随时性是指舞蹈作品侵权行为发生时间的不固定性。在新媒体时代的交互式传播的影响下，除了上述地点上的不固定性，时间上的不固定性也是侵权行为的突出特征之一。随时性意味着实施侵权行为不需要特定的时间，以前述的用手机拍摄舞蹈表演的视频并传播的行为为例，行为人对视频的传播，其发生时间基本上只以行为人的主观意志为转移，并不依赖其他现实条件。

（六）广泛性

广泛性是指舞蹈作品侵权行为的实施主体非常广泛。随着互联网用户的增多，加之实施相关行为的便捷性，舞蹈作品侵权行为的实施主体的范围更加广泛。在新媒体时代以前，侵权行为的实施主体如盗版商通常是专业性的，并不具备广泛性的特征。而在新媒体时代，网络用户的行为很容易落入受舞蹈作品版权控制的范围，使得人人都有可能侵害舞蹈作品版权，舞蹈作品侵权行为呈现出广泛性的特征。

（七）快速性

快速性是指实施舞蹈作品侵权行为所需要的时间短。互联网的便捷性使得互联网上信息的传播非常快速，基本上可以忽略空间上的距离，地球也因此成为

"地球村"。高速的信息传播使得舞蹈作品侵权行为,尤其是未经许可传播作品的行为耗时短,在很短的时间内,就能够实现作品的大范围传播,这使得舞蹈作品侵权行为呈现出快速性的特征。

四、版权侵权的民事救济

版权作为一种以无形财产为客体的绝对权,对版权的侵害通常不影响权利人对客体的控制,但是侵害版权行为损害了版权的绝对性。版权属于私权,主要的救济方式是民事救济。发生版权侵权纠纷后,权利人可以选择的解决途径包括当事人和解、第三方调解、仲裁和民事诉讼。而在版权民事诉讼中,值得关注的问题是诉前禁令、举证责任、诉讼管辖及赔偿责任。

(一)诉前禁令

诉前禁令是指法院在某项诉讼活动前责令侵权人停止有关行为的措施。《著作权法》第56条规定,著作权人或者与著作权有关的权利人有证据证明他人正在实施或者即将实施侵犯其权利、妨碍其实现权利的行为,如不及时制止将会使其合法权益受到难以弥补的损害的,可以在起诉前依法向人民法院申请采取财产保全、责令作出一定行为或者禁止作出一定行为等措施。

知识产权诉前禁令是知识产权司法保护的重要内容,对此,最高人民法院专门出台了《最高人民法院关于审查知识产权纠纷行为保全案件适用法律若干问题的规定》(法释〔2018〕21号)(以下简称《知识产权行为保全规定》)。知识产权对其客体不具有独占性,受到侵害后难以恢复原状,该司法解释明确了"申请人的发表权、隐私权等人身权利即将受到侵害""时效性较强的热播节目正在或者即将受到侵害"等情况属于民事诉讼法规定的"情况紧急",这些规定对于舞蹈作品的版权保护具有非常重要的意义。

(二)举证责任

举证责任一直是知识产权诉讼程序中的争议焦点,按照举证原则,版权人指控他人侵权,必须证明其对相关作品享有版权,且他人实施了侵害行为,同时还要证明自己的损失或者对方的获利等问题。新媒体时代的侵权行为,其取证更难，这使得权利人维护自身权益的成本及难度大大增加，甚至会使得权利人无功而返。本次《著作权法》修订，第 54 条第 4 款新增"人民法院为确定赔偿数额，在权利人已经尽了必要举证责任，而与侵权行为相关的账簿、资料等主要由侵权人掌握的，可以责令侵权人提供与侵权行为相关的账簿、资料等；侵权人不提供，或者提供虚假的账簿、资料等的，人民法院可以参考权利人的主张和提供的证据确定赔偿数额"的规定；第 59 条第 2 款新增"在诉讼程序中，被诉侵权人主张其不承担侵权责任的，应当提供证据证明已经取得权利人的许可，或者具有本法规定的不经权利人许可而可以使用的情形"的规定，这些新增的规定大大降低了权利人的举证难度。同时，对于证据，舞蹈作品权利人也可以申请证据保全，《著作权法》第 57 条规定：为制止侵权行为，在证据可能灭失或者以后难以取得的情况下，著作权人或者与著作权有关的权利人可以在起诉前依法向人民法院申请保全证据。

（三）诉讼管辖

依据《最高人民法院关于审理著作权民事纠纷案件适用法律若干问题的解释》（法释〔2002〕31 号，2020 年修正）（以下简称《著作权司法解释》）的规定，著作权民事纠纷案件，由中级以上人民法院管辖。各高级人民法院根据本辖区的实际情况，可以报请最高人民法院批准，由若干基层人民法院管辖第一审著作权民事纠纷案件。因侵犯著作权行为提起的民事诉讼，由著作权法第 47 条、第 48 条所规定侵权行为的实施地、侵权复制品储藏地或者查封扣押地、被告住所地人民法院管辖。对涉及不同侵权行为实施地的多个被告提起的共同诉讼，原告可以选择向其中一个被告的侵权行为实施地的人民法院提起诉讼；仅对其中某一被告提起的诉讼，该被告侵权行为实施地的人民法院有管辖权。

新媒体时代，侵害信息网络传播权更为常见，《信息网络传播权司法解释》规定，侵害信息网络传播权民事纠纷案件由侵权行为地或者被告住所地人民法院管辖。侵权行为地包括实施被诉侵权行为的网络服务器、计算机终端等设备所在地。侵权行为地和被告住所地均难以确定或者在境外的，原告发现侵权内容的计算机终端等设备所在地可以视为侵权行为地。

（四）赔偿责任

赔偿责任是本次《著作权法》修改的重点及亮点，本次修法规定了《民法典》知识产权惩罚性赔偿在版权规范中的具体规则，即对于故意侵权、侵权情节严重的情况，法院可以判决给予权利人的实际损失、侵权人的违法所得、权利人的权利使用费的一倍以上五倍以下的数额赔偿。同时还将法定赔偿数额的上限从 50万元提高到 500 万元，并设定了法定赔偿额的下限 500 元。

《著作权法》第 54 条对赔偿责任进行了具体的规定，并明确了损害赔偿确定的次序分别是实际损失、违法所得、法定赔偿：

> 第五十四条　侵犯著作权或者与著作权有关的权利的，侵权人应当按照权利人因此受到的实际损失或者侵权人的违法所得给予赔偿；权利人的实际损失或者侵权人的违法所得难以计算的，可以参照该权利使用费给予赔偿。对故意侵犯著作权或者与著作权有关的权利，情节严重的，可以在按照上述方法确定数额的一倍以上五倍以下给予赔偿。
>
> 权利人的实际损失、侵权人的违法所得、权利使用费难以计算的，由人民法院根据侵权行为的情节，判决给予五百元以上五百万元以下的赔偿。
>
> 赔偿数额还应当包括权利人为制止侵权行为所支付的合理开支。
>
> 人民法院为确定赔偿数额，在权利人已经尽了必要举证责任，而与侵权行为相关的账簿、资料等主要由侵权人掌握的，可以责令侵权人提供与侵权行为相关的账簿、资料等；侵权人不提供，或者提供虚假的账簿、资料等的，人民法院可以参考权利人的主张和提供的证据确定赔偿数额。
>
> 人民法院审理著作权纠纷案件，应权利人请求，对侵权复制品，除特殊情况外，责令销毁；对主要用于制造侵权复制品的材料、工具、设备等，责令销毁，且不予补偿；或者在特殊情况下，责令禁止前述材料、工具、设备等进入商业渠道，且不予补偿。

权利人的实际损失，可以根据权利人因侵权所造成复制品发行减少量或者侵权复制品销售量与权利人发行该复制品单位利润乘积计算。发行减少量难以确定的，按照侵权复制品市场销售量确定。对于单纯的舞蹈作品权利人，其实际损失通常难以证明。

侵权人的违法所得，《北京市高级人民法院关于确定著作权侵权损害赔偿责任的指导意见》明确为：一般情况下，应当以被告营业利润作为赔偿数额。被告侵权情节或者后果严重的，可以产品销售利润作为赔偿数额。侵权情节轻微，且诉讼期间已经主动停止侵权的，可以净利润作为赔偿数额。

依照《著作权司法解释》的规定，权利人的实际损失或者侵权人的违法所得无法确定的，人民法院根据当事人的请求或者依职权适用《著作权法》第 54 条第 2 款的规定确定赔偿数额。人民法院在确定赔偿数额时，应当综合考虑作品类型、合理使用费、侵权行为性质、后果等。关于制止侵权行为所支付的合理开支，该司法解释明确为：《著作权法》第 54 条第 3 款规定的制止侵权行为所支付的合理开支，包括权利人或者委托代理人对侵权行为进行调查、取证的合理费用。人民法院根据当事人的诉讼请求和具体案情，可以将符合国家有关部门规定的律师费用计算在赔偿范围内。

本次修订的《著作权法》引入了惩罚性赔偿制度，且赔偿倍数为一倍以上五倍以下。对于知识产权惩罚性赔偿的适用，最高人民法院出台了《最高人民法院关于审理侵害知识产权民事案件适用惩罚性赔偿的解释》（法释〔2021〕4 号），其中第 3 条规定了故意侵害知识产权的认定问题：

第三条　对于侵害知识产权的故意的认定，人民法院应当综合考虑被侵害知识产权客体类型、权利状态和相关产品知名度、被告与原告或者利害关系人之间的关系等因素。

对于下列情形，人民法院可以初步认定被告具有侵害知识产权的故意：

（一）被告经原告或者利害关系人通知、警告后，仍继续实施侵权行为的；

（二）被告或其法定代表人、管理人是原告或者利害关系人的法定代表人、管理人、实际控制人的；

（三）被告与原告或者利害关系人之间存在劳动、劳务、合作、许可、经销、代理、代表等关系，且接触过被侵害的知识产权的；

（四）被告与原告或者利害关系人之间有业务往来或者为达成合同等进行过磋商，且接触过被侵害的知识产权的；

（五）被告实施盗版、假冒注册商标行为的；

（六）其他可以认定为故意的情形。

第4条进一步规定了侵害知识产权情节严重的情况：

第四条　对于侵害知识产权情节严重的认定，人民法院应当综合考虑侵权手段、次数，侵权行为的持续时间、地域范围、规模、后果，侵权人在诉讼中的行为等因素。

被告有下列情形的，人民法院可以认定为情节严重：

（一）因侵权被行政处罚或者法院裁判承担责任后，再次实施相同或者类似侵权行为；

（二）以侵害知识产权为业；

（三）伪造、毁坏或者隐匿侵权证据；

（四）拒不履行保全裁定；

（五）侵权获利或者权利人受损巨大；

（六）侵权行为可能危害国家安全、公共利益或者人身健康；

（七）其他可以认定为情节严重的情形。

惩罚性赔偿制度的引入，对于舞蹈作品的版权保护有着非常积极的意义，但由于其属于新引入的制度，实践过程中的问题还有待进一步探讨解决。

五、版权的公法保护

侵犯版权，除了承担民事责任外，还可能承担行政责任及刑事责任，公法对版权的保护，主要在于作品、制品等的传播领域。

（一）行政保护

版权的行政责任是指国家著作权主管部门对侵犯著作权行为人依法给予行政

处罚。版权属于私权，但作品、表演、录音录像制品的传播涉及公共生活，因此版权会涉及公共利益。对版权的侵犯，如果同时损害了公共利益，就会构成对国家公权领域的侵犯，相关侵权人应当承担相应的行政责任。

《著作权法》第53条规定，侵权行为同时损害公共利益的，由主管著作权的部门责令停止侵权行为，予以警告，没收违法所得，没收、无害化销毁处理侵权复制品以及主要用于制作侵权复制品的材料、工具、设备等，违法经营额五万元以上的，可以并处违法经营额一倍以上五倍以下的罚款；没有违法经营额、违法经营额难以计算或者不足五万元的，可以并处二十五万元以下的罚款。

(二) 刑事保护

《著作权法》第53条规定，侵权行为构成犯罪的，依法追究刑事责任。2020年12月26日，第十三届全国人民代表大会常务委员会第二十四次会议通过《中华人民共和国刑法修正案(十一)》，本次修正加强了对版权的刑法保护，修正后的第217、218条对侵犯著作权领域的犯罪做了较多调整：

第二百一十七条　以营利为目的，有下列侵犯著作权或者与著作权有关的权利的情形之一，违法所得数额较大或者有其他严重情节的，处三年以下有期徒刑，并处或者单处罚金；违法所得数额巨大或者有其他特别严重情节的，处三年以上十年以下有期徒刑，并处罚金：

(一)未经著作权人许可，复制发行、通过信息网络向公众传播其文字作品、音乐、美术、视听作品、计算机软件及法律、行政法规规定的其他作品的；

(二)出版他人享有专有出版权的图书的；

(三)未经录音录像制作者许可，复制发行、通过信息网络向公众传播其制作的录音录像的；

(四)未经表演者许可，复制发行录有其表演的录音录像制品，或者通过信息网络向公众传播其表演的；

(五)制作、出售假冒他人署名的美术作品的；

(六)未经著作权人或者与著作权有关的权利人许可，故意避开或者破坏权利人为其作品、录音录像制品等采取的保护著作权或者与著作权有关的权利的技术措施的。

第二百一十八条 以营利为目的，销售明知是本法第二百一十七条规定的侵权复制品，违法所得数额巨大或者有其他严重情节的，处五年以下有期徒刑，并处或者单处罚金。

本次修正的内容包括：修改法定刑，提高了侵犯著作权罪和销售侵权复制品罪的法定刑；修改罪状，增加了侵犯表演者权和破坏权利保护技术措施的刑事责任；在侵犯著作权罪的行为方式中，增加了"通过信息网络向公众传播"的方式；扩大了保护的作品的范围。

最高人民法院、最高人民检察院、公安部《关于办理侵犯知识产权刑事案件适用法律若干问题的意见》（法发〔2011〕3 号）第 10 条规定了关于侵犯著作权犯罪案件"以营利为目的"的认定问题：

除销售外，具有下列情形之一的，可以认定为"以营利为目的"：

（一）以在他人作品中刊登收费广告、捆绑第三方作品等方式直接或者间接收取费用的；（二）通过信息网络传播他人作品，或者利用他人上传的侵权作品，在网站或者网页上提供刊登收费广告服务，直接或者间接收取费用的；（三）以会员制方式通过信息网络传播他人作品，收取会员注册费或者其他费用的；（四）其他利用他人作品牟利的情形。

该意见第 11 条明确了"未经著作权人许可"的认定情形：

"未经著作权人许可"一般应当依据著作权人或者其授权的代理人、著作权集体管理组织、国家著作权行政管理部门指定的著作权认证机构出具的涉案作品版权认证文书，或者证明出版者、复制发行者伪造、涂改授权许可文件或者超出授权许可范围的证据，结合其他证据综合予以认定。

在涉案作品种类众多且权利人分散的案件中，上述证据确实难以一一取得，但有证据证明涉案复制品系非法出版、复制发行的，且出版者、复制发行者不能提供获得著作权人许可的相关证明材料的，可以认定为"未经著作权人许可"。但是，有证据证明权利人放弃权利、涉案作品的著作权不受我国著作权法保护，或者著作权保护期限已经届满的除外。

在新媒体时代，通过网络传播的作品更值得关注，上述意见第 13 条规定了通过信息网络传播侵权作品行为的定罪处罚标准：

> 以营利为目的，未经著作权人许可，通过信息网络向公众传播他人文字作品、音乐、电影、电视、美术、摄影、录像作品、录音录像制品、计算机软件及其他作品，具有下列情形之一的，属于刑法第二百一十七条规定的"其他严重情节"：
>
> （一）非法经营数额在五万元以上的；
>
> （二）传播他人作品的数量合计在五百件（部）以上的；
>
> （三）传播他人作品的实际被点击数达到五万次以上的；
>
> （四）以会员制方式传播他人作品，注册会员达到一千人以上的；
>
> （五）数额或者数量虽未达到第（一）项至第（四）项规定标准，但分别达到其中两项以上标准一半以上的；
>
> （六）其他严重情节的情形。
>
> 实施前款规定的行为，数额或者数量达到前款第（一）项至第（五）项规定标准五倍以上的，属于刑法第二百一十七条规定的"其他特别严重情节"。

《中华人民共和国刑法修正案（十一）》的实施，结合相关司法解释，对舞蹈作品相关版权的保护，尤其是对舞蹈作品表演的保护将更有力。

第二节　舞蹈作品领域的具体侵权行为

按照侵害行为的权利类别，侵害版权的行为（广义）可以分为侵害人身权、侵害财产权与侵害邻接权。对于技术措施与权利管理信息的侵害，在版权法中也被认为是侵权行为，但是权利人对于技术措施与权利管理信息的权利，是否属于版权存在争议，本研究将这些侵权行为归为"其他不正当行为"。此外，还应当考虑到对舞蹈作品的竞争法保护，对相关行为也一并归入"其他不正当行为"进行讨论。

一、侵害人身权

（一）侵害人身权的具体行为

1. 侵害发表权

侵害发表权是指未经作者同意，擅自公开作者未曾公开的作品的行为。在当前的新媒体时代，典型的行为是将他人未曾发表的舞蹈作品录制成视频，并通过信息网络进行传播的行为。

2. 侵害署名权

侵害署名权是指未经作者同意，任意篡改作者的署名，或者擅自将合作作品署名为自己单独创作的作品的行为。在当前的新媒体时代，典型的行为是在传播他人舞蹈作品的过程中，篡改作者的署名，尤其是在包含舞蹈作品的视频中，删除或者篡改舞蹈作品的作者信息。

与侵害署名权相似的行为中，有一类属于冒名行为，即将自己创作的作品，署上他人名字，尤其是其他知名创作者的名字。此类侵权行为被《著作权法》规定为违法行为，但其是否属于侵害署名权一直有争议。本研究认为这属于侵害自然人姓名权的问题，不属于侵害署名权，署名权是依据作者创作作品而产生的权利，被署名人没有创作相应的作品，不会有署名权的存在，也不构成侵害署名权。

3. 侵害修改权

侵害修改权是指未经作者同意，擅自删改作品内容或增添材料。在当前的新媒体时代，典型的行为是在传播他人的舞蹈作品中，对舞蹈作品尤其是动作的设计进行刻意的修改。需要注意的是，由于舞蹈作品依赖表演，而表演者的表演水平不一，只有故意对舞蹈作品内容的修改，才能认定是侵害修改权。因表演者表演水平的差异导致的表演误差，不应当认定为侵害修改权。此外，对于大型的舞蹈，尤其是对舞台有较高要求的舞蹈，权利人许可他人表演的，因场地等现实原因，无法还原舞台效果等舞蹈辅助性内容的，应当视为作者许可对舞蹈作品进行修改。

4. 侵害保护作品完整权

侵害保护作品完整权是指歪曲、篡改他人作品的行为。与侵害作品修改权不同，侵害保护作品完整权会使作品发生"质"的变化，而不是细枝末节有所改变。侵害舞蹈作品保护作品完整权的典型行为是在表演他人舞蹈作品的过程中，歪曲、篡改他人作品，使得观众感受到一部新的舞蹈作品。如果篡改他人作品，如在表演舞蹈的过程中，擅自加入具有性暗示等不良内容的动作，会构成严重的侵害舞蹈作品保护作品完整权的行为。此外，引导他人对舞蹈作品进行负面评价，特别是通过"网络水军"故意对舞蹈作品进行大量负面评价，属于歪曲舞蹈作品，也构成侵害舞蹈作品保护作品完整权。

（二）人身权与一般人格权

在著作权人身权问题上，一直也存在一个讨论，即版权领域的人身权与一般人格权是否属于相同的权利。《民法典》颁布实施后，我国开始建立起完善的人格权保护制度，一般人格权的规范相对于版权领域的人身权更为完善，会使得权利人在请求司法救济时，更加倾向选择依据人格权行使相关权利，而不是版权领域的人身权。比较典型的事件是，依据上海市杨浦区人民法院 2021 年 9 月 23 日公告的起诉状副本及开庭传票内容，该院受理原告林某诉被告上海宽娱数码科技有限公司、肖某肖像权纠纷一案，原告要求被告肖某赔礼道歉，赔偿经济损失 250000 元，精神损害抚慰金 20000 元，维权成本合理开支 5000 元，以上共计 275000 元。据了解，该案原是由哔哩哔哩网站用户肖某利用"AI 换脸技术"长期制作、发表关于知名歌手林某杰的视频，且被对方警告后仍不停止相关行为所导致的。尽管本案尚未进入实质性审理阶段，就其案件本身而言，在当前的互联网环境下，该侵权行为非常具有代表性，也非常容易发生在舞蹈领域的自然人，尤其是舞蹈表演者身上。从权利人的角度看，此类行为，除了可以依据肖像权等一般人格权进行救济外，也可以通过作者、表演者的人身权进行救济。从此案中也容易看出，实际上，很多侵害作者、表演者版权领域人身权的行为，也构成侵害相关自然人的一般人格权，并且在案件事由上，出场的多是一般人格权。

(三)侵害人身权的典型案例

1. 宋某与邓某侵害作品署名权纠纷案①

宋某与邓某为群舞《宝宝喂鸡》的共同作者,后宋某在一次舞蹈作品选拔赛中,将该作品仅署自己一人名。法院认为根据《中华人民共和国著作权法》(2010年修正)第10条第1款第(2)项和第47条第(2)项规定,著作权包括署名权,即表明作者身份,在作品上署名的权利,未经合作作者许可,将与他人合作创作的作品当作自己单独创作的作品发表的属侵权行为,应当根据情况,承担停止侵害、消除影响、赔礼道歉、赔偿损失等民事责任。后该项选拔赛《获奖证书》的编导只署名被告宋某一个人的名字,因此被告宋某构成对原告邓某署名权的侵害。由此,法院判令被告宋某向原告邓某赔礼道歉,并赔偿原告邓某为制止侵权所支出的合理费用。本案中侵害署名权的行为,是将合作作品仅署一人名字,构成对署名权的侵害。

2. 杨某等与淮阴师范学院、吕某侵害著作权纠纷案②

杨某等人为舞蹈作品《碇步桥水清悠悠》的作者。吕某为淮阴师范学院舞蹈系副教授,由于个人正在进行正教授职称考核,需要在其就职高校淮阴师范学院进行个人原创作品汇报演出。2018年12月22日晚7点,被告吕某在淮阴师范学院校内音乐厅举办个人原创作品汇报演出,演出名称为《吕某老师原创舞蹈作品专场演出》。在上述专场演出的第三部作品《桥中幽,雨中绵》中,未经原告的许可,擅自使用了原告作品的音乐和舞蹈编排,并将原作品名称《碇步桥水清悠悠》擅自改为《桥中幽,雨中绵》,同时编导署名为吕某,完全未提及原作品的真实作者。被告吕某更名后的作品《桥中幽,雨中绵》与作品《碇步桥水清悠悠》构成实质性相同。

本案中一审法院认定被告存在接触原告作品的可能,且被控作品与原告作品高度一致,被控作品几乎达到复制的程度,两部作品在表达上的细微差别不能否定与掩盖其实质性相似的判断。尽管吕某使用被其侵权的作品只是为了教学,并

---

① (2019)闽民终457号。
② (2020)苏民终99号。

非商业性演出，但是他没有依照法律和职业道德的要求，如实告知相关公众本案原告作品编导及音乐创作者的信息，构成对原告署名权的侵害，依法应当承担民事责任。

二、侵害财产权

（一）侵害财产权主要类型

1. 侵害复制权

侵害复制权，是指未经版权人许可，又无法律上的根据，以印刷、复印、拓印、录音、录像、翻录、翻拍、数字化等方式将作品制作一份或者多份。舞蹈作品通常不是以舞谱等形式呈现，原本的复制权对于舞蹈作品的现实意义并不大。然而，随着数字技术的进步，舞蹈作品越来越多地通过数字化技术来记录，舞蹈作品复制权的意义日益凸显。由于版权法上的复制包括数字化这种方式，因此将舞蹈作品制作成视频文件、广播信号等都属于复制行为。如果某个舞蹈作品被数字化之后，该数字化过程以及形成的数字产品被复制的过程，都属于对舞蹈作品复制权的侵害。此外，复制作品是传播作品的基础，也是基础性权利，通过广播或者信息网络传播舞蹈作品，或者传播、放映包含舞蹈作品的视听作品，其前提必然是包含了复制权所控制的复制行为。

2. 侵害发行权

侵害发行权，是指未经版权人许可，又无法律上的根据，以出售或者赠与方式向公众提供作品的原件或者复制件。对于舞蹈作品而言，主要是复制件，尤其是包括舞谱等形式的复制件，以及通过数字化技术形成的舞蹈作品的复制件。擅自出售或者赠与这些舞蹈作品的复制件，即构成对舞蹈作品发行权的侵害。发行权是面向公众发行复制件，如果将复制件出售给或者赠与不特定的公众，复制权控制的复制行为，则会演变为受发行权控制的行为。通常，发行权主要与权利人的经济利益挂钩，尤其是在图书、音乐领域，但是对于舞蹈作品而言，由于其权利关系复杂，这一点并不突出。

3. 侵害表演权

侵害表演权，是指未经版权人许可，又无法律上的根据，公开表演其作品，或者以各种手段公开播送其作品的表演内容。表演权对于舞蹈作品版权人而言是一项重要的权利，因为权利人如果不许可表演权，则意味着除合理使用外，舞蹈作品不会被表演。而一个没有被表演的舞蹈作品，其艺术影响是会大打折扣的，甚至可认为没有现实的意义，就好比某个失传了的舞蹈作品，虽然存在，但是对艺术领域无法产生现实的影响。在新媒体时代，侵害舞蹈作品表演权也是舞蹈作品领域最为普遍的侵权现象。

由于表演权控制的行为包括现场表演及机械表演，同时，表演权还受到合理使用的限制，因此，侵害表演权的行为需要进行细致讨论。对于表演权控制的现场表演行为，由于当前演示舞蹈作品依赖能够进行舞蹈演出的人——舞者，而如果舞者进行的是不以营利为目的的免费表演，在不侵害舞蹈作品权利人其他权益的情况下，则构成对舞蹈作品的合理使用，① 不属于侵害表演权。举例来说，某居民小区几位舞蹈爱好者在小区公共场所排练《千手观音》舞蹈，属于对舞蹈作品的现场表演，这样的行为属于对舞蹈作品的合理使用，尽管没有经过权利人的许可，但是属于有法律上的依据，因此并不构成对《千手观音》舞蹈作品权利人表演权的侵害。而对于机械表演行为，由于机械表演行为本身不属于合理使用，因此通过机械表演的方式播送舞蹈作品的表演，如果没有经过权利人的许可，一定会构成侵害表演权。

在当下的互联网环境中，最值得讨论的侵害表演权的行为是发布舞蹈作品表演视频。典型的情况是，某个舞蹈作品在网上"火"了之后，会吸引无数舞蹈爱好者表演这个舞蹈，这些舞蹈爱好者的表演不属于商业行为，即进行的是不以营利为目的的免费表演，其表演行为因构成合理使用，并不属于侵害表演权，即使这个舞蹈爱好者是以表演舞蹈为业的舞者，并在表演的过程中进行了视频录制，他当前阶段的表演行为仍然不属于侵害表演权的行为。如果他们将舞蹈作品的录制视频发布到互联网上，则属于侵害舞蹈作品信息网络传播权等相关权利的行为。此外，如果他们发布视频有营利的目的，此时就能够倒推原先的表演行为具有以营利为目的的性质，由此破坏了舞蹈作品合理使用的构成要件，在这个阶段则能够认定原先的表演行为侵害了表演权。

---

① 对舞蹈作品合理使用的详细讨论参见本研究下一节。

4. 侵害信息网络传播权

侵害舞蹈作品信息网络传播权，是指未经版权人许可，又无法律上的根据，以有线或者无线方式向公众提供，使公众可以在其选定的时间和地点获得舞蹈作品。信息网络传播权因能控制作品交互式传播行为，是新媒体时代最重要的版权之一。对舞蹈作品权利人信息网络传播权的侵害，以获得作品是否合法，分为两种情况：一是非法获取作品进行交互式传播，二是合法获取作品进行交互式传播。两者的差别主要在于行为人获取能够在互联网传播的舞蹈作品的数字化产品时，是否得到权利人的许可，前者属于没有获得相应的许可，后者属于获得了相应的许可。区分这两种情况的意义在于，后者获得了相应的许可之后，只会单纯侵害舞蹈作品权利人的信息网络传播权，不会侵害其复制权和表演权；而前者在侵害舞蹈作品权利人的信息网络传播权的同时，也侵害了复制权，甚至可能侵害表演权。前者的行为中，侵害复制权的行为是对舞蹈作品进行了从无到有的数字化复制过程，侵害表演权的行为则是传播该舞蹈作品（表演）数字化产品的同时提供播放功能，该行为属于对舞蹈作品的机械表演。

5. 侵害广播权

侵害舞蹈作品广播权，是指未经版权人许可，又无法律上的根据，以有线或者无线方式公开传播或者转播作品，以及通过扩音器或者其他传送符号、声音、图像的类似工具向公众传播广播的作品。我国当前的广播权控制的行为并不包括信息网络传播权控制的交互式传播行为。当前，受舞蹈作品广播权控制的典型行为包括两种类型：一种是电视台等对舞蹈表演进行广播，二是通过网络直播进行舞蹈表演。从侵权的角度看，更为典型的情况是后者，因为网络直播的主体主要是个人，相对于电视台，版权意识通常会薄弱一点。由于舞蹈作品的合理使用仅限于现场表演，广播权所控制的行为能够使作品大范围传播，大范围的传播不可能属于"合理"的方式，因此广播权所控制的行为，不属于合理使用。此外，侵害舞蹈作品版权人广播权的行为，通常也会侵害版权人复制权、表演权等其他基础性权利。

6. 侵害摄制权

侵害舞蹈作品摄制权，是指未经版权人许可，又无法律上的根据，以摄制视听作品的方法将舞蹈固定在载体上。摄制权控制的行为多见于影视制作领域。在新媒体时代，侵害舞蹈作品摄制权的典型现象是在制作视听作品（如电影）时，未经版权人许可，使用了某部舞蹈作品。使用该舞蹈作品的方式可以是电影演员的现场表演，也可以是动画人物等虚拟人物的表演。如果表演舞蹈作品的是作为自然人的表演者，这样的行为还涉及侵害舞蹈作品表演权等权利。

7. 侵害改编权

侵害舞蹈作品改编权，是指未经版权人许可，又无法律上的根据，依据舞蹈作品创作出具有独创性的新舞蹈作品。改编权所控制的改编行为，是指在尊重原作品的基本表达的前提下，通过改变原作品产生新作品的行为，必须是"改变作品"并产生"新作品"。如果没有尊重原作品的基本表达，则不构成侵害舞蹈作品改编权；如果没有产生新的舞蹈作品，则属于复制权所控制的行为。在新媒体时代，侵害改编权是一种常见的侵权行为，通常表现为擅自改变他人的舞蹈。比如，综艺节目《青春有你2》中，练习生林某的"美少女战士变身"舞蹈被指涉嫌抄袭，此后林某工作室发布微博向原创编舞师道歉，但并未提及赔偿事宜。根据林某编舞老师的微博内容，该侵权行为源于"根据客户提出的需求和视频素材，对原舞蹈进行了一定程度的简化及改编，仅作为才艺备选使用"。

8. 侵害汇编权

侵害舞蹈汇编权，是指未经版权人许可，又无法律上的根据，将作品或者作品的片段通过选择或者编排，汇集成新的作品。汇编权的产生，要基于受法律保护的舞蹈作品的汇编作品，侵害该汇编作品的所有行为，都是对舞蹈作品汇编权的侵害。侵害汇编权通常发生于图书、音像出版领域，对于舞蹈作品而言，主要是舞蹈汇编作品音像出版领域。由于音像内容常常被制作成录像制品，因此侵害汇编权的同时，还涉及侵害其他相关权利。

（二）侵害财产权的典型案例

1. 云南杨某萍信息科技发展有限公司与北京心正意诚餐饮管理有限公司海淀餐饮分公司等侵害著作权纠纷案①

本案中，原告主张被告在其共同经营的涉案餐厅中，将原告享有著作权的

---

① （2018）京0108民初32020号。

舞蹈作品《月光》作为装饰图案使用在屏风、墙画、隔断中，侵害了原告杨某萍公司对该舞蹈作品的复制权。对于这样的行为是否构成侵害舞蹈作品复制权，法院的观点是：

根据著作权法的一般规则，被诉侵权作品与原告主张权利的在先作品的相关内容相同或者实质性相似，被告在创作时接触过原告主张权利的作品或者存在接触的可能，且被告不能举证或者说明被诉侵权作品合法来源的，可以认定被告侵害了原告的著作权。根据上述规则，结合本案事实，本院考虑到：

第一，根据现有证据，《月光》舞蹈作品自2003年在《云南映象》大型表演中公开表演后，在全国多个地区进行巡回演出，后于2006年在中央电视台春节联欢晚会中表演。上述情形使《月光》舞蹈作品在全国范围内具有较高知名度和影响力，故三被告存在接触该舞蹈作品的可能性。

第二，本案中，被诉装饰图案均为一名高盘发髻、身着紧身长裙的女子在月光背景下作出舞蹈动作的人物剪影图，每幅被诉图案仅舞蹈动作存在差异。根据被诉装饰图案与《月光》舞蹈作品的比对结果，被诉装饰图案展现的每个舞蹈动作均在《月光》舞蹈中有相同的舞蹈动作可对应，而上述《月光》舞蹈中结合了人物造型、月光背景、灯光明暗对比等元素的特定舞蹈动作，并非进入公有领域的舞蹈表达，系《月光》舞蹈作品具有独创性表达的组成部分。故被诉装饰图案与《月光》舞蹈作品的独创性内容构成实质性相似。

第三，被告心正意诚、心正意诚海淀分公司辩称被诉装饰图案源于云南孔雀舞的代表动作，其选取公有领域的相关动作图案用于餐厅装饰物并不侵权。对此，本院考虑到：首先，二被告提交的现有证据均非被诉装饰图案的实际来源，其未说明、亦未举证证明被诉装饰图案的创作过程或合法来源；其次，本案确认受著作权法保护的《月光》舞蹈作品，保护的是将人物造型、月光背景、灯光等元素融合到人体连续的舞蹈动作中予以表达的整体，故二被告提交的关于孔雀舞的文章、视频等证据中展现出的舞蹈动作、月亮等元素，均与涉案舞蹈作品的独创性表达不同，亦与被诉装饰图案不同，均与本案缺乏关联；再次，十余幅被诉装饰图案所体现的舞蹈动作，均能够与《月光》舞蹈作品中的相应动作——对应，被诉使用行为整体更加清楚地表明被诉装饰图案是摘取自《月光》舞蹈作品，与二被告的辩称明显不符。综上，二被告的相关辩称缺乏事实基础和法律依据，本院不予采信。

第四，二被告辩称被诉装饰图案为静态呈现，不具有连续性，不存在侵害舞蹈作品著作权的可能。对此，本院认为，舞蹈作品展现的是人体连续的舞蹈动作，被诉装饰图案为静态图案，两者客观表现形式确有不同，但是该种区别并不意味着改变了舞蹈作品的形态，就当然不存在使用舞蹈作品的行为。舞蹈作品的独创性在于每个静态舞蹈动作的连接设计和集合，故每个静态的舞蹈动作亦是舞蹈作品独创性体现的重要组成部分。因此，判断二被告是否存在侵害舞蹈作品著作权的行为，关键还在于判断被诉装饰图案是否使用了涉案舞蹈作品的独创性表达。本案中，上文已述，被诉装饰图案与《月光》舞蹈作品具有独创性的静态舞蹈动作存在实质性相似，在二被告未就被诉装饰图案提供合法来源的情况下，本院确认被诉装饰图案使用了《月光》舞蹈作品具有独创性表达的部分内容。故二被告认为被诉装饰图案不具有连续性从而不构成侵权的抗辩，亦缺乏事实和法律依据，本院不予采信。

综上，被诉装饰图案与《月光》舞蹈作品的独创性内容实质性相似，二被告未经许可使用被诉装饰图案，且无法提供被诉装饰图案的合法来源，侵害了杨某萍公司就《月光》舞蹈作品享有的复制权。心正意诚公司在云海肴官网和官方微博中传播带有部分被诉装饰图案的图片，亦侵害了杨某萍公司就《月光》舞蹈作品享有的信息网络传播权。

本案中，法院认定了未经许可，且无法律上的根据，通过静态方式使用舞蹈作品独创性表达的，属于对舞蹈作品复制权的侵害。本案的裁判思路，对舞蹈作品著作权的保护，尤其是明确舞蹈作品复制权控制行为的范围，有着极其重要的积极意义。

2. 杨某等与淮阴师范学院、吕某侵害著作权纠纷案

本案中，除了署名权及舞蹈作品合理使用问题，一审法院对两部涉案作品是否构成实质性相似，进行了详细的阐述，并通过舞蹈结构、舞段、舞句对涉案作品进行比较，对舞蹈作品是否构成实质性相似这一基本问题提供了很好的思路及

典范。本案经过二审，但二审法院也默认了一审法院对涉案舞蹈作品的实质性相似的认定。本案中，一审法院认定吕某编导的《桥中幽，雨中绵》与《碇步桥水清悠悠》构成实质性相似。理由如下：

音乐方面：侵权作品完全照搬了原作品的舞蹈音乐，原作品以钢琴独奏开始，历经竖琴、中提琴、大提琴、萧、编钟、弦乐编制进行音乐表现，最终钢琴独奏完成音乐作品，在音乐的音色、旋律、节奏、乐句、整体音乐结构及音乐波形层面均完全相同。

舞蹈方面，舞蹈作品是指通过连续的动作、姿势、表情等表现思想情感的作品。从艺术的角度解释，舞蹈是一门兼视觉、听觉于一体的表演艺术形式。舞蹈作品以肢体为工具，以动作语言为主要表现特征，融合了音乐、化妆、服装、道具、舞美、灯光、音响等相关艺术手段，并在一定时间和空间内展开，塑造舞蹈艺术形象，表达作品思想感情，反映一定的社会生活。舞蹈作品的构成要素，内容包括题材、主题、人物、情节和环境；形式包括舞蹈结构、舞蹈语言、舞蹈形象以及舞蹈的辅助因素。舞蹈语言、舞蹈结构和舞蹈形象是舞蹈作品的外在的呈现，即表达形式，它们是判断一个舞蹈作品异同的重要标准。

通过被控侵权作品与原告作品的对比判断，二者在以下表现特征方面实质相似：思想感情：原告作品通过江南少女认真跨过小巧的碇步桥，展现江南特色文化，表达温润婉约的情感；被控侵权作品同样是通过江南少女认真跨过小巧的碇步桥，展现江南特色文化，同时作品名称《桥中幽，雨中绵》与原作表达的主题也完全相似。

原告作品：

演员：青年女性演员、苗条身材、统一身高。化妆：正常舞蹈彩妆。发型：黑色单马尾辫。造型：上衣为深色修身肩部盘扣上衣(领舞为浅色上衣)，裤着阔腿裤裙。

被控侵权作品：

演员：青年女性演员、苗条身材、统一身高。化妆：正常舞蹈彩妆。发型：黑色单马尾辫。造型：上衣为深色修身肩部盘扣上衣(领舞为浅色上衣），裤着浅色阔腿裤裙。侵权作品演员妆发、造型与原告作品完全相似。

关于灯光：原告作品第一舞段特写追光领舞、第二舞段顶光群舞、第三舞段顶光及面光群舞、第四舞段一排顶光、第五舞段领舞顶光及群舞面光，最后以追光领舞结束；被控侵权作品第一舞段特写追光领舞、第二舞段顶光群舞、第三舞段顶光及面光群舞、第四舞段一排顶光、第五舞段领舞顶光及群舞面光，最后以追光领舞结束。

关于舞蹈道具：原告作品以实体碇步桥模型或以伴舞模仿碇步桥；被控侵权作品以演员作为碇步桥道具，形式上存在变化，但实质上完全相似。

原作舞蹈具体形式：

舞蹈结构：五个章节，第一幕领舞从左至右出现，第二幕群舞自右向左出现，体现小心过碇步桥的舞姿，第三幕横向一字型排列，第四幕横向一字型坐姿，第五幕纵向一字型排列，领舞结束。

舞段：第一幕舞段包括：横移独舞(划水动作)，横移独舞(飞鸟动作)。第二幕舞段包括：群舞前后摇摆踥步过桥，群舞碇步桥上摇摆双手高举控制平衡。第三幕舞段包括：群舞站姿划水动作，群舞坐姿划水动作，群舞坐姿腿部左右摆动动作(音乐配以最具有代表性的飒飒声)，群舞坐姿扭肩动作。第四幕舞段包括：群舞一字型队形动作。第五幕舞段包括：群舞飞鸟动作，群舞左右摇摆踥步动作，独舞走向观众方向结束。

舞句：每个舞段都有具体的手势、腿部动作、转身动作，在每个8拍中对比具体舞段，对应的每拍动作为具体舞句。

被控侵权作品舞蹈具体形式：

舞蹈结构：五个章节，第一幕领舞从左至右出现，第二幕群舞自右向左出现，体现小心过碇步桥的舞姿，第三幕横向一字型排列，第四幕横向一字型坐姿，第五幕纵向一字型排列，领舞结束。对比重点，场景顺序及队形。

舞段：第一幕舞段包括：横移独舞(划水动作)，横移独舞(飞鸟动作)。第二幕舞段包括：群舞前后摇摆踥步过桥，群舞碇步桥上摇摆双手高举控制平衡。第三幕舞段包括：群舞站姿划水动作，群舞坐姿划水动作，群舞坐姿腿部左右摆动动作(音乐配以最具有代表性的飒飒声)，群舞坐姿扭肩动作。第四幕舞段包括：群舞一字型队形动作。第五幕舞段包括：群舞飞鸟动作，群舞左右摇摆踱步动作，独舞走向观众方向结束。

舞句：每个舞段都有具体的手势、腿部动作、转身动作，在每个8拍中对比具体舞段，对应的每拍具体舞句与原作品完全相同。

在上述对比的基础上，被告的作品在演员的选用、造型、服饰、灯光、道具、音乐使用、舞句、舞段、舞蹈结构及舞蹈辅助手段等方面均与原告作品高度相同，从微观基础动作至宏观整体独创性艺术表达均构成实质性相似，因此被告构成侵权。

同时，从艺术表演的角度考虑，一部舞蹈作品，即使是原作者或原表演者，对于每次的演出都无法做到100%完全相同，每次都会有一定的特色。例如同一篇文章，同一个朗读者，每次朗读录音在感情和顿挫上都会有一定细微的差异。因此，即使被控侵权作品与原告作品存在一些细微差别，仍应当认定为两作品构成实质性相似。

由于原告作品已经公开演出，并在原告之一的杨某舞蹈音乐工作室公众号中展示传播，故可以认定不特定的公众可以接触到该作品。考虑到吕某的身份，并在演出节目单上将原告李某雯设定为指导教师，可以认定其此前接触了原告作品。

在当庭的比对中，本庭一致认为被控侵权作品与原告作品高度一致，被控侵权作品几乎达到复制的程度，两作品在表达上的细微差别不能否定与掩盖其实质性相似的判断。

二审法院认定两部作品实质性相似的理由是："涉案作品《碇步桥水清悠悠》与被诉作品《桥中幽，雨中绵》，在舞句、舞段、舞蹈结构、舞蹈辅助手段上基本相同，音乐上完全相同，二者构成实质性相似。"①

3. 王某与北京市朝阳区残疾人综合活动中心侵害著作权纠纷案②

本案中，原告王某原为被告北京市朝阳区残疾人综合活动中心志愿者，并为活动中心编排了《祖国你好》的秧歌舞，此后又在《祖国你好》的基础上编排了秧

---

① （2020）苏民终99号。

② （2006）朝民初字第18906号。

歌舞《锦绣中华》。随后，该活动中心参加 2005 年广场舞蹈大赛时，表演了《祖国你好》的秧歌舞。2006 年，活动中心又在参加中央电视台新闻频道春节大联欢《小崔说事》时表演了《祖国你好》的秧歌舞。这两次演出的秧歌舞虽然也名为《祖国你好》（新的《祖国你好》），但和王某的《祖国你好》存在不同。诉讼中，王某提出新的《祖国你好》虽然和她编排的《祖国你好》《锦绣中华》存在不同，但在以下方面是相同的：

1. 都使用"转圈开扇"动作，且当时的队形结构相似，都是四角各小圈转，中间大圈转；

2. 都使用"前捧后展"动作，且当时队形相同，都是八字形中间是三角形；

3. 都使用"十字大甩绸"动作，且演员相同；

4. 都使用"顿步大抖扇"动作；

5. 都使用"8 字绕"动作；

6. 都使用"进退步撩绸甩绸、垫步高摆绸"动作，且在该段均采用领舞、伴舞的形式；

7. 都使用"上抖绸围圈"动作；

8. 都使用"垫步前摆绸"动作；

9. 都使用"单腿跳"动作；

10. 都使用"转身造型、抖绸亮相"结束，且队形相似。

法院经过对比，认定上述相同动作在王某的《祖国你好》《锦绣中华》中出现的顺序、次数和时间长短与新的《祖国你好》不同；上述相同动作中的 4、5、7 在新的《祖国你好》中是作为领舞两旁的群舞部分或伴舞部分出现的，而在王某的《祖国你好》《锦绣中华》中相应的动作出现时都不存在领舞部分；上述相同动作中的 6 虽然采用了相同的领舞、伴舞形式，但王某的《锦绣中华》中的领舞演员是男演员，新的《祖国你好》中的领舞演员是女演员。最终，法院以双方舞蹈中出现的上述相同动作是秧歌舞所必备的基本构成元素，而非王某所独创，且这些相同的舞蹈动作在双方舞蹈作品中出现的时间不同，出现的顺序不同，出现时的表现形式也不同(如相同动作中的4、5、7),认定被告在新的《祖国你好》中使用与王某编排的《祖国你好》《锦绣中华》中相同的舞蹈动作,并未侵犯王某的著作权。本案中,法院明确了舞蹈作品中的公有的、非独创性的表达不受版权法保护的裁判规则。

4. 孟某与中国文联舞蹈艺术中心、中国舞蹈家协会侵害著作权纠纷案①

本案是中国文联舞蹈艺术中心、中国舞蹈家协会与几位舞蹈艺术家之间的系列著作权纠纷案件之一。舞蹈家协会经原文化部批准,组织实施全国舞蹈等级考试项目,并编写了涉案舞蹈教材,原告孟某是该教材编委之一。后原告孟某将两被告诉诸法院,主张被告在培训教师、培训学生参加舞蹈等级、举办教学成果展演等活动中使用了涉案舞蹈教材,且在舞蹈家协会官方网站上发布了涉案舞蹈教材文字版。案件审理过程中,法院认定涉案舞蹈教材由多个相互独立的舞蹈作品组成,包括孟某在内的各编委独立或合作完成单独舞蹈作品的创编工作。舞蹈家协会指定的主编、副主编根据各级别的训练考核目的确定音乐、舞蹈动作难度、具体舞蹈作品的取舍和排位,这种编排、选择具有一定的独创性。因此,涉案舞蹈教材是以培训考级为目的汇编了多个舞蹈作品的汇编作品。

同时,法院认定涉案舞蹈教材属于法人作品,其理由是:

> 就涉案舞蹈教材而言,首先,从涉案舞蹈教材的产生背景来看,涉案舞蹈教材的创作完全是基于舞蹈等级考试的背景,由舞蹈家协会取得文化部颁发的舞蹈等级考试资质而立项编创的。相关教材舞蹈作品的编创均是舞蹈家协会提供人力、物力、财力而组织、主持并实施的。

> 其次,从涉案舞蹈教材的编创过程来看,无论是具体舞蹈作品内容的编排修改,还是涉案舞蹈教材对于舞蹈作品的取舍排序,都是由舞蹈家协会最终决定,包括孟某在内的相关编委均不能以其自主意识决定其参与编创的舞蹈作品是否选用及最终表现形式。

> 再次,从涉案舞蹈教材的使用来看,虽然涉案舞蹈教材标注了编委名称,但结合涉案舞蹈教材的名称、署名、介绍、使用场合等因素,涉案舞蹈

---

① (2017)京0105民初17055号。

教材的使用是以舞蹈家协会舞蹈等级考试培训教材的名义所实施，如果涉案舞蹈教材或者教材中的具体舞蹈作品涉及任何法律责任，责任承担主体亦只能是舞蹈家协会而并非具体编委成员。

因此，涉案舞蹈教材在创作背景、创作目的、使用用途方面的特殊性，决定了只能由舞蹈家协会组织、主持涉案舞蹈教材的编创工作，涉案舞蹈教材以及涉案舞蹈教材中具体舞蹈作品的创作完成必须以舞蹈家协会的认可为前提。即便孟某等编委参与了单独舞蹈作品的编排创作，但单独的舞蹈作品和整体的舞蹈教材体现的仍是舞蹈家协会的意志，对单独舞蹈作品和整体舞蹈教材的使用所产生的责任亦只能由舞蹈家协会来承担。故可以认定，涉案舞蹈作品及教材系法人作品。孟某等编委是因涉案舞蹈教材编创项目受舞蹈家协会劳务聘用而加入编创工作，抑或是以舞蹈家协会员工的身份接受单位指派任务而参与编创工作，只是舞蹈家协会为完成涉案法人作品创作而采取的不同组织方法，不影响对涉案舞蹈作品和涉案舞蹈教材作品是法人作品的认定。

法院基于涉案舞蹈教材属于法人作品的认定，认为孟某关于舞蹈家协会及文联舞蹈中心在培训中使用涉案舞蹈教材侵害了其著作权的主张，缺乏权利基础，不予支持。而对于原告主张的被告侵权行为，法院对被控侵权行为的性质，从利益平衡的角度给予了说明：

其中，老师开展培训、学生参加舞蹈考级以及会员单位举办成果展示时，使用涉案舞蹈教材的主体并非舞蹈家协会与文联舞蹈艺术中心。舞蹈家协会与文联舞蹈艺术中心使用涉案舞蹈教材的行为仅包括在舞蹈家协会官方网站发布涉案舞蹈教材文字版的行为，以及在舞蹈培训和考核过程中，以涉案舞蹈教材中的内容为规范进行教学考评的行为。鉴于本院已经认定舞蹈家协会系涉案舞蹈教材的著作权人，即使舞蹈家协会确实对涉案舞蹈教材实施了信息网络传播行为，亦系其合法行使权利的行为。

关于孟某主张舞蹈家协会和文联舞蹈艺术中心在舞蹈培训和考核过程中，以涉案舞蹈教材的内容为规范进行教学考评的行为构成侵权一节，本院认为，未经许可使用他人享有著作权的作品的行为，如果不符合合理使用或法定许可的要求，将构成著作权侵权。这一命题中的使用行为，不能当然理解为任何使用作品的行为，而应当是著作权权利所控制的行为。一方面，著作权是一种法定的权利，其权利内容、保护范围为法律所明确规定。涉案被控侵权行为是使用正版涉案舞蹈教材开展教学、考评的行为，我国著作权法并未将控制他人使用具有合法来源的作品开展教学活动的权利纳入著作权权利范围，因此不应适用著作权法调整涉案被控侵权行为。另一方面，著作权法重要价值取向在于实现著作权人利益和社会公众利益之间的平衡。著作权法在确定授予著作权人何种专有权利、划定利益分配格局时，已经考虑到双方利益的平衡，不得随意改变。如果将控制使用正版教材开展教学活动的行为纳入著作权人的利益范围，将会在公众已经支付对价合法取得作品复制件的基础上，为公众获取和接受相关科学文化艺术知识教育额外设置一道著作权许可的关卡，过度限制了公众使用作品的权利。故，舞蹈家协会与文联舞蹈艺术中心以涉案舞蹈教材的内容为规范进行教学和考评的行为不属于著作权法规定的使用行为，无论其是否有权使用，均不属于著作权侵权行为。

5. 王某君与东莞市环宇激光工程有限公司侵害著作权纠纷①（信息网络传播权案例）

本案中，王某君原先与环宇激光公司订立《合作协议》，约定作为后者的专职舞蹈演员，合作期间的工作包括负责做好相关节目编排、排练、表演工作。王某君参与了环宇激光公司的多部激光舞编排、表演工作，环宇激光公司就涉案舞蹈激光舞享有著作权。后王某君未经环宇激光公司许可，在国内视频分享网站56.com 注册个人空间，编辑并播放了由环宇激光公司等单位或个人为背景的多个激光舞节目，被环宇激光公司以侵害著作权诉诸法院。本案经过二审，涉及舞蹈作品认定、网络服务提供者的义务、表演权认定、侵害信息网络传播权等诸多问题。

二审中，法院通过比较舞蹈作品与类电作品，认定涉案激光舞属于舞蹈

---

① （2011）穗中法民三终字第 269 号。

作品：

关于涉案作品的性质认定和权利归属问题。舞蹈作品、电影作品和以类似摄制电影的方法创作的作品都是著作权法所称的作品。其中，舞蹈作品指的是舞蹈的动作设计及程序的编排，它可以用文字或其他方式来记载；而电影作品和以类似摄制电影的方法创作的作品是指摄制在一定记录介质上，由一系列的伴音或无伴音的画面组成，并借助适当的装置放映、播放的作品。可见，动作是舞蹈构成的重要元素，而有完整的构思、融入了感情加上合拍的动作形成的舞蹈就成为了舞蹈作品，通常还伴有音乐、灯光、服装等艺术手段的配合。而影视作品除了上述效果外，还能让人感受到作者对人生、事业的看法，体现作者的性格和写作风格，有人物和简单的情节等。本案中，涉案作品《激光人第二套演示节目》《激光人第五套演示节目》是由舞蹈者的动作、配合节奏强烈的音效和不断变换的激光光束综合而成的作品，符合表演性舞蹈的基本特征，故原审法院将涉案作品定性为舞蹈作品正确。

对于表演权与表演者权的区分与行使，二审法院进行了阐述：

对涉案作品的著作权与王某君进行表演形成权利的关系的认定问题。环宇激光公司作为著作权人享有对涉案作品的表演权，表演权既可以自行行使，也可以授予他人行使。当环宇激光公司自己行使时，它既享有表演权，又享有表演者权；当授权他人行使时，环宇激光公司享有表演权，表演者享有表演者权。表演者在表演作品时，不得侵犯著作权人的其他权利。在王某君入职环宇激光公司从事激光舞系列作品表演工作期间(如参与立白集团、深圳杰西十周年的演出等)，获得了著作权人环宇激光公司对其表演权的一种使用许可，享有表演者权，但此表演者权不是一种独立的完整的著作权，而仅仅是一种邻接权。在双方合作结束后，环宇激光公司并未授权王某君继续行使涉案作品的表演权，更未授权其使用涉案作品的其他权利，如网络传播权。

对于舞蹈作品视频分享而产生的网络服务提供者的义务，二审法院对一审法院的裁判予以认可：

依据本案查明的事实，原审法院认定千钧公司、我乐公司共同经营的56网系视频分享网站，为网站注册用户上传各类视频提供信息存储空间服务。环宇激光公司提供的公证书显示，涉案作品系网站注册会员上传，因此，千钧公司、我乐公司在本案中仅需承担提供信息存储空间的网络服务提供者的法律责任。根据我国《信息网络传播权保护条例》的相关规定，提供信息存储空间服务的网络服务提供者免除赔偿责任，应同时具备以下条件：明确标示其信息存储空间是为服务对象提供并公开其名称、联系人和网络地址；未改变服务对象上传作品的内容；不知道也没有合理理由应当知道服务对象上传的作品侵权；未从服务对象上传的作品中直接获利；在接到权利人的通知后，及时删除权利人认为侵权的作品。即提供信息存储空间的网络服务提供者对于他人利用其服务传播作品是否侵权，一般并不负有事先进行主动审查、监控的义务，而是负有合理的注意义务。千钧公司、我乐公司在网站上就视频进行了分类，并预先设置了影视、博客、娱乐等多个频道类型，由于注册用户上传的视频是海量的，注册用户在上传时自行将视频文件上传至某一分类频道中或个人空间中，千钧公司、我乐公司只应对影视频道的视频内容负有较高的注意义务，不可能对其他频道内用户上传的所有视频内容逐一审核。本案中，上传的作品在会员王某君个人的视频空间，而非千钧公司、我乐公司预先设置的影视频道内，环宇激光公司没有证据证明千钧公司、我乐公司直接或间接参与王某君的侵权行为，也没有证据证明千钧公司、我乐公司从中获利，千钧公司、我乐公司在接到环宇激光公司邮寄的权利通知公函后立即作出删除处理，已履行了网络服务商的责任。因此，千钧公司、我乐公司主观上不存在过错，未构成共同侵权，不应承担侵权责任。环宇激光公司诉请千钧公司、我乐公司共同承责无事实及法律依据，原审法院予以驳回。

6. 新乡市万家教育科学服务有限公司与四川幼体联教育科技有限公司侵害

著作权纠纷案①

本案中，幼体联公司为舞蹈《爽歪歪》的著作权人并进行了著作权登记，后该公司发现万家教育公司在其微信公众号及腾讯视频中发布的《幼儿舞蹈爽歪歪——新乡万家体智能》，与其享有著作权的《爽歪歪》舞蹈作品中的舞蹈动作仅存在轻微差异，认为万家教育公司侵犯了其《爽歪歪》舞蹈作品的修改权及信息网络传播权。本案对于侵害舞蹈作品修改权的认定，有现实的指导意义。本案二审中，二审法院认可了一审法院作出的裁判，其中，对于侵害修改权及信息网络传播权的认定，二审法院认为：

> 关于万家教育公司是否侵害了幼体联公司舞蹈作品《爽歪歪》的修改权、信息网络传播权的问题。根据《中华人民共和国著作权法》第 10 条第 1 款第 3 项规定："修改权，即修改或授权他人修改作品的权利。"行使修改权时不产生新作品，只是作者本人或者授权他人对作品进一步润色、修饰、调整等，使得作品更加完善，修改不构成对原作品的颠覆性、结构性改变，修改一般来说不具有独创性。经一审庭审对两部作品进行比对、分析，两者之间，舞蹈表演动作除准备阶段、第二小节后半部分、结束部分略有差异外，其余基本相同，构成实质性相似，且《幼儿舞蹈爽歪歪——新乡万家体智能》对舞蹈动作的略微修改并未体现出著作权法意义上的艺术性和独创性，形不成新的作品，其只是对《爽歪歪》舞蹈作品的简单元素变更而形成的修改作品，侵犯了幼体联公司对该作品享有的修改权，故一审法院对幼体联公司认为万家教育公司侵害其修改权的主张予以支持。根据《中华人民共和国著作权法》第 10 条第 1 款第 12 项规定："信息网络传播权，即以有线或者无线方式向公众提供作品，使公众可以在其个人选定的时间和地点获得作品的权利。"本案中，万家教育公司在其微信公众号"万家学前教育"推送的"萝卜"老师表演的舞蹈《爽歪歪》页面下特别注明"本视频已经上传至腾讯视频，大家可以在腾讯视频查找及下载"，腾讯视频搜索"万家爽歪歪"，可以印证腾讯视频上的由"萝卜"老师表演的《幼儿舞蹈爽歪歪——新乡万家体智能》

---

① (2018)豫民终 1168 号。

是由万家教育公司管理、上传的，侵犯了幼体联公司对其舞蹈作品享有的信息网络传播权，故一审法院对幼体联公司认为万家教育公司侵害其信息网络传播权的主张予以支持。综上，关于幼体联公司要求万家教育公司立即停止侵害其著作权的诉讼请求，法院予以支持。

三、侵害邻接权

（一）侵害表演者权

表演者权也包括人身权与财产权两大部分，因此侵害表演者权可以具体区分为侵害表演者人身权与侵害表演者财产权两种类型。需要注意的是，表演的作品是否在著作权保护期内、是否曾经受到著作权法的保护，都不影响表演作为邻接权受到著作权法保护。

侵害表演者人身权的行为涉及表演者，是指未经表演者的许可，又无法律上的根据，隐藏或变更表演者的身份，或对表演者的形象进行歪曲丑化的行为。前者隐藏或变更表演者身份的行为侵害了表演者表明表演者身份权，后者对表演者的形象进行歪曲丑化的行为侵害了表演者保护表演形象不受歪曲权。在新媒体时代，侵害表演者表明表演者身份权的行为包括应当标注舞蹈作品表演者而未进行标注、故意去除舞蹈作品表演者的身份信息、变更舞蹈作品表演者信息。比如在传播舞蹈表演视频的过程中，对于视频中标注的表演者信息，通过技术手段去除或者变更。而侵害表演者保护表演形象不受歪曲权的行为主要为故意曲解表演者的表演。比如通过恶意剪辑视频等方式，歪曲丑化表演者的舞蹈表演。

表演者财产权，包括现场直播权，首次录制权，复制、发行及出租权，信息网络传播权。侵害表演者财产权是指未经表演者的许可，又无法律上的根据，从现场直播和公开传送其现场表演，或者进行录制，或者复制、发行、出租录有其表演的录像制品，或者通过信息网络向公众传播其表演。在新媒体时代，侵害表演者财产权的行为也非常常见，本研究前面列举的例子中涉及的未经许可，也没有法律上的根据，对表演者的舞蹈表演进行直播、录制，将录制的录像制品进行复制、发行及出租，或者将表演的录像制品、视听作品上传到信息网络都是侵权行为。比如某舞蹈爱好者在跳舞，某行为人以盗摄的方式进行网络直播或者将盗摄内容上传到视频网站，都是典型的侵权行为。随着网络的发展，实体的录像制品将会越来越少，侵害表演者财产权的形式将主要集中于侵害现场直播权和侵害信息网络传播权。

（二）侵害其他邻接权

录制者权与广播组织权是与舞蹈作品传播存在一定关联的两项邻接权。舞蹈作品，尤其是舞蹈的表演，除了现场表演外，通常通过视频的形式进行传播。而通过视频形式传播的基本方式有两种，一种是经过录制，形成录像制品进行传播，另一种是先形成广播信号再进行传播。两种传播方式，录制者与广播组织都付出了一定的劳动，对于其劳动应给予邻接权保护。侵害录制者权的行为，是指未经录制者许可，又无法律上的根据，实施了受录制者权控制的行为。在新媒体时代，除了传统的舞蹈表演录像制品的非法出版、盗播外，侵害录制者权的行为主要是对舞蹈表演录像制品（通常为视频电子文件）未经许可上传到信息网络等。侵害广播组织权的行为，是指未经广播组织的许可，又无法律上的根据，实施了受广播组织权控制的行为。由于广播组织权的主体是广播电台、电视台，在新媒体时代，侵害广播组织权的行为主要是网站对广播的二次转播。比如中央电视台就曾因其春节联欢晚会被部分网站非法实时转播，将对方诉诸法院。

（三）侵害邻接权的案例

1. 北京天天文化艺术有限公司与挖趣智慧网络科技（北京）有限公司侵害录音录像制作者权纠纷案①

本案中，北京天天文化艺术公司为"第六届'小荷风采'全国少儿舞蹈展演"节目的录音录像制作者。被告挖趣科技公司为"蛙趣视频"的运营者，其未经权利人许可，在其公司运营的手机客户端"蛙趣视频"上向公众提供涉案作品的播放服务，侵害了天天文化艺术公司对其制作的"第六届'小荷风采'全国少儿舞蹈展演"中的《壮志蔡伦》节目享有的录音录像制作者权。法院依据《著作

---

① （2018）京 0102 民初 40608 号。

权法》(2010年修正)第48条的规定,"有下列侵权行为的,应当根据情况,承担停止侵害、消除影响、赔礼道歉、赔偿损失等民事责任……(四)未经录音录像制作者许可,复制、发行、通过信息网络向公众传播其制作的录音录像制品的,本法另有规定的除外",认定挖趣科技公司应当承担停止侵害及赔偿损失的民事责任。

2. 北京天天文化艺术有限公司与杭州三基传媒有限公司侵害作品信息网络传播权纠纷案[①]

本案中,原告北京天天文化艺术有限公司是《第八届全国舞蹈比赛双、三人舞》DVD音像制品的制作者,并享有信息网络传播权。被告杭州三基传媒有限公司未经权利人许可,以营利为目的,在其运营的网站上向公众提供《第八届全国舞蹈比赛双、三人舞》中的《红河随想》舞蹈视频,侵害了原告对其发行的《第八届全国舞蹈比赛双、三人舞》享有的信息网络传播权。法院认定被告侵害了原告对涉案录像制品的信息网络传播权,应当承担停止侵害及赔偿损失的民事责任。

3. 酷我音乐软件署名权纠纷案[②]

本案属于音乐领域的著作权人身权纠纷,但是对于新媒体时代的表演艺术领域的人身权保护具有非常典型的积极意义。同时,本案属于北京市高级人民法院2017年度知识产权司法保护十大创新性案例之一。本案中,原告李某是知名音乐人,作词、作曲并演唱了大量歌曲。酷我公司运营的"酷我音乐"pc客户端和手机客户端应用上提供了李某歌曲的在线试听和下载服务,但部分歌曲未表明李某为词曲作者和表演者。李某主张酷我公司侵犯了其作为词曲作者、表演者及录音录像制作者所享有的署名权和信息网络传播权,要求酷我公司赔礼道歉并赔偿经济损失及合理开支。法院对酷我公司在不同终端提供的李某歌曲的署名情况进行分类后认为,"酷我音乐"pc客户端提供歌曲下载服务时,下载界面提示歌曲名称、歌手、专辑、热度、音质等信息,因该界面中并不出现词曲作品,因此不为词曲作者署名不侵害词曲作者署名权;但在《关于郑州的记忆》歌曲下载界面,酷我公司仅将李某署名为网络歌手,未表明李某的演唱者身份,侵害了其表明表

---

① (2015)杭滨知初字第163号。

② (2017)京0108民初11811号。

演者身份的权利。"酷我音乐"手机客户端中，对于未直接展示歌词内容的歌曲，酷我公司亦无需为李某署名；对于能直接展示歌词内容的歌曲，部分已为李某规范署名为演唱者、词曲作者，但部分仅署名"李某"，并不能起到表明李某为词曲作者的公示作用，酷我公司就此部分歌曲侵害了李某享有的署名权。据此，法院判令酷我公司向李某赔礼道歉并赔偿相应经济损失及合理开支。

北京市高级人民法院对于本案作出了这样的评价：本案的创新意义在于明确了音乐类应用软件提供音乐试听、下载服务的不同阶段中如何为词曲作者署名及表明表演者身份的问题。目前市场上较为热门和常用的音乐类应用软件通常可提供在线试听和下载服务。在线试听过程中可同时供用户选择展示歌词或不展示歌词，不展示歌词且无其他署名便利条件的情况下，音乐类应用软件经营者可以不为词曲作者署名。音乐下载过程中一般仅提供下载文件链接弹窗或显示下载进度的列表，此过程中出现的界面不为词曲作者、表演者进行规范署名并不一定会被认定为侵犯署名权。判断音乐类应用软件是否规范署名，应当结合行业内惯常的署名方式及对词曲等内容的使用情况进行判断，既要考虑署名的必要性，又应考虑署名方式的便利性。

对于舞蹈作品的人身权保护而言，尤其是表演者表明表演者身份的权利，也应当按照同样的思路，相关视频网站提供舞蹈作品表演观看服务时，既要考虑署名的必要性，又应考虑署名方式的便利性，积极保护舞蹈作品及表演者相应的署名权利。

四、其他不正当行为

除著作人身权、著作财产权及邻接权外，舞蹈作品相关领域也存在其他一些权益，受到版权法及相关法律的保护，因其不被《著作权法》明确为具体的版权，侵害这些权益的不正当行为通常不归为侵害著作人身权、著作财产权或邻接权的范围。这些不正当行为包括避开、破坏技术措施，删除、改变权利管理信息，侵害舞蹈作品版权人其他权利以及利用舞蹈作品进行不正当竞争。

（一）避开、破坏技术措施

本次《著作权法》修订，新增第 49 条明确了技术措施的定义，将对技术措施的保护上升到法律层次：

> 第四十九条　为保护著作权和与著作权有关的权利，权利人可以采取技术措施。
>
> 未经权利人许可，任何组织或者个人不得故意避开或者破坏技术措施，不得以避开或者破坏技术措施为目的制造、进口或者向公众提供有关装置或者部件，不得故意为他人避开或者破坏技术措施提供技术服务。但是，法律、行政法规规定可以避开的情形除外。
>
> 本法所称的技术措施，是指用于防止、限制未经权利人许可浏览、欣赏作品、表演、录音录像制品或者通过信息网络向公众提供作品、表演、录音录像制品的有效技术、装置或者部件。

技术措施是作品数字化技术及网络技术高速发展的产物，在新媒体时代，作品的复制和传播变得低成本、高质量、高速度，为防止作品相关的权利受到侵害，权利人会采取各种技术措施以防患于未然。在国际上，技术措施被分为"保护版权专有权利的技术措施"（简称"版权保护措施"）和"防止未经许可接触作品的技术措施"（简称"接触控制措施"）。[①] 前者主要是保护版权领域的复制权、表演权和信息网络传播权等权利，后者用于防止他人未经许可直接获取和利用作品。前者的例子如当前视频网站普遍采用的 H5 在线视频加密播放器技术，通过对视频加密，防止视频文件被直接下载到用户本地计算机。后者的例子如视频网站虽然提供视频的下载服务，但需要通过验证账号，未验证账号的下载行为将不被容许，以此防止未经许可获取作品。

我国《著作权法》第 53 条第 6 项规定，未经著作权人或者与著作权有关的权利人许可，故意避开或者破坏技术措施的，故意制造、进口或者向他人提供主要用于避开、破坏技术措施的装置或者部件的，或者故意为他人避开或者破坏技术措施提供技术服务的，法律、行政法规另有规定的除外。这一规定规制了两种行为：一种是故意避开或者破坏技术措施的行为，另一种是故意制造、进口或者向

---

① 王迁. 知识产权法教程：第七版[M]. 北京：中国人民大学出版社，2021：324.

他人提供主要用于避开、破坏技术措施的装置或者部件的，或者故意为他人避开或者破坏技术措施提供技术服务的行为。此外，《刑法修正案（十一）》规定，未经著作权人或者与著作权有关的权利人许可，故意避开或者破坏权利人为其作品、录音录像制品等采取的保护著作权或者与著作权有关的权利的技术措施的行为，违法所得数额较大或者有其他严重情节的会产生刑事责任。

按照版权法基本原理，版权以保护文学、艺术和科学领域的具有独创性表达的作品为基点，且不延及思想，技术措施属于技术方案，更与独创性表达无关。版权法对技术措施的保护是一种特别保护，避开、破坏技术措施属于侵权行为，且还会产生行政责任甚至可能触犯刑法。对于新媒体时代的舞蹈作品版权保护而言，舞蹈作品主要通过视频技术进行传播，对视频采取的版权保护技术措施即是对舞蹈作品采取的版权保护技术措施。如果避开、破坏这些技术措施，即构成对权利人的侵权行为，应当依照《著作权法》及有关法律的规定承担相应的法律责任。

依据《著作权法》第 53 条的规定，未经著作权人或者与著作权有关的权利人许可，故意避开或者破坏技术措施的，故意制造、进口或者向他人提供主要用于避开、破坏技术措施的装置或者部件的，或者故意为他人避开或者破坏技术措施提供技术服务的，应当根据情况，承担相应的民事责任；侵权行为同时损害公共利益的，由主管著作权的部门责令停止侵权行为，予以警告，没收违法所得，没收、无害化销毁处理侵权复制品以及主要用于制作侵权复制品的材料、工具、设备等，违法经营额五万元以上的，可以并处违法经营额一倍以上五倍以下的罚款；没有违法经营额、违法经营额难以计算或者不足五万元的，可以并处二十五万元以下的罚款；构成犯罪的，依法追究刑事责任。《信息网络传播权保护条例》第 19 条则规定，故意制造、进口或者向他人提供主要用于避开、破坏技术措施的装置或者部件，或者故意为他人避开或者破坏技术措施提供技术服务的，由著作权行政管理部门予以警告，没收违法所得，没收主要用于避开、破坏技术措施的装置或者部件；情节严重的，可以没收主要用于提供网络服务的计算机等设备；非法经营额 5 万元以上的，可处非法经营额 1 倍以上 5 倍以下的罚款；没有非法经营额或者非法经营额 5 万元以下的，根据情节轻重，可处 25 万元以下的罚款；构成犯罪的，依法追究刑事责任。考虑到《信息网络传播权保护条例》在不久的将来会进行修改，相关行政责任参照《著作权法》的规定会进一步提高。

版权法需要考虑到权利人与公众之间的利益平衡，对版权技术措施的保护，会大大增加权利人的利益，如果不加以限制，则可能会损害公众利益，由此，版权法除了规定对技术措施特别保护外，通常也规定了对技术措施特别保护的限制条件。《著作权法》第 50 条则规定了技术措施保护的限制条件：

第五十条　下列情形可以避开技术措施，但不得向他人提供避开技术措施的技术、装置或者部件，不得侵犯权利人依法享有的其他权利：

（一）为学校课堂教学或者科学研究，提供少量已经发表的作品，供教学或者科研人员使用，而该作品无法通过正常途径获取；

（二）不以营利为目的，以阅读障碍者能够感知的无障碍方式向其提供已经发表的作品，而该作品无法通过正常途径获取；

（三）国家机关依照行政、监察、司法程序执行公务；

（四）对计算机及其系统或者网络的安全性能进行测试；

（五）进行加密研究或者计算机软件反向工程研究。

前款规定适用于对与著作权有关的权利的限制。

此规定的基本内容来源于《信息网络传播权保护条例》第 12 条的内容：

第十二条　属于下列情形的，可以避开技术措施，但不得向他人提供避开技术措施的技术、装置或者部件，不得侵犯权利人依法享有的其他权利：

（一）为学校课堂教学或者科学研究，通过信息网络向少数教学、科研人员提供已经发表的作品、表演、录音录像制品，而该作品、表演、录音录像制品只能通过信息网络获取；

（二）不以营利为目的，通过信息网络以盲人能够感知的独特方式向盲人提供已经发表的文字作品，而该作品只能通过信息网络获取；

（三）国家机关依照行政、司法程序执行公务；

（四）在信息网络上对计算机及其系统或者网络的安全性能进行测试。

（二）删除、改变权利管理信息

权利管理信息与版权保护技术措施一样，也是数字化技术及网络技术高速发展的产物。《信息网络传播权保护条例》第 26 条将"权利管理电子信息"定义为"说明作品及其作者、表演及其表演者、录音录像制品及其制作者的信息，作品、表演、录音录像制品权利人的信息和使用条件的信息，以及表示上述信息的数字或者代码"。除了数字化产品，其他非数字化的产品也有可能出现权利管理信息。权利管理信息最典型的代表是"数字水印"，比如舞蹈表演视频中表明权利人身份标识的数字水印。本次《著作权法》修正，新增第 51 条规定了权利管理信息的具体保护内容：

第五十一条　未经权利人许可，不得进行下列行为：

（一）故意删除或者改变作品、版式设计、表演、录音录像制品或者广播、电视上的权利管理信息，但由于技术上的原因无法避免的除外；

（二）知道或者应当知道作品、版式设计、表演、录音录像制品或者广播、电视上的权利管理信息未经许可被删除或者改变，仍然向公众提供。

与技术措施一样，权利管理信息不属于文学、艺术和科学领域的独创性表达。版权法对权利管理信息的保护也是一种特别保护，删除、改变权利管理信息属于侵权行为，且还会产生行政责任。对于新媒体时代的舞蹈作品版权保护而言，舞蹈作品主要通过视频技术进行传播，舞蹈作品视频采用的数字水印即属于权利管理信息，且是电子形式的信息。如果删除、改变权利管理信息，即构成对权利人的侵权行为，应当依照《著作权法》及有关法律的规定承担相应的法律责任。

依据《著作权法》第 53 条的规定，未经著作权人或者与著作权有关的权利人许可，故意删除或者改变作品、版式设计、表演、录音录像制品或者广播、电视上的权利管理信息的，知道或者应当知道作品、版式设计、表演、录音录像制品或者广播、电视上的权利管理信息未经许可被删除或者改变，仍然向公众提供的，应当根据情况，承担相应的民事责任；侵权行为同时损害公共利益的，由主管著作权的部门责令停止侵权行为，予以警告，没收违法所得，没收、无害化销毁处理侵权复制品以及主要用于制作侵权复制品的材料、工具、设备等，违法经营额五万元以上的，可以并处违法经营额一倍以上五倍以下的罚款；没有违法经营额、违法经营额难以计算或者不足五万元的，可以并处二十五万元以下的罚款；构成犯罪的，依法追究刑事责任。《信息网络传播权保护条例》第 18 条则规定，故意删除或者改变通过信息网络向公众提供的作品、表演、录音录像制品的权利管理电子信息，或者通过信息网络向公众提供明知或者应知未经权利人许可而被删除或者改变权利管理电子信息的作品、表演、录音录像制品的，根据情况承担停止侵害、消除影响、赔礼道歉、赔偿损失等民事责任；同时损害公共利益的，可以由著作权行政管理部门责令停止侵权行为，没收违法所得，非法经营额 5 万元以上的，可处非法经营额 1 倍以上 5 倍以下的罚款；没有非法经营额或者非法经营额 5 万元以下的，根据情节轻重，可处 25 万元以下的罚款；情节严重的，著作权行政管理部门可以没收主要用于提供网络服务的计算机等设备；构成犯罪的，依法追究刑事责任。考虑到《信息网络传播权保护条例》在不久的将来会进行修改，相关行政责任参照《著作权法》的规定会进一步提高。

《著作权法》第 51 条规定了对权利管理信息的保护，也规定了"由于技术上的原因无法避免的除外"，《信息网络传播权保护条例》第 5 条也有同样的规定，这些规定都属于对保护权利管理信息的一种限制。

(三)侵害舞蹈作品版权人其他权利

《著作权法》第 10 条在列举人身权和财产权时，明确了发表权等 16 个权项，又规定"应当由著作权人享有的其他权利"，以兜底条款的方式，增设与前述 16 个权项并列的著作权权项。设置这一兜底条款，显然是为了解决新的作品使用方式的出现，导致版权人权利受到侵害，无法得到版权法救济的问题。如何在版权保护实践中，尤其是司法实践中适用该条款，是将要解决的问题。当前，舞蹈产业仍然是欠发展的状态，未来很有可能出现舞蹈作品新的使用方式，尤其是在"元宇宙"概念风靡一时的情况下，虚拟世界是极有可能出现不同于以往的舞蹈作品使用方式的。版权法在应对这些新的使用方式时，除了解释原有的版权权项，还有一条路径即是适用该兜底条款予以保护。

对于该兜底条款的适用，司法界更倾向于审慎的态度，认为应当考虑以下三个因素："（1）是否可以将被诉侵权行为纳入《著作权法》第10条第1款第1项至第16项的保护范围；（2）对被诉侵权行为若不予制止，是否会影响依据《著作权法》所享有的权利的正常行使；（3）对被诉侵权行为若予以制止，是否会打破创作者、传播者和社会公众之间的重大利益平衡。"①这样的审查思路，实际上是通过版权法原则来创制具体的规则，由于版权法原则并没有像《民法典》那样分条列明，提供这样的审查思路对于舞蹈作品侵权的具体案件的处理有着积极的意义。

（四）利用舞蹈作品进行不正当竞争

基于版权的基本原理，作品中的一些元素并不受版权法的保护，尤其是作品的名称、角色名称。通常，对作品名称及角色名称的保护，通过现行《中华人民共和国反不正当竞争法》（以下简称《反不正当竞争法》）第6条的规定"经营者不得实施下列混淆行为，引人误认为是他人商品或者与他人存在特定联系：（一）擅自使用与他人有一定影响的商品名称、包装、装潢等相同或者近似的标识；（二）擅自使用他人有一定影响的企业名称（包括简称、字号等）、社会组织名称（包括简称等）、姓名（包括笔名、艺名、译名等）；（三）擅自使用他人有一定影响的域名主体部分、网站名称、网页等；（四）其他足以引人误认为是他人商品或者与他人存在特定联系的混淆行为"，进行适用并实现救济。从适用的角度看，经营者实施了与舞蹈作品有关的混淆行为，引人误认为是他人商品或者与他人存在特定联系，都可以通过该条的规定进行规制。在前述的杨某萍公司关于《月光》著作权纠纷案件中，杨某萍公司主张，二被告被诉侵害著作权的同一行为是使用了杨某萍公司具有一定影响的舞蹈人物形象，造成了消费者的混淆，亦构成不正当竞争。对此，法院并没有否认该主张的可行性，只不过基于"被诉行为已通过著作权法予以评判，现无证据证明被诉行为除了侵害杨某萍公司的相关著作权之外，还对杨某萍或杨某萍公司的其他合法权益造成损害，故本院不再适用反不正当竞争法对同一行为再次评判"，对该主张不予支持。类似案件中，若相关

---

① 杨柏勇. 著作权法原理解读与审判实务［M］. 北京：法律出版社，2021：189.

行为损害了权利人利益，无法得到版权法的救济，是可以通过反不正当竞争法进行救济的。

第三节 对舞蹈作品版权的限制

一、合理使用

(一)合理使用概述

合理使用(fair use)，直译为"公平使用"，是版权法中一项重要的制度，是指他人对作品的使用不需要权利人许可，也不需要向其支付报酬。合理使用制度使得行为人的行为已经落入版权及相关权利所控制的行为范围内，其行为并不构成侵权行为。合理使用制度有效平衡了权利人与公众的利益，促进作品的创作、传播。

合理使用制度来源于《伯尔尼公约》、TRIPS协定和《世界知识产权组织版权条约》，这些国际条约允许成员国对著作权设定限制和例外情况，但必须以三个条件为前提：该规定只能在特殊情况下作出，与作品的正常使用不相冲突，没有不合理地损害权利人的合法权益。以上三个条件通常被称为"三步测试法"。"三步测试法"原属于《著作权法实施条例》第21条的规定，本次《著作权法》修订后，第24条将"三步测试法"明确为法律，并对合理使用的具体类型作出了规定：

第二十四条 在下列情况下使用作品，可以不经著作权人许可，不向其支付报酬，但应当指明作者姓名或者名称、作品名称，并且不得影响该作品的正常使用，也不得不合理地损害著作权人的合法权益：

(一)为个人学习、研究或者欣赏，使用他人已经发表的作品；

(二)为介绍、评论某一作品或者说明某一问题，在作品中适当引用他人已经发表的作品；

(三)为报道新闻，在报纸、期刊、广播电台、电视台等媒体中不可避免地再现或者引用已经发表的作品；

（四）报纸、期刊、广播电台、电视台等媒体刊登或者播放其他报纸、期刊、广播电台、电视台等媒体已经发表的关于政治、经济、宗教问题的时事性文章，但著作权人声明不许刊登、播放的除外；

（五）报纸、期刊、广播电台、电视台等媒体刊登或者播放在公众集会上发表的讲话，但作者声明不许刊登、播放的除外；

（六）为学校课堂教学或者科学研究，翻译、改编、汇编、播放或者少量复制已经发表的作品，供教学或者科研人员使用，但不得出版发行；

（七）国家机关为执行公务在合理范围内使用已经发表的作品；

（八）图书馆、档案馆、纪念馆、博物馆、美术馆、文化馆等为陈列或者保存版本的需要，复制本馆收藏的作品；

（九）免费表演已经发表的作品，该表演未向公众收取费用，也未向表演者支付报酬，且不以营利为目的；

（十）对设置或者陈列在公共场所的艺术作品进行临摹、绘画、摄影、录像；

（十一）将中国公民、法人或者非法人组织已经发表的以国家通用语言文字创作的作品翻译成少数民族语言文字作品在国内出版发行；

（十二）以阅读障碍者能够感知的无障碍方式向其提供已经发表的作品；

（十三）法律、行政法规规定的其他情形。

前款规定适用于对与著作权有关的权利的限制。

同时，《信息网络传播权保护条例》也规定了网络传播过程中的"合理使用"的具体情形：

第六条　通过信息网络提供他人作品，属于下列情形的，可以不经著作权人许可，不向其支付报酬：

（一）为介绍、评论某一作品或者说明某一问题，在向公众提供的作品中适当引用已经发表的作品；

（二）为报道时事新闻，在向公众提供的作品中不可避免地再现或者引用已经发表的作品；

（三）为学校课堂教学或者科学研究，向少数教学、科研人员提供少量已经发表的作品；

（四）国家机关为执行公务，在合理范围内向公众提供已经发表的作品；

（五）将中国公民、法人或者其他组织已经发表的、以汉语言文字创作的作品翻译成的少数民族语言文字作品，向中国境内少数民族提供；

（六）不以营利为目的，以盲人能够感知的独特方式向盲人提供已经发表的文字作品；

（七）向公众提供在信息网络上已经发表的关于政治、经济问题的时事性文章；

（八）向公众提供在公众集会上发表的讲话。

第七条　图书馆、档案馆、纪念馆、博物馆、美术馆等可以不经著作权人许可，通过信息网络向本馆馆舍内服务对象提供本馆收藏的合法出版的数字作品和依法为陈列或者保存版本的需要以数字化形式复制的作品，不向其支付报酬，但不得直接或者间接获得经济利益。当事人另有约定的除外。

前款规定的为陈列或者保存版本需要以数字化形式复制的作品，应当是已经损毁或者濒临损毁、丢失或者失窃，或者其存储格式已经过时，并且在市场上无法购买或者只能以明显高于标定的价格购买的作品。

（二）舞蹈领域的合理使用

1. 舞蹈作品免费表演

本次《著作权法》修订，对免费表演这一合理使用情况进行了调整，明确增加"不以营利为目的"的构成要件。对此，全国人民代表大会宪法和法律委员会关于《中华人民共和国著作权法修正案（草案）》审议结果的报告①指出：

---

① 中国人大网. 全国人民代表大会宪法和法律委员会关于《中华人民共和国著作权法修正案（草案）》审议结果的报告. http://www.npc.gov.cn/npc/c2/c30834/202011/t20201111_308676.html.

现行著作权法规定，"免费表演已经发表的作品，该表演未向公众收取费用，也未向表演者支付报酬"的，可以不经著作权人许可，不向其支付报酬，但应当指明作者姓名等。有的常委委员、社会公众提出，为防止以免费表演为名通过收取广告费等方式变相达到营利目的，建议增加不以营利为目的的限制性规定。宪法和法律委员会经研究，建议采纳上述意见，将上述合理使用的情形修改为："免费表演已经发表的作品，该表演未向公众收取费用，也未向表演者支付报酬，且不以营利为目的。"

此项修改对于舞蹈作品的保护有着积极的意义，在修改前，由于互联网"免费"精神的存在，网络用户观看视频通常是不需要付费的，发布内容的用户也不会直接收取费用，但可以通过视频观看流量转换为收取广告费等方式变相达到营利目的。本次修正将使得一些在网络上传播舞蹈作品及其表演的行为，将不再适用合理使用作为侵权抗辩条件。

值得注意的是，如果表演他人作品存在不符合"应当指明作者姓名或者名称、作品名称，并且不得影响该作品的正常使用，也不得不合理地损害著作权人的合法权益"的条件，即使是免费表演，也不适用合理使用。在杨某等与淮阴师范学院、吕某侵害著作权纠纷中，一审法院指出①：

关于被告提出其是合理使用，对此本院认为，依据《中华人民共和国著作权法》的规定，在一定场合与条件下，可以不经著作权人的同意，不向其支付报酬而使用相关作品，但应当指明作者姓名、作品名称，并且不得侵犯相关权利人的权益。而在本案中，被告吕某在汇报演出中，其作品与原告作品构成实质性相似，构成抄袭；又未指明原告作为作者姓名、作品名称，构成侵权。

对于免费表演的"表演"是否包括机械表演，此前一直存在一定的争议。本次《著作权法》修正后，表演者限定为自然人，依据对"也未向表演者支付报酬"的解释，免费表演仅限于表演者的现场表演，不适用于机械表演。

①　(2019)苏08民初145号。

2. 在课堂教学和科研中使用舞蹈作品

随着舞蹈教育的普及，为满足学校课堂教学或者科学研究的需要，可以翻译、改编、汇编、播放或者少量复制已经发表的舞蹈作品，此类行为属于对舞蹈作品的合理使用。此类舞蹈作品的合理使用行为，需要注意两个问题：一个是不能超过合理的限度，损害版权人的合法权益；二是使用人员仅限教学或者科研人员使用。如果上述行为超出了一定的限度，按照"三步检验法"，已经影响到了版权人的合法权益，则不会被认定为合理使用。在图书领域，最典型的情况是，提供图书的复印件给全班同学使用，这样的行为不属于合理使用。对于舞蹈作品，如果相关权利人已经出版相关图书或者发布相关数字产品，在课堂教学和科研中复制相关舞蹈作品，会导致权利人的市场利益受到损害，此时，相关复制行为则不再属于合理使用。又或者，提供相关舞蹈作品供学生使用，而学生不属于"教学或者科研人员"，因此，这样的行为也不属于对作品的合理使用。

二、法定许可

法定许可，是指根据法律的直接规定，以特定的方式使用已发表的作品，可以不经著作权人的许可，但应向著作权人支付使用费，并尊重著作权人其他权利的制度。[1] 版权法中的法定许可实质上是版权法剥夺权利人自行决定许可的权利，但对于其他相关权利仍然予以保留。法定许可与合理使用不同，合理使用既无须征得权利人同意，又无须向权利人付费，而法定许可使用仅无须征得权利人同意，但要向权利人付费。我国《著作权法》一共规定了四种法定许可：

第二十五条　为实施义务教育和国家教育规划而编写出版教科书，可以不经著作权人许可，在教科书中汇编已经发表的作品片段或者短小的文字作品、音乐作品或者单幅的美术作品、摄影作品、图形作品，但应当按照规定向著作权人支付报酬，指明作者姓名或者名称、作品名称，并且不得侵犯著作权人依照本法享有的其他权利。

前款规定适用于对与著作权有关的权利的限制。

---

[1]　吴汉东. 知识产权法［M］. 北京：法律出版社，2021：248.

　　第三十五条　著作权人向报社、期刊社投稿的，自稿件发出之日起十五日内未收到报社通知决定刊登的，或者自稿件发出之日起三十日内未收到期刊社通知决定刊登的，可以将同一作品向其他报社、期刊社投稿。双方另有约定的除外。

　　作品刊登后，除著作权人声明不得转载、摘编的外，其他报刊可以转载或者作为文摘、资料刊登，但应当按照规定向著作权人支付报酬。

　　第四十二条　录音录像制作者使用他人作品制作录音录像制品，应当取得著作权人许可，并支付报酬。

　　录音制作者使用他人已经合法录制为录音制品的音乐作品制作录音制品，可以不经著作权人许可，但应当按照规定支付报酬；著作权人声明不许使用的不得使用。

　　第四十六条　广播电台、电视台播放他人未发表的作品，应当取得著作权人许可，并支付报酬。

　　广播电台、电视台播放他人已发表的作品，可以不经著作权人许可，但应当按照规定支付报酬。

《信息网络传播权保护条例》对网络环境的法定许可作了进一步明确的规定：

　　第八条　为通过信息网络实施九年制义务教育或者国家教育规划，可以不经著作权人许可，使用其已经发表作品的片断或者短小的文字作品、音乐作品或者单幅的美术作品、摄影作品制作课件，由制作课件或者依法取得课件的远程教育机构通过信息网络向注册学生提供，但应当向著作权人支付报酬。

　　第九条　为扶助贫困，通过信息网络向农村地区的公众免费提供中国公民、法人或者其他组织已经发表的种植养殖、防病治病、防灾减灾等与扶助贫困有关的作品和适应基本文化需求的作品，网络服务提供者应当在提供前公告拟提供的作品及其作者、拟支付报酬的标准。自公告之日起 30 日内，著作权人不同意提供的，网络服务提供者不得提供其作品；自公告之日起满 30 日，著作权人没有异议的，网络服务提供者可以提供其作品，并按照公告的标准向著作权人支付报酬。网络服务提供者提供著作权人的作品后，著作权人不同意提供的，网络服务提供者应当立即删除著作权人的作品，并按照公告的标准向著作权人支付提供作品期间的报酬。

依照前款规定提供作品的，不得直接或者间接获得经济利益。

第十条 依照本条例规定不经著作权人许可、通过信息网络向公众提供其作品的，还应当遵守下列规定：

（一）除本条例第六条第一项至第六项、第七条规定的情形外，不得提供作者事先声明不许提供的作品；

（二）指明作品的名称和作者的姓名（名称）；

（三）依照本条例规定支付报酬；

（四）采取技术措施，防止本条例第七条、第八条、第九条规定的服务对象以外的其他人获得著作权人的作品，并防止本条例第七条规定的服务对象的复制行为对著作权人利益造成实质性损害；

（五）不得侵犯著作权人依法享有的其他权利。

上述第9条属于《著作权法》没有涉及的法定许可情形，该规定将作品的作者范围限制为中国公民、法人或者非法人组织，作品的范围被限定在已经发表的种植养殖、防病治病、防灾减灾等与扶助贫困有关的作品，以及适应基本文化需求的作品。一些人民群众喜闻乐见的舞蹈属于"适应基本文化需求的作品"，对相关行为是否能够通过"三步检验法"的检验，将属于实践中的重要问题。

需要注意的是，版权法中的法定许可必须满足其适用条件，在顾某等与高等教育出版社有限公司、高某等侵害著作权纠纷中，一审法院指出①：

根据《中华人民共和国著作权法》规定，为实施义务教育和国家教育规划而编写出版教科书，可以不经著作权人许可，在教科书中汇编已经发表的作品片段或者短小的文字作品、音乐作品或者单幅的美术作品、摄影作品、图形作品。本案中，《舞蹈解剖学》一书系北京舞蹈学院"十五"规划教材，并非为国家教育规划而编写出版的教科书。且《舞蹈解剖学》一书汇编的插

---

① （2013）鼓知民初字第4号。

图量较大，已明显超出了合理使用的数量。故《舞蹈解剖学》一书的作者高某，未经原告许可，大量使用《运动解剖学图谱》一书中的图谱，构成侵犯原告著作权的行为。

上诉判例表明，如果相关教科书不属于"义务教育和国家教育规划"的范围，或者大量使用他人作品，都将不符合法定许可的情形。

三、默示许可

新媒体时代，人们对信息获取与传播的需求日益强烈，对作品的使用需求也不断增长。传统的许可方式，比如通过合同许可，以及法定许可、合理使用等制度，无法解决版权实践中的作品使用问题。为此，默示许可提供了另外一条更灵活的道路。版权法中的默示许可是指版权人没有明确许可他人使用其作品的意思表示，但从版权人的法律行为或者相关法律规定可以推定其不会反对他人使用其作品，那么使用者的行为就不构成侵权。在讨论法定许可时，《信息网络传播权保护条例》第 9 条规定的法定许可也包含了一定的默示许可，其"自公告之日起满30 日，著作权人没有异议的，网络服务提供者可以提供其作品，并按照公告的标准向著作权人支付报酬"，即著作权人没有明示，可视为著作权人同意，相关作品的使用行为不构成侵权。

权利人通过默示方式表示许可，在我国有其法律依据。依据《民法典》第 140条的规定，沉默在有法律规定、当事人约定或者符合当事人之间的交易习惯时，可以视为意思表示。有学者认为，版权默示许可具有如下特征：版权默示许可是许可合同的一种特殊样态；版权默示许可具有非明示性；版权默示许可蕴含着确保许可行为公平与效率的基本制度功能；版权默示许可使用的内容具有丰富性，呈现为"选择—退出"的制度形态。同时 2010 年修正的《著作权法》第 32 条第 2款、第 23 条、第 39 条第 3 款及第 43 条等条款的规定符合默示许可的特征，即使法律没有明确阐明其默示许可的性质。[①]

本研究前面讨论过的作者许可舞蹈表演，但忘记约定发表权，或者因舞蹈表

---

① 郭威. 版权默示许可制度研究[M]. 北京：中国法制出版社，2014：67-73.

演单位物质条件所限，无法还原舞蹈作品的舞台设计内容，都应当按照默示许可来推定权利人的许可，以避免相关行为被认定为侵权行为。除此之外，在新媒体时代，很多作品、表演、录像制品的使用、传播行为是被权利人默示容许的。比如一位舞蹈爱好者在广场跳舞，其精彩的表演吸引了群众驻足观赏，同时很多现场观众拿起手机对这位舞者的表演进行录制，然后通过自己的网络账号在互联网上发布。现场观众的这种行为，依照《著作权法》第39条第1款第5项"许可他人复制、发行、出租录有其表演的录音录像制品，并获得报酬"的规定，可能构成对舞蹈作品表演者此项权利的侵害。但是从结果来看，过分追究现场观众的侵权责任，显然是不合理的。对此最好的解释就是默示许可，即认为表演者在公众场合表演，且明知观众在制作、传播其表演的录像制品，当场并未停止其表演，也没有向观众声明其相关权利，应当按照习惯将表演者这种不作为的行为视为一种意思表示，即允许观众制作、传播其表演的录像制品的意思表示。同时，在很多视频平台，用户转发、分享其他用户发布的视频，是不需要经过视频的发布者同意的。同时，一些视频平台，有较为浓厚的针对用户发布的作品进行二次创作的习惯，且这些习惯通常会被平台的用户条款所承认，一些二次创作行为按照法律规定属于对原作品版权人权利的侵害，但是在该视频平台，是未被认定为侵权的，这显然需要通过默示许可制度进行检验，以避免作出不合理的结论。

新媒体时代，互联网的发展为版权法带来了很多新问题，互联网所倡导的信息自由共享的精神，在很多地方与版权保护是存在一定的冲突的，版权默示许可制度给予了权利人及公众更大的自由，然而默示许可制度并不是法律明确规定的制度，属于法律实施过程中的智慧。因此，默示许可制度如何积极影响作品的保护，促进作品的传播，还有待进一步观察。

四、版权滥用规制

在网络版权法规范中，"通知—删除"规则是一条重要规范，在认定网络服务提供者的义务及对其行为进行定性方面发挥着重要作用。同时，该规则也是快速解决网络版权争议的有效方式之一。然而，在实践中，这一规则却被滥用，一方面被网络服务提供者滥用，故意降低审查标准；另一方面，也被权利人滥用，用于促使网络服务提供者作出相关行为。后者属于权利人版权权利滥用问题，其至还会涉及权利假冒问题。在实践中,很多网络服务提供者出于运营成本的考虑,并不会配置相关人力资源或者采购相关服务,使得其没有能力开展版权审查及侵权行为认定工作,并不能充当其运营平台的"法官",在遇到权利人发出侵权警告时,为了避免承担共同侵权责任,通常会采取断开链接等措施。尤其是权利人为较大的经济实体,而被指控侵权的网络用户为个人用户时。一般的中小企业,为应对权利人的指控,短期内完成答辩并提供相关证据是比较困难的。如果其提供的证据没有明显的优势,网络服务提供者为了防范法律风险,也会选择采取断开链接等方式。这样一来,"通知—删除"规则就可能被异化为打击竞争对手的一种手段。由于我国著作权登记采取形式审查方式,一些版权意识较好的经营者,就可以将公有领域的作品、没有独创性的作品进行登记,甚至将竞争对手的作品进行登记并获得著作权登记证书,然后以此为权利基础,通知网络服务提供者,要求其删除相关网络用户的链接,网络服务提供者此时通常会满足权利人的诉求删除相关链接。这样则会导致经营者通过滥用这一规则打击竞争对手、限制或排除市场竞争。对于舞蹈作品领域而言,也要防止不法经营者通过大量登记舞蹈作品,而干扰舞蹈作品的正常传播,损害其他经营者甚至公众的合法权益。

对于此类权利滥用行为,《民法典》第 1195 条第 3 项即明确了权利人因错误通知应承担侵权责任:权利人因错误通知造成网络用户或者网络服务提供者损害的,应当承担侵权责任。法律另有规定的,依照其规定。《信息网络传播权保护条例》第 24 条则规定:因权利人的通知导致网络服务提供者错误删除作品、表演、录音录像制品,或者错误断开与作品、表演、录音录像制品的链接,给服务对象造成损失的,权利人应当承担赔偿责任。此外,上述权利滥用行为也适用《反不正当竞争法》第 12 条的规定,并按照第 24 条"经营者违反本法第 12 条规定,妨碍、破坏其他经营者合法提供的网络产品或者服务正常运行的,由监督检查部门责令停止违法行为,处十万元以上五十万元以下的罚款;情节严重的,处五十万元以上三百万元以下的罚款"。

五、版权反垄断

2021 年 7 月,国家市场监管总局依法对腾讯控股有限公司作出责令解除网络音乐独家版权等处罚，根据《中华人民共和国反垄断法》（以下简称《反垄断法》）第48条、《经营者集中审查暂行规定》第57条规定，按照发展和规范并重的原则，责令腾讯及关联公司采取30日内解除独家音乐版权、停止高额预付金等版权费用支付方式、无正当理由不得要求上游版权方给予其优于竞争对手的条件等恢复市场竞争状态的措施。腾讯公司3年内每年向市场监管总局报告履行义务情况，市场监管总局将依法严格监督其执行情况。

国家市场监管总局同时表示，本案为我国《反垄断法》实施以来对违法经营者集中采取必要措施恢复市场竞争状态的第一起案件。责令腾讯解除独家版权等措施将重塑相关市场竞争秩序，降低市场进入壁垒，使竞争者均有公平触达上游版权资源的机会，有利于将竞争的焦点从利用资本优势抢夺版权资源回归到创新服务水平、提高用户体验的理性轨道上来；有利于推动采用与国际接轨的合理方式计算版权费用，减少下游运营成本；有利于培育新的市场进入者，并为现存企业创造更公平的竞争环境，保障消费者选择权，最终惠及广大消费者，促进网络音乐产业规范创新健康发展。

音乐产业领域的版权垄断行为，也容易发生在舞蹈产业领域，相对而言，音乐产业比舞蹈产业更为成熟，也使得部分权利人更早走上了利用版权实施垄断的歧途。这一案件将会对文艺作品版权反垄断产生非常积极的影响。除了此类的平台垄断问题，2019年1月4日，国务院反垄断委员会发布了《国务院反垄断委员会关于知识产权领域的反垄断指南》（国反垄发〔2019〕2号）。2021年2月7日国务院反垄断委员会又印发了《国务院反垄断委员会关于平台经济领域的反垄断指南》（国反垄发〔2021〕1号）。

其中，《国务院反垄断委员会关于知识产权领域的反垄断指南》明确了诸多涉及知识产权的滥用市场支配地位行为：

第十五条　以不公平的高价许可知识产权

具有市场支配地位的经营者，可能滥用其市场支配地位，以不公平的高价许可知识产权，排除、限制竞争。分析其是否构成滥用市场支配地位行为，可以考虑以下因素：

（一）许可费的计算方法，及知识产权对相关商品价值的贡献；

（二）经营者对知识产权许可作出的承诺；

（三）知识产权的许可历史或者可比照的许可费标准；

（四）导致不公平高价的许可条件，包括超出知识产权的地域范围或者覆盖的商品范围收取许可费等；

（五）在一揽子许可时是否就过期或者无效的知识产权收取许可费。

分析经营者是否以不公平的高价许可标准必要专利，还可考虑符合相关标准的商品所承担的整体许可费情况及其对相关产业正常发展的影响。

第十六条　拒绝许可知识产权

拒绝许可是经营者行使知识产权的一种表现形式，一般情况下，经营者不承担与竞争对手或者交易相对人进行交易的义务。但是，具有市场支配地位的经营者，没有正当理由拒绝许可知识产权，可能构成滥用市场支配地位行为，排除、限制竞争。具体分析时，可以考虑以下因素：

（一）经营者对该知识产权许可作出的承诺；

（二）其他经营者进入相关市场是否必须获得该知识产权的许可；

（三）拒绝许可相关知识产权对市场竞争和经营者进行创新的影响及程度；

（四）被拒绝方是否缺乏支付合理许可费的意愿和能力等；

（五）经营者是否曾对被拒绝方提出过合理要约；

（六）拒绝许可相关知识产权是否会损害消费者利益或者社会公共利益。

第十七条　涉及知识产权的搭售

涉及知识产权的搭售，是指知识产权的许可、转让，以经营者接受其他知识产权的许可、转让，或者接受其他商品为条件。知识产权的一揽子许可也可能是搭售的一种形式。具有市场支配地位的经营者，没有正当理由，可能通过上述搭售行为，排除、限制竞争。

分析涉及知识产权的搭售是否构成滥用市场支配地位行为，可以考虑以下因素：

（一）是否违背交易相对人意愿；

（二）是否符合交易惯例或者消费习惯；

（三）是否无视相关知识产权或者商品的性质差异及相互关系；

（四）是否具有合理性和必要性，如为实现技术兼容、产品安全、产品性能等所必不可少的措施等；

（五）是否排除、限制其他经营者的交易机会；

（六）是否限制消费者的选择权。

第十八条　涉及知识产权的附加不合理交易条件

具有市场支配地位的经营者，没有正当理由，在涉及知识产权的交易中附加下列交易条件，可能产生排除、限制竞争效果：

（一）要求进行独占性回授或者排他性回授；

（二）禁止交易相对人对其知识产权的有效性提出质疑，或者禁止交易相对人对其提起知识产权侵权诉讼；

（三）限制交易相对人实施自有知识产权，限制交易相对人利用或者研发具有竞争关系的技术或者商品；

（四）对期限届满或者被宣告无效的知识产权主张权利；

（五）在不提供合理对价的情况下要求交易相对人与其进行交叉许可；

（六）迫使或者禁止交易相对人与第三方进行交易，或者限制交易相对人与第三方进行交易的条件。

第十九条　涉及知识产权的差别待遇

在涉及知识产权的交易中，具有市场支配地位的经营者，没有正当理由，可能对条件实质相同的交易相对人实施不同的许可条件，排除、限制竞争。分析经营者实行的差别待遇是否构成滥用市场支配地位行为，可以考虑以下因素：

（一）交易相对人的条件是否实质相同，包括相关知识产权的使用范围、不同交易相对人利用相关知识产权提供的商品是否存在替代关系等；

（二）许可条件是否实质不同，包括许可数量、地域和期限等。除分析许可协议条款外，还需综合考虑许可人和被许可人之间达成的其他商业安排对许可条件的影响；

（三）该差别待遇是否对被许可人参与市场竞争产生显著不利影响。

上述涉及知识产权的滥用市场支配地位行为，对于著作权集体管理组织、平台型的舞蹈作品权利人，都有着重大行为引导与规制意义。而在《国务院反垄断委员会关于平台经济领域的反垄断指南》中，在认定网络平台市场支配地位时，经营者拥有的知识产权是考虑因素（第 11 条），在评估平台经济领域经营者集中的竞争影响时，在市场准入情况中，经营者获得知识产权的难度属于评估经营者集中对市场进入影响时应当考虑的因素（第 20 条）。

2021 年 11 月 18 日上午 9 时许，国家反垄断局正式挂牌成立，未来一段时间内，反垄断将是监管领域的重点工作。对于整个知识产权领域而言，反垄断都是新挑战，既要严格保护权利人的权利，也要防止权利人的垄断行为。舞蹈产业链尚未完全成熟，对于舞蹈版权的反垄断规制，或许还为时尚早，但也属于应当警觉的问题。

第四章　新媒体时代舞蹈作品版权
保护现状及困境

第一节　新媒体时代舞蹈作品版权保护现状

一、舞蹈作品版权保护范围

保护和鼓励舞蹈作品的传承和创新，是保护舞蹈作品著作权的根本目的。[①]
对以各种形式侵害舞蹈作品各项权利的行为进行法律规制，为舞蹈作品著作权人
提供权利救济途径，对保护舞蹈作品权利人权益，鼓励和激发舞蹈创作热情，构
建良好的舞蹈产业生态，推动舞蹈文化健康发展，增强文化自信起到重要的推动
作用。

明确舞蹈作品的保护范围对舞蹈著作权保护有两方面意义。第一，通过对舞
蹈作品应予以保护的要素进行正向归纳，进一步细分舞蹈作品保护的微观方向，
即只有符合保护条件的舞蹈作品，才可能受到相关法律法规的保护，在发生著作
权侵权行为时，能够产生相关法定之债或与之匹配的法律责任。第二，通过对舞
蹈作品著作权中非资格性要素反向摈斥，将不受保护的舞蹈作品要素排除在著作
权保护范围之外，如应当将属于公有领域的要素列入非保护范围，使其成为所有
创作人的共享资源，防止舞蹈作品的创作革新成为"一触即碎""一碰就炸"的胆
寒"禁地"，平衡好权利人与社会公众利益之间的关系。

---

① 李尧. 我国舞蹈作品著作权的保护[J]. 上海政法学院学报(法治论丛)，2016，31
(3)：96-101.

(一) 舞蹈作品著作权保护元素

舞蹈是以人的姿态、表情、造型,特别是动作过程为手段,以表现人们主观情感为特征来展示心灵、表达情感的肢体语言的集中体现。① 《著作权法实施条例》中,将舞蹈作品定义为"通过连续的动作、姿态、表情等表现思想情感的作品"。在舞蹈专业领域内,舞蹈作品是指经过人的提炼、组织和艺术加工,通过人的肢体语言、神态表情、节奏等表达人的思想和情感的作品,包括有舞谱的舞蹈作品和没有舞谱的舞蹈作品。②

从各领域对舞蹈作品的诠释来看,舞蹈作品是通过人的动作、姿态、表情等表现手段,配合音乐节奏,精心编排而成的表现强烈思想情感的肢体语言艺术。舞蹈作品著作权保护元素包括:(1)舞蹈动作,其中包括动作编排、造型,动作整体组成的规律和节奏等细分要素;(2)舞蹈作品剧本,以剧本形式将舞蹈进行整体编排的舞蹈作品中,其剧本能够体现的舞蹈作品整体创意、风格、精神以及相关舞蹈程序步骤等重要元素,对于舞蹈作品的复制、传播和传承有重要意义,应当属于舞蹈作品著作权保护的范围;(3)舞蹈作品附属构成元素,舞蹈作品除了通过肢体语言进行演绎表述外,也利用各种附属辅助元素增强舞蹈的表达能力、艺术情感强度,如《天鹅湖》芭蕾舞蹈中,舞蹈演员身着外形神似雪白天鹅的舞蹈服装,通过造型辅助帮助观众将舞蹈角色形象代入舞蹈作品意图表达的意境中,让观看者更好地接受天鹅起舞的艺术感情输出;又如《千手观音》舞蹈中的背景音乐《盛世敦煌》和《踏古》,将舞蹈中蕴含的敦煌文化体现得淋漓尽致,为舞蹈演员们的表演增添了助力。此类舞蹈作品的辅助元素对舞蹈的完成不仅起到锦上添花的作用,而且具有鲜明的特色,有的甚至可以起到"听歌识舞"的强大效果,显然已经属于舞蹈作品的一部分,受著作权保护。

在舞蹈作品保护元素正向归纳的过程中,亦有保护程度大小之分。从舞蹈作品的概念中可知,舞蹈动作系舞蹈作品保护中最为关键的元素。舞蹈动作是经过

---

① 张萍.中国舞蹈著作权问题及对策研究[D].北京:中国艺术研究院,2012.

② 徐康平,冷荣芝.戏剧舞蹈作品著作权的法律保护[M].北京:学苑出版社,2019:10-12.

人加工、提炼、美化的人体肢体语言，系舞蹈语言的重要表达方式。由此可知，舞蹈动作不单指日常生活中的一举一动，其应当通过一定程度的艺术加工，展示舞蹈所欲表达的独特思想情感。美国学者 Evie Whiting 指出："动作不是凭空被创造出来的，而是不断被人类发现的。"①据此，舞蹈动作虽源自生活，但仍需人类进行打磨加工，才可成为著作权法所保护的客体。且具有艺术美感的舞蹈作品往往是将连续的舞蹈动作按照一定的舞韵、节奏编排组合，进而形成具有独创性的舞步或舞蹈风格，该类型舞蹈作品为人们眼中传统意义上的舞蹈，理应受著作权法保护。简言之，连续的舞蹈动作只要能够呈现独创性，即可受到著作权法的保护。

（二）单独舞蹈动作受著作权法保护情况

1. 构成舞蹈最基本的筑基性动作不具有版权性。如跑、跳、旋转、下腰、垫脚等动作，由于其对于舞蹈构成的基础性作用不可替代，故不应具有版权性。虽然此类动作由最初发现或者发明舞蹈的人所创造，具有一定的独创性，一旦其受到著作权法保护，舞蹈领域的创新将受到极大的遏制，舞蹈创作者将如履薄冰，这绝非立法者的本意。

对此亦有相关案例进行印证，茅某芳与张某钢、中国残疾人艺术团侵害著作权纠纷一案②中，法院对单个静态动作是否具有版权性给予明确否定态度。本案中，原告茅某芳诉称：原告所编舞的《吉祥天女》舞蹈作品在北京某政治部文工团首次公开演出；后期，根据具体实际以及舞蹈背景需要，舞蹈《吉祥天女》也被赋予《千手观音》的名称。被告张某钢以编舞导演身份署名的舞蹈作品《千手观音》，由被告中国残疾人艺术团于 2005 年春节联欢晚会在中国中央电视台公开表演。《千手观音》在舞蹈动作、背景、结构、韵律、道具、音乐设计、节奏等方面与《吉祥天女》是完全一致的，而且《千手观音》的排练、辅导老师刘某，同样系《吉祥天女》舞蹈作品的领舞者，故被告张某钢及中国残疾人艺术团存在侵

---

① 何敏，吴梓茗著. 舞蹈作品侵权认定的误区与匡正——兼评我国首例"静态手段侵犯舞蹈作品版权"案[J]. 贵州师范大学学报（社会科学版），2022（2）：123-137.

② （2019）苏 08 民初 145 号。

权行为。

被告张某钢、中国残疾人艺术团共同辩称：第一，《千手观音》与《吉祥天女》是本质上不同的两个舞蹈，不构成实质性相似，两者在舞蹈动作、背景、结构、韵律、道具、音乐设计、节奏等各个方面，均存在本质上的不同，原告不应采用概括性类似进行比较。

其中关于单个静态动作的比较问题，茅某芳提交的 20 处静态对比和 6 处动态对比资料，经法院调查，在茅某芳提交的对比图中，有几处证据所涉及的动作造型不同：《吉祥天女》舞蹈是 12 只手、4 条腿造型，手臂摊开，手和腿的数量、造型不同；《千手观音》舞蹈是多人多手，手臂组成轮状。其余对比图中所涉及的静态造型相同或相似，但存在以下问题：(1)有些姿态相似但动作不同。动作持续的时间不同，《吉祥天女》舞蹈是瞬间的动作，而《千手观音》舞蹈此处动作变化持续 3 分多钟，女演员的手姿势不同；《吉祥天女》舞蹈动作的动律在胯，《千手观音》舞蹈动作的动律在膝；《吉祥天女》舞蹈动作是起势，《千手观音》舞蹈动作是落式。(2)在相同或相似的动作中有些动作与佛像图片中的动作相似，如案件证据中所涉及的动作与山西省平遥双林寺千手千眼观音、五台山金阁寺千手千眼观音、太原崇善寺千手千眼观音、大同华严寺千手千眼观音以及五台山菩萨顶不空绢索观音的造型相似。(3)有些相同或近似的动作来源于其他舞蹈，如类似手臂轮回的动作在 1959 年舞剧《鱼美人》的"珊瑚舞"当中就出现了。(4)还有些相同或近似的动作来源于京戏或传统舞蹈，如顺风旗动作，是京剧中常用的动作；商羊腿，是我国传统舞蹈动作。

基于以上事实，法院认为：动作的比较应是两个舞蹈连续性的可表达一定思想情感的完整动作的比较，而单个静态动作不应作为舞蹈作品实质性相似的直接引用证据。在本案中，茅某芳选择了《吉祥天女》与《千手观音》舞蹈中 26 处部分演员的部分动作进行比较，很多动作造型并不相同，不能构成实质性相似。第一，不是完整的舞蹈结构和舞蹈画面的对比，而是选择画面的片段进行对比，如同选择两部小说中的字、词甚至笔画进行对比一样，据此并不能判断作品的思想表达相同或相近似。第二，不应将单个静态动作作为舞蹈作品实质性相似对比过程的全部印证证据。第三，顺风旗舞蹈动作如同商羊腿一样系我国古代的传统舞蹈动作，大佛亦属于公共领域范围，对此，相应的静态舞蹈动作难免具有相同或相似的信息，既然属于公有领域的信息就不可为个人所独占支配。综上，《吉祥天女》舞蹈与《千手观音》舞蹈并不构成实质性相似，故茅某芳以《吉祥天女》著作权人的名义主张二被告的《千手观音》舞蹈构成侵权，要求二被告承担侵权责任，与事实不符，于法相悖，不予支持。

基于本案例可知，茅某芳针对《千手观音》侵权的主张，提供了大量疑似相似的静态动作图片证据，并成功指出了部分相似内容。但法院认为，单个静态动作不应作为印证舞蹈作品实质性相似的全部本质性证据，并同时对相关静态动作进行比较，对部分单个动作能否作为实质性印证证据给予了否定回答。从法院这一观点可以得出几个结论：第一，单个静态动作可以作为舞蹈作品实质性相似的印证证据，换句话说，单个静态动作可以具有相应的版权性，可以作为舞蹈作品版权的组成部分。第二，单个静态基础构筑性动作不应具有相应的版权性，构筑性动作具有公共领域性质，若具有相应版权性将会严重限制舞蹈作品创作，故亦不应当作为舞蹈作品实质性相似对比的本质性证据使用。据此，针对单个静态舞蹈动作是否具有版权性问题，该案例给予了一定程度的解释。

单个构筑性舞蹈动作不具有版权性问题，类似于某些科学发现不能被授予专利的问题，如果科学发现可以被授予专利，后人将无法在现有科学技术的基础上进行更深一步研究，严重阻碍科学技术发展。现今理论界对这一点并没有分歧。在舞蹈作品实务判决中，在单个基础性舞蹈动作要求获得版权的案件中，各方均持反对态度，由此可以证明，不管是理论界还是实务界，对单个基础性舞蹈动作不具有版权性没有争议。

2. 拥有显著可分辨艺术性的单独舞蹈动作应当具有版权性。显著可分辨的艺术性应当解释为经过人为艺术创作，通过各种途径的传播被公众所熟知，并能够被多数人所辨认的单独舞蹈动作。该类型舞蹈动作的显著特点是其广泛的知名度，并因其独有的特征成为一种被众人熟知的特殊舞蹈动作。如在2022年中央电视台春节联欢晚会所播出的舞台舞蹈诗剧《只此青绿》中，演员孟庆旸为表达山峰的险要和陡峭而表演的舞蹈动作"青绿腰"被众多网友争相模仿，影响甚广。又如，著名舞蹈演员杨丽萍在舞蹈《雀之灵》中，所表演的"孔雀指"恰似孔雀灵动于舞台，被称为经典。这类单独舞蹈动作均具有能被人们快速辨认的显著艺术特征，具有很强的代表性。并且，这些动作往往是舞蹈编排人员基于专业认知和经验所创造的，系人类智力成果产物，具有明显的独创性，拥有版权性的基础条件。同时，该类动作并非其他舞蹈的基础性构成动作，且通常具有明显的独占性特征，如"孔雀指"往往只在描绘孔雀的舞蹈中出现，在其他类型的舞蹈中出现频率甚少。同时，美国于 1976 年所修订的《版权法》中，在第 106 条第 4 款中指出，"对于编舞作品（choreography）给予保护"，并明确表示其中不包括社交舞步（social dance steps）或例行、常规性简单舞步，从中可以看出，美国《版权法》对舞蹈动作的摈斥范围中并不包括具有显著可分辨艺术性的单独舞步。综上，具有显著可分辨艺术性的单独舞蹈动作有理由拥有版权性，并受到著作权法保护。

二、舞蹈作品版权保护法律规范体系

舞蹈艺术一直是我国传统文化艺术中的一颗瑰宝，是中国展现和坚定文化自信的重要组成部分，我国并没有完整的、系统的一部法律加以规制，知识散见于相关部门法中，并且不是专门针对舞蹈作品类型的规制，一般是以其上位概念作为保护和规制对象，如针对一般作品版权保护和知识产权保护。规范体系涉及众多法律部门，在民法、刑法、著作权法、行政法规、规章、国际公约中均存在相应舞蹈作品上位概念的规范细则。

（一）民法规制

《中华人民共和国民法典》由全国人民代表大会于 2020 年 5 月 28 日第十三届全国人民代表大会第三次会议审议通过，并于 2021 年 1 月 1 日施行，该法第 440 条将著作权等知识产权纳入权利质权的范围，将舞蹈作品著作权包括在内的著作权权利规定为民法中的财产权，受该法第 3 条、第 113 条对财产权利的保护。若因当事人一方的违约，损害对方舞蹈作品著作权的权益的，受损害方有权根据本法第 186 条请求当事人承担违约责任或者侵权责任，根据本法第 1165 条请求当事人承担相应的侵权责任。《民法典》赋予舞蹈作品著作权财产权利，并通过对民事财产权利保护的相关规定给予舞蹈作品著作权较为全面和完整的保护，对解决舞蹈作品著作权纠纷有着现实的意义。

（二）刑法规制

《中华人民共和国刑法》由全国人民代表大会常务委员会于1979年7月1日颁布，经过11次刑法修正案修正，《中华人民共和国刑法修正案（十一）》于2021年3月1日正式施行。该法第217条明确了侵犯著作权罪的相关规定，确定了侵犯著作权的6种行为，以及犯罪的刑罚后果。该条文从刑法的层面上对著作权权利包括舞蹈作品著作权权利给予了保护，极大地提高了侵犯舞蹈作品著作权的成本，将侵犯著作权的行政违法行为上升到刑事违法犯罪，为解决侵犯舞蹈作品著作权的社会问题提供了强有力的支撑，亦是打击侵犯著作权行为的最后一层保护盾。

（三）著作权法规制

《中华人民共和国著作权法》由全国人民代表大会于1990年颁布，并经过3次修改，于2020年6月1日施行。该法第1章第3条，明确将舞蹈作品纳入著作权法所保护的作品范畴。将舞蹈作品作为一种作品类型进行统一保护，给予舞蹈作品在知识产权层面的合法保护地位。

（四）行政法规、规章规制

在《著作权法》的框架下，行政部门针对舞蹈作品著作权保护进行了进一步详细规范，将舞蹈作品保护的相关条文深度细化并使之成为相关部门执法的主要依据，其集中在以下行政法规、规章中：

《中华人民共和国著作权法实施条例》，由中华人民共和国国务院于2002年颁布，并经过两次修订，于2013年1月30日实施。该法规第4条第6款，对《著作权法》所规定保护的舞蹈作品进行充分阐述，认为舞蹈作品指通过连续的动作、体态、姿态、表情等表现思想情感的作品。该解释从舞蹈行为本质的角度阐述了舞蹈作品的定义，并为舞蹈作品的保护划定了基本范围，为执法机关在实务执法中提供了更具体的依据。

《著作权行政处罚实施办法》，由国家版权局于2009年5月7日颁布，并于2009年6月15日施行。该规章虽未直接对舞蹈作品本身进行规制保护，但据上文可知，舞蹈作品作为著作权作品受到《著作权法》的保护，同样应被相关法律法规予以保护。《著作权行政处罚实施办法》中，对著作权的行政处罚办法和方式予以细分，明确了对舞蹈作品著作权进行侵犯行为的的行政行为后果，对舞蹈作品著作权的保护更加充分、具体。

《互联网著作权行政保护办法》，由国家版权局和原信息产业部于 2005 年 4 月 30 日联合颁布，并于 2005 年 5 月 30 日予以施行。该规章针对互联网著作权行政保护规定了详细的适用措施和保护手段，对互联网的使用者、信息提供者均作出了相应的规制和保护规则。在舞蹈作品走进新媒体时代的今天，互联网舞蹈作品著作权保护显得愈发重要，该规章对著作权权利人的权益保护确立了明确的路径，并规定相应材料要求，对互联网内容提供者的行政责任作出明确规定，整体上为舞蹈作品著作权互联网保护起到了一定作用。

《著作权集体管理条例》，由中华人民共和国国务院于 2004 年 12 月 28 日发布，并经过两次修改，于 2013 年 12 月 7 日正式发布。该规章明确了著作权集体管理与集体管理组织细则，有助于著作权人与相关著作权权利人行使权利和运用作品，规定了管理组织的设立、活动、监督和相关法律责任。该规章有助于著作权包括舞蹈作品著作权的合理合法使用，促进了舞蹈作品的传播和发展，细化了舞蹈作品著作权当事人的权利分配，对舞蹈作品著作权的保护有积极意义。

《中国版权保护中心著作权自愿登记收费标准》，由中国版权保护中心于 2008 年 10 月 30 日颁布，并于当日开始施行。该规章规定了版权登记收费标准细则，一方面便于相关单位和主体版权登记时确定费用，另一方面亦通过明确版权登记收费细则增加版权主体对自身版权进行登记的积极性，进一步加强版权保护力度，对舞蹈作品版权保护有着一定的有积极意义。

（五）国际公约规制

《保护文学和艺术作品伯尔尼公约》由瑞士政府于 1886 年 9 月 9 日在伯尔尼举行的第三次大会上通过。1992 年 10 月 15 日，中国成为该公约成员国。该国际公约第 2 条第 1 款规定"文学艺术作品"一词的保护范围，包括舞蹈艺术作品和其他不论其表现方式或形式如何的艺术作品。该公约规定了相关保护原则、范围、期限、方式和核心内容，加入该公约的成员国应当对联盟国家内产生的相应文学艺术作品著作权进行自动保护。该公约使我国舞蹈作品著作权保护的地缘范围扩大，提升我国舞蹈艺术作品在国际舞台上的影响力和著作权安全性，对舞蹈作品著作权国际保护具有重要意义。

（六）司法解释规制

《最高人民法院法院关于审理涉及计算机网络著作权纠纷案件适用法律若干问题的解释》，由最高人民法院于 2000 年第 1144 次会议通过，并经过两次修正，于 2006 年 11 月 20 日第 1406 次会议完成第二次修正。该解释对正确审理计算机网络著作权纠纷案件涉及的审理细则进行了规定，对多种计算机网络著作权纠纷的法条援引进行了明确的规定，但由于该解释产生于民法典制定之前，对审理当前的计算机网络著作权纠纷案件的作用有一定的局限性，可根据法条的重新定位进行适用，对保护舞蹈作品著作权同样有一定的积极作用。

三、舞蹈作品版权相关政策制度体系

（一）《关于强化知识产权保护的意见》

1. 政策概要

2019 年 11 月 24 日，中共中央办公厅、国务院办公厅印发了《关于强化知识产权保护的意见》，并发出通知，要求各地区各部门结合实际认真贯彻落实。《关于强化知识产权保护的意见》是第一个以中共中央办公厅、国务院办公厅名义出台的知识产权保护工作纲领性文件，充分体现了党中央、国务院对知识产权保护工作的高度重视，对于我国知识产权建设具有长远且重要的意义。

《关于强化知识产权保护的意见》包括多条重点措施，立足现实发展需要，从"严保护、大保护、快保护、同保护"四个方面着手，对新时代强化知识产权保护作出了系统谋划和整体部署。该通知出台后，全国各省市陆续出台配套措施，深入贯彻落实该意见，进一步强化知识产权保护，优化营商环境和创新环境，为各地经济社会发展提供有力支撑。

2. 政策对舞蹈作品版权的影响

《关于强化知识产权保护的意见》提出了具体的知识产权保护理念与措施，

对于新媒体时代的舞蹈作品版权保护有着重要的意义。在知识产权保护总体要求方面，意见提出"综合运用法律、行政、经济、技术、社会治理手段强化保护，促进保护能力和水平整体提升"，并"力争到2022年，侵权易发多发现象得到有效遏制，权利人维权'举证难、周期长、成本高、赔偿低'的局面明显改观"。

该意见通过实施强有力的知识产权保护手段，全面加强了对各种类型作品的版权保护，对于加强版权文化建设，培育舞蹈版权道德文化有着重要意义。

(二)《知识产权强国建设纲要(2021—2035年)》

1. 政策概要

2021年9月22日，中共中央、国务院印发了《知识产权强国建设纲要(2021—2035年)》，并发出通知，要求各地区各部门结合实际认真贯彻落实。《知识产权强国建设纲要(2021—2035年)》是以习近平同志为核心的党中央面向知识产权事业未来15年发展作出的重大顶层设计，是新时代建设知识产权强国的宏伟蓝图，在我国知识产权事业发展史上具有重大里程碑意义。

《知识产权强国建设纲要(2021—2035年)》围绕全面提升知识产权创造、运用、保护、管理和服务水平，提出了知识产权现代化治理和知识产权发展的重点任务。在内容上，以"法治保障，严格保护；改革驱动，质量引领；聚焦重点，统筹协调；科学治理，合作共赢"为工作原则。同时明确到2025年知识产权强国建设取得明显成效，到2035年，中国特色、世界水平的知识产权强国基本建成。《知识产权强国建设纲要(2021—2035年)》一方面从适应国家现代化进程出发，积极推进知识产权领域改革和改进，促进"在国家治理体系和治理能力现代化上形成总体效应，取得总体效果"；另一方面以推动高质量发展为主题，"立足新发展阶段、贯彻新发展理念、构建新发展格局"。

2. 政策对舞蹈作品版权的影响

《知识产权强国建设纲要(2021—2035年)》提出的许多工作任务，对于新媒体时代的舞蹈作品版权保护意义深远。

在建设面向社会主义现代化的知识产权制度方面，《知识产权强国建设纲要(2021—2035年)》提出要"适应科技进步和经济社会发展形势需要，依法及时推动知识产权法律法规立改废释，适时扩大保护客体范围"，具体到"构建响应及时、保护合理的新兴领域和特定领域知识产权规则体系"工作方面，提出要"探索完善互联网领域知识产权保护制度""加强遗传资源、传统知识、民间文艺等获取和惠益分享制度建设，加强非物质文化遗产的搜集整理和转化利用"。该部分内容对于确定和扩大舞蹈作品客体范围、舞蹈作品版权运营、舞蹈作品版权的互联网保护规范、民间舞蹈艺术的保护等工作有着重要的指引作用，而这些问题正是舞蹈版权作品保护和认定过程中亟待解决的重要难题。

在知识产权保护体系方面，《知识产权强国建设纲要（2021—2035年）》提出要"健全统一领导、衔接顺畅、快速高效的协同保护格局，坚持党中央集中统一领导，实现政府履职尽责、执法部门严格监管、司法机关公正司法、市场主体规范管理、行业组织自律自治、社会公众诚信守法的知识产权协同保护"，"建立完善知识产权仲裁、调解、公证、鉴定和维权援助体系，加强相关制度建设。健全知识产权信用监管体系，加强知识产权信用监管机制和平台建设"，"完善著作权集体管理制度，加强对著作权集体管理组织的支持和监管"。该部分内容不仅对舞蹈作品版权的协同保护、舞蹈作品版权领域的信用监管、舞蹈领域著作权集体管理组织改革有着重要的引导作用，还对我国舞蹈作品版权的集体授权、使用管理和全面综合保护起到有力的推动作用。

在建立规范有序、充满活力的市场化运营机制方面，《知识产权强国建设纲要（2021—2035年）》提出要"健全版权交易和服务平台，加强作品资产评估、登记认证、质押融资等服务。开展国家版权创新发展建设试点工作。打造全国版权展会授权交易体系"。该部分内容对于建立舞蹈作品领域版权交易和服务平台等工作有着重要的指引作用。舞蹈作品版权交易和服务平台是解决舞蹈版权作品整体运营问题的重要途径之一。

在促进知识产权高质量发展的人文社会环境建设方面，《知识产权强国建设纲要（2021—2035年）》提出要"塑造尊重知识、崇尚创新、诚信守法、公平竞争的知识产权文化理念"，"构建内容新颖、形式多样、融合发展的知识产权文化传播矩阵"，并具体提出"打造传统媒体和新兴媒体融合发展的知识产权文化传播平台，拓展社交媒体、短视频、客户端等新媒体渠道"。该部分内容对于建设舞蹈版权道德文化、打造舞蹈艺术版权宣传平台等工作有着重要的指引作用，舞蹈版权文化建设是维护舞蹈版权保护成果、推进舞蹈产业进一步繁荣的重要基础。

(三)《"十四五"国家知识产权保护和运用规划》

1. 政策概要

2021年10月28日，国务院印发《"十四五"国家知识产权保护和运用规划》，该规划是为贯彻落实党中央、国务院关于知识产权工作的决策部署，全面加强知识产权保护，高效促进知识产权运用，激发全社会创新活力，推动构建新发展格局，依据《中华人民共和国国民经济和社会发展第十四个五年规划和2035年远景目标纲要》和《知识产权强国建设纲要(2021—2035年)》制定。

《"十四五"国家知识产权保护和运用规划》总结了"十三五"规划主要目标任务如期完成，知识产权事业实现了大发展、大跨越、大提升，知识产权保护工作取得了历史性成就，有效支撑了创新型国家建设和全面建成小康社会目标的实现。并指出"十四五"时期，做好知识产权工作要统筹国内国际两个大局，增强机遇意识和风险意识，在危机中育先机、于变局中开新局，充分发挥知识产权制度在推动构建新发展格局中的重要作用，为全面建设社会主义现代化国家提供有力支撑。

2. 政策对舞蹈作品版权的影响

在完善知识产权保护政策方面，《"十四五"国家知识产权保护和运用规划》明确提出要"制定传统文化、民间文艺、传统知识等领域保护办法。建立与非物质文化遗产相关的知识产权保护制度。完善红色经典等优秀舞台艺术作品的版权保护措施"。该部分规划内容对于加强民间舞蹈艺术、红色经典舞蹈艺术的保护，以及舞蹈表演网络直播的保护有着重要的意义，民间舞蹈艺术与红色经典舞蹈艺术均属于特殊文艺舞蹈的重要组成部分，其保护对舞蹈艺术领域的发展有着拓宽性的推进作用。

在加强知识产权行政保护方面，《"十四五"国家知识产权保护和运用规划》提出具体工作要求，要"健全知识产权行政保护机制"，"加强知识产权快保护机构建设。在条件成熟的地区建设国家知识产权保护试点示范区。加强知识产权行政执法指导制度建设"。该部分规划内容对于建设舞蹈艺术领域版权快保护机构，通过行政执法针对性打击侵害舞蹈版权及相关权利等工作内容有着积极的指导意义。

在加强知识产权协同保护方面,《"十四五"国家知识产权保护和运用规划》提出要完善知识产权纠纷多元化解决机制:"培育和发展知识产权调解组织、仲裁机构、公证机构。鼓励行业协会、商会建立知识产权保护自律和信息沟通机制。加强知识产权领域诚信体系建设,推进建立知识产权领域以信用为基础的分级分类监管模式,积极支持地方开展工作试点。"该部分规划内容对于加强舞蹈作品版权领域公共服务建设,尤其是推动社会力量参与舞蹈作品版权维权援助工作有着积极意义。同时,也为舞蹈版权领域信用体系建设指明了方向。

在提升知识产权转移转化效益方面,《"十四五"国家知识产权保护和运用规划》提出要"实施版权创新发展工程,打造版权产业集群,强化版权发展技术支撑"。该部分规划内容对于加强舞蹈作品版权领域技术及相关标准的研发与应用,在舞蹈作品版权确权、用权、维权中引入区块链等新兴技术有着明确的指引作用。

在加强知识产权文化建设方面,《"十四五"国家知识产权保护和运用规划》提出要"构建知识产权大宣传格局。围绕知识产权强国建设,统筹传统媒体与新兴媒体,用好融媒体,健全知识产权新闻发布制度。持续做好全国知识产权宣传周、中国知识产权年会等品牌宣传活动"。同时开展"知识产权普及教育工程"专栏工作,推动知识产权普及教育进校园,支持大中小学开展知识产权基础性普及教育。该部分规划内容对于培育知识产权文化环境,通过社会环境反哺舞蹈作品版权保护工作有着积极意义,也为针对性开展舞蹈版权文化与道德建设工作指明了方向。

(四)《版权工作"十四五"规划》

1. 政策概要

《版权工作"十四五"规划》明确了"十四五"版权工作的指导思想:"十四五"时期,版权工作以习近平新时代中国特色社会主义思想为指导,全面贯彻党的十九大和十九届历次全会精神,认真落实党中央、国务院决策部署,坚持稳中求进、守正创新,坚持保护版权就是保护创新的理念、大力实施创新驱动发展战略,坚持立足新发展阶段、贯彻新发展理念、构建新发展格局,坚持服务宣传思想工作大局、维护意识形态安全、促进文化繁荣发展，坚持推进版权治理体系和治理能力现代化，以建设版权强国为中心目标，以全面加强版权保护、加快版权产业发展为基本任务，以进一步完善版权工作体系为主要措施，不断提升版权工作水平和效能，为推动高质量发展、建设创新型国家和文化强国、知识产权强国提供更加有力的版权支撑。

2. 政策对舞蹈作品版权的影响

《版权工作"十四五"规划》对"十四五"期间的版权工作进行了全面部署，对于舞蹈作品版权保护有着非常重要的意义。《版权工作"十四五"规划》的工作内容明确而具体，现实意义非常突出。

在进一步完善版权法律制度体系方面，《版权工作"十四五"规划》提出要"坚持时代化、精细化和中国化的原则，积极推动制定、修订与著作权法配套的行政法规、部门规章，推进有关著作权国际条约的磋商制定、批准和实施工作，进一步提高版权工作法治化水平"。在此前提下对《著作权法》进行修订，舞蹈版权包括在内的版权法律法规、政策制度及工作机制将迎来体系性调整，抓住契机完善法律规范，建立良好的工作机制，可进一步提升舞蹈版权保护力度，形成完整的舞蹈版权保护体系。

在进一步完善版权行政保护体系方面，《版权工作"十四五"规划》提出要"坚持全面加强版权保护，加大版权执法监管力度，健全版权侵权查处机制，实施版权严格保护，做好行政执法与刑事司法有效衔接，强化事中事后监管，突出大案要案查处和重点行业专项治理，加大侵权行为惩治力度，完善执法监管保障，有效营造和维护尊重版权的社会环境"。该规划要求在实践中会同市场监管、发展改革等部门，在舞蹈版权领域建立健全舞蹈版权信用监管体系，制定舞蹈版权领域严重违法行为清单和惩戒措施清单，建立完善舞蹈版权市场主体诚信档案"黑名单"制度，建立重复侵权、故意侵权企业名录社会公布制度，依法依规对舞蹈版权领域严重失信行为实施联合惩戒，指明舞蹈版权作品侵权保护的具体手段，高效提升舞蹈作品版权保护水平。

在进一步完善版权社会服务体系方面，《版权工作"十四五"规划》提出要"完善版权社会服务体系，优化版权社会服务体制机制，创新工作方式方法，引导和规范版权社会服务机构建设，全面提升版权社会服务能力"。该规划内容为规范舞蹈著作权登记工作，进一步细化舞蹈著作权登记标准，规范登记流程，提升舞蹈著作权登记数字化水平，研究建设舞蹈著作权数据服务信息化平台，推动实现舞蹈著作权登记、查询、监测、维权一体化服务提供了重要的指导作用，对改善舞蹈作品的著作权登记环境有明显效果。

在进一步完善版权涉外工作体系方面，《版权工作"十四五"规划》提出要"继续加强版权多、双边合作，积极参与版权国际规则构建，进一步提升版权国际话语权，营造良好版权国际环境，提高中华文化影响力。积极推动国际民间文艺版权对话交流，以国内立法和实践经验为基础，深度参与相关国际规则制定，贡献中国经验和中国智慧"。该规划内容为我国舞蹈作品走向世界舞台与国际接轨提供了明确方向和有力保障，让中国舞蹈艺术领域走向世界舞台，从而助力我国文化强国和知识产权强国的建设。

在进一步完善版权产业发展体系方面，《版权工作"十四五"规划》提出要"积极推动完善版权产业发展制度和政策，促进版权创造和运用，实现由数量和速度向质量和效益转变，推动版权产业高质量发展"。该规划内容对于完善舞蹈版权产业授权交易体系，健全舞蹈版权交易和服务平台，建设专门化、专业化的舞蹈版权交易中心，加强舞蹈版权作品资产评估、登记认证、质押融资等服务，拓展舞蹈版权作品国际合作与宣传渠道，推进舞蹈版权保护技术、标准研究和应用，开展国家舞蹈版权创新发展基地创建工作，打造一批符合国家战略、反映产业和区域特点的优质舞蹈版权产业集群等方面有着重要的作用。

（五）舞蹈作品版权相关司法政策

1.《关于贯彻国家知识产权战略若干问题的意见》

2009 年 3 月 23 日最高人民法院发布的《关于贯彻实施国家知识产权战略若干问题的意见》系司法部门早期贯彻落实 2008 年《国家知识产权战略纲要》的具体司法政策。该政策旨在于国家知识产权战略大背景之下，全面加强知识产权司法保护体系建设，充分发挥司法知识产权的主导作用，为建设创新型国家和全面建成小康社会提供有力的司法保障，具有重要的历史价值。

该政策对我国舞蹈版权建设的促进作用：（1）充分认识实施国家知识产权战略的重大意义，切实加大人民法院舞蹈版权司法保护的责任感和使命感；（2）充分发挥司法保护知识产权的主导作用，通过保障舞蹈版权艺术产业建设切实保障创新型国家建设；（3）依法审理好各类知识产权案件，切实加大舞蹈版权在内的知识产权司法保护力度；（4）完善知识产权审判体制和工作机制，优化舞蹈版权审判资源配置；（5）加强知识产权司法解释工作，完善舞蹈版权诉讼制度；（6）加强知识产权审判队伍建设，提高舞蹈版权司法保护能力。

2.《关于充分发挥审判职能作用切实加强产权司法保护的意见》

2016 年 11 月，最高人民法院发布《关于充分发挥审判职能作用切实加强产权司法保护的意见》，以贯彻落实中共中央、国务院印发的《关于完善产权保护制度依法保护产权的意见》。该《意见》旨在体现审判对产权司法保护的重要职能作用，巩固并强化知识产权司法保护，充分增强人民群众的幸福感，全面促进中国特色社会主义经济市场的良性健康发展。

具体到舞蹈版权保护方面，意义在于：（1）坚持产权司法保护基本原则。即坚持平等保护、全面保护、依法保护的舞蹈版权司法保护基本原则。（2）准确把握、严格执行产权保护的司法政策。做到依法惩治各类侵犯舞蹈作品版权犯罪、客观看待舞蹈版权企业经营的不规范问题、依法公正审理舞蹈版权领域内相关案件，以严格执行舞蹈版权保护的司法政策。（3）加强产权司法保护的机制建设。积极参与舞蹈版权保护协调工作、优化资源配置、做好司法调研、强化法治宣传，推动舞蹈版权系统机制的建设和发展。

3.《中国知识产权司法保护纲要（2016—2020）》

2017 年 4 月 20 日，最高人民法院发布《中国知识产权司法保护纲要（2016—2020）》。随着我国知识产权事业的不断发展，知识产权司法保护显得愈发重要，该《纲要》以 2008 年《国家知识产权战略纲要》实施取得的重要成果为基础，对中国知识产权的司法保护实践起到引领作用。

具体到舞蹈版权保护方面，意义体现在：（1）总结近 30 年我国舞蹈版权领域知识产权司法保护成果。鉴往知来，为舞蹈版权司法保护制度的改革与发展指明了方向。（2）明晰具体重点措施。着力将中国舞蹈版权司法保护提高至新高度，为舞蹈版权司法保护营造良好的生态环境。

4.《关于全面加强知识产权司法保护的意见》

2020 年 4 月 15 日，最高人民法院发布《关于全面加强知识产权司法保护的意见》。为了全面加强知识产权司法保护，提高我国经济竞争力，推动经济高质量发展，该《意见》要求各级人民法院准确把握知识产权司法保护服务大局的出发点和目标定位。

具体到舞蹈版权保护方面，意义在于：（1）加强各类型知识产权司法保护，切实维护权利人合法权益。加强著作权和相关权利保护，积极促进舞蹈版权智力成果的流转应用，平等保护中外舞蹈作品版权主体的合法权利。（2）着力解决突出问题，增强司法保护实际效果。做到切实降低舞蹈版权维权成本、大力缩短诉讼周期、有效执行舞蹈版权司法审判结果。（3）加强体制机制建设，提高司法保护整体效能。健全舞蹈版权专门化审判体系、深入推行"三合一"审判机制、加强舞蹈版权案例指导工作、加强舞蹈版权国际合作交流。（4）加强沟通协调工作，形成知识产权保护整体合力。做到完善多元化纠纷解决机制、优化舞蹈版权保护协作机制、建立舞蹈版权信息沟通协调共享机制。（5）加强审判基础建设，有力支撑知识产权司法保护工作。应当加强舞蹈版权审判队伍建设、加强知识产权专门法院法庭基础建设、加强舞蹈版权审判信息化建设。

5.《人民法院知识产权司法保护规划（2021—2025 年）》

2021 年 4 月 22 日，最高人民法院发布《人民法院知识产权司法保护规划（2021—2025 年）》。为深入贯彻落实党的十九届五中全会精神和习近平总书记在中央政治局第二十五次集体学习时的重要讲话精神，贯彻落实《中华人民共和国国民经济和社会发展第十四个五年规划和 2035 年远景目标纲要》，明确知识产权司法保护目标、任务、举措和实施蓝图，最高人民法院制定本规划。

具体到舞蹈版权保护方面，意义在于：（1）阐明人民法院舞蹈版权司法保护的指导思想、基本原则和总体目标。（2）充分发挥舞蹈版权审判职能作用。做到加强舞蹈艺术领域创新成果保护、加强舞蹈著作权和相关权利保护、加强舞蹈商业标志保护、加强舞蹈领域反垄断和反不正当竞争审判、加大对舞蹈版权侵权行为惩治力度。（3）深化舞蹈版权审判领域改革创新。应当完善舞蹈版权专门化审判体系、健全舞蹈版权诉讼制度、深化舞蹈版权审判"三合一"改革、深入推进案件繁简分流改革。（4）优化舞蹈版权保护工作机制。（5）强化舞蹈版权审判保障。应当加强政治和组织保障、加强舞蹈版权保护队伍和人才保障、加强舞蹈版权领域内信息化保障。

四、舞蹈作品版权技术保护体系

党的十九大以来，中国乘势而上，开启全面建设社会主义现代化国家新征程，科技发展进入新时代，信息传播进入数字化时代。传统时代的信息传播方式已经上不了现在的信息高速路。版权产业具备数字化天然优势，正在释放巨大的数字衍生价值。① 舞蹈作品作为版权产业的一个分支，同时作为人民群众广泛喜爱的文化艺术，其传播、发展、传承离不开数字科学技术的支撑。计算机数字技术的应用能够使舞蹈作品进一步下沉到每一位老百姓的日常生活之中，亦可让质量优秀的舞蹈作品得到广泛的传播。新媒体时代下，舞蹈作品的版权保护离不开多元化、高新化的高科技保护技术，以保证舞蹈作品著作权得到充分保护。数字技术(舞蹈作品数字化固定技术、舞蹈作品数字版权保护技术)对舞蹈作品数字化的应用显得十分重要。

(一)舞蹈作品版权保护技术的现状与趋势

数字网络技术对传统版权保护带来了巨大的冲击，而数字版权保护技术的问世成为数字时代版权保护强有力的后盾，同时，舞蹈作品版权作为版权体系中的一个分支，数字版权保护技术对舞蹈作品版权保护至关重要。为了充分了解版权保护技术的应用现状和发展趋势以及舞蹈版权保护技术的相关情况，笔者以"数字版权保护技术"为关键词，对近25年内版权保护技术进行专利检索和分析，形成以下结论。

1. 数字版权保护大类技术基本完善

数字版权保护技术是以一定的技术方法，实现对数字内容的保护。美国麻省理工学院在2001年将其评选为"将影响世界的十大新兴技术"之一。经过20余年的长足发展，数字版权保护技术已构建起涵盖数字媒体加密、非法内容注册拦截、用户环境监测、用户行为监控、认证机制、付费机制和存储管理机制等多种技术的庞大体系。

---

① 张颖，毛昊. 中国版权产业数字化转型：机遇、挑战与对策[J]. 中国软科学，2022
(1)：20-30.

近年来各技术主体的专利申请数据显示，数字版权保护技术已基本完善，进入成熟期。主要体现在：自2000年开始，5年内我国专利申请量连续快速增长，呈现井喷形式，但8年后，许多细分领域技术，其专利申请量表现出连年持续下降趋势，下降速度不快但平缓。这说明，多数细分领域技术的创新发展到达瓶颈状态，除非有重大革命性因素的出现，否则很难有明显的突破。

但细分领域技术的创新量下降不代表数字版权保护技术的发展陷入僵局。随着应用技术产业的蓬勃发展，产业应用的环境也在发生悄然变化。首先，数据加密技术被广泛运用，如指纹识别技术、数据传输技术、存储加密技术、专业密码系统技术大面积地被各产业运用；其次，其他相关保护技术在版权保护领域的应用也得到了横向拓展，如将区块链技术有效运用到舞蹈作品版权保护各环节，将有效维护舞蹈作品版权权利人的利益，进一步激发创作者的创作热情，为舞蹈作品传播创造一个健康有序的市场环境。① 最后，随着未来科技的发展，能够充分迎合未来新兴科技的未知技术也会随着时间的推移而陆续被挖掘出来。

技术发展进入瓶颈期，代表着数字版权保护技术已经趋于完善，步入成熟。中国进入新时代，科技发展日新月异，在历史的车轮下，数字版权保护技术的成熟化只是相对的。在历史的惯性下，数字版权保护技术的持续发展突破也是必然的。

2. 数字版权保护技术适用于舞蹈作品版权保护的环境趋于多元化

随着数字版权技术的不断发展，数字版权保护技术适用对象的需求和适用的要求变得愈来愈复杂多变。针对舞蹈作品版权而言，传统的技术保护手段已经无法满足适用对象的综合化、复杂化、系统化需求。随着时代的不断发展，舞蹈版权作品早已不再局限于传统剧本、录像、文档之中，多样化的版权承载模式造就了舞蹈作品版权保护技术多元化的需求，单一的数字版权保护技术渐渐难以满足舞蹈作品版权全面保护的需求。因此，多元化数字版权保护技术相融合，可能形成全新的单项版权保护技术，也可能被集成到一系列系统中，多元化地为舞蹈作品版权提供专业性、针对性的数字版权保护技术，使当今舞蹈作品数字版权保护

---

① 胡神松，杨一帆. 区块链技术背景下舞蹈作品版权保护研究 [J]. 设计艺术研究，2020，10（4）：17-20.

技术多元化趋势逐渐形成常态。

根据相关领域专利集中度，我们发现，随着市场的发展，专利发明的需求亦呈现多元化，对此，数字版权保护技术若与相关技术进行匹配，不免要走上多元化道路。在此背景下，多元化技术将会成为版权保护技术的导向和动力，在技术更新变革的大环境下产生叠加效应和集合效应，从而为数字版权保护技术向多元化、综合化、系统化的方向创新提供巨大的动力。

其中，舞蹈作品版权侵权具有隐匿性、随时性、取证难、侵权判定标准模糊、侵权者身份认定困难等特点，均表明舞蹈作品版权保护难度之大。伴随着现代网络技术的不断发展，版权保护难度增大这一趋势仍在持续加剧。因此，舞蹈版权保护技术需要与时俱进，多元化数字版权保护技术显得尤为重要，多种数字保护技术相互交融，可在最大程度上对舞蹈作品版权的"易感区"进行严防死守，对舞蹈作品版权提供完整而又有效的保护。

3. 数字水印防伪技术是舞蹈作品版权保护的热点技术

数字水印是信息加密理论的一个分支，指通过各种信息处理方法在全数字化的多媒体网络数据中隐藏隐蔽的数字信息，通常而言，这种数字信息不可见，只有通过特定的读取器或读取方式才可以提取准确信息。这种做法可以有效破除数字版权内容过期后无法进行自动准确解密的关键难题，同时并不影响相关权利合理使用。

通过对相关专利的分析和检索可知，在本次预设的所有分项技术检索主体中，数字水印防伪标识技术、图像水印防伪标识技术、自适应多媒体数字水印关键标识技术、专业密码支持终端技术的专利申请总量超过 11000 条，其中 3 项技术属于数字水印技术大类，可见，数字水印防伪技术系当下专利布局的技术热点。

实践中，随着网络数字技术的不断发展，大量版权作品纷纷选择传播便利且高效的数字技术作为版权载体，舞蹈作品亦是如此。舞蹈作品往往通过杂志、报刊、电视台、网络、出版社等方式进行传播。其中，以数字技术作为载体的版权传播方式占总体的一半以上，逐渐成为舞蹈作品的主要传播方式。但在传播便利的同时，网络数字技术同样存在着易仿制、难追究、易扩散等缺陷。对此，数字水印防伪技术具有技术独占性强、透明性高、保密性高、溯源性强、分级分权管理的技术特征，对解决数字舞蹈作品传播隐患具有重要意义。

尽管数字版权保护技术趋于完善，数字水印技术仍保持较高的创新热度，其专利申请量连续多年保持较高水平。专利申请量居高不下的背后，是市场的自我调整和技术商们长期以来有意在此方向进行专利集中布局。这说明舞蹈作品版权数字水印技术在今后的一定时期内仍可保持高度的活跃性和长久的青春活力。

4. 舞蹈作品移动业务支撑技术处于发展期

数字版权保护技术的发展和应用离不开互联网产业的高速成长和普及。当今，更为方便的移动互联网作为互联网的衍生高级产物，同时具备互联网全面、高速的优势和移动通信随时随地、高效快捷的优势，对数字版权保护技术而言，其推动力不言而喻。如上文所述，2008 年之后，大部分细类技术专利申请量开始持续下滑系数字版权保护技术趋于完善成熟的表现。但在整体下滑的大背景下，部分细类技术的专利申请量却呈现逆势增长。众所周知，2010 年被称为"移动互联网元年"，自此概念出现后，移动互联网的各种应用如雨后春笋一样冒出，移动业务支撑技术无疑是移动互联网技术发展的中流砥柱。

根据移动业务支撑技术专利数据显示，自 2010 年开始，该类技术在接下来的 3 年呈现井喷式飙升，并达到历史最高点。相较于其他趋于饱和的版权保护技术而言，移动业务支撑技术的增长表现十分明显。

具体到舞蹈产业领域，舞蹈作品移动业务支撑技术是保护互联网移动端舞蹈作品版权的主要技术模式，同样，技术的适用应当与相应的产业需求有相同的步伐。对此，根据国家版权局颁布的《2020 年中国网络版权产业发展报告》显示，我国网络版权产业坚持科技创新，激活文化消费，赋能复工复产，助力脱贫攻坚，推动整个市场规模达到了 11847.3 亿元，同比增长 23.6%。在营收方面，网络版权产业用户付费收入 5659.2 亿元，占比 47.8%；版权运营收入 109.1 亿元，占比 0.9%；广告及其他收入达 6079.0 亿元，占比 51.3%。其中，舞蹈作品版权作为移动互联网环境下版权产业的重要支撑之一，自然占有相当部分的比例。

由上可见，随着移动互联网技术的长足发展，舞蹈作品市场规模不断提升，逐渐形成完整的市场运营模式，在产业发展的同时，保护技术同样重要。对此，舞蹈作品移动业务支撑技术展现出极强的发展潜力，虽然尚处发育期，但该数字保护技术具有光明前景。

5. 舞蹈版权作品区块链技术处于初生期

区块链是一种按照时间顺序将数据区块以顺序相连的方式组合成的一种链式数据结构，一种以密码学方式保证不可篡改和不可伪造的分布式账本，这项技术在发展演进中有去中心化、时间戳和智能合约等典型特征。

目前，区块链技术能够准确、及时、完整地记录数字版权产生、使用、交易、许可及转让等一系列过程，解决数字版权确权、交易问题，也为侵权行为的追踪提供支撑。因此，区块链技术的出现，为当前数字版权管理提供了新的选择：构建了分布式账本区块链技术登记确权共信机制、智能合约区块链技术的数字版权交易履行机制、时间戳区块链技术版权电子证据存证溯源机制、智能合约区块链技术数字版权监管等多种机制。① 为版权保护管理作出显著贡献。同时，区块链的去中心化可以确保每个节点需要运用加密算法记录区块的信息并向其他节点公布对账，这种方法一般采用哈希值的方法识别数据块的"身份"。目前，区块链技术的应用发展可分为三个阶段：第一阶段的应用为以比特币为代表的数字货币，第二阶段是目前逐渐展开应用的金融领域，第三阶段将会是更加广泛的社会应用，其价值会被充分发掘和利用。②

舞蹈作品作为作品类型之一，区块链技术同样适用于舞蹈作品版权保护。区块链技术相比仅依赖事后救济的传统版权保护方式，有着创新意义上的保护价值。上文亦有描述，由于舞蹈作品以动作组合为特征，对其保护具有诸多难度和挑战。但区块链技术的发展为舞蹈作品版权特别是数字舞蹈作品版权的保护提供了全新思路。区块链技术的本质是创建一个彼此相对独立且可进行数据交换和交流的信息共享链条。由于目前区块链技术仍然处于起步发展阶段，技术本身还存在有待继续完善的地方，因此舞蹈作品版权区块链保护技术虽有磅礴前景，但仍处于初生期，具有进一步完善和发展的空间。

---

① 赵双阁，李亚洁. 区块链技术下数字版权保护管理模式创新研究[J]. 西南政法大学学报，2022，24(1)：75-85.
② 吴彦冰，席梦娜. 基于区块链技术的数字版权管理应用研究[J]. 河北省科学院学报，2021，38(5)：20-24.

（二）舞蹈作品版权保护的具体技术措施

1. 舞蹈作品数字化固定技术

解释舞蹈作品数字化固定技术要从"数字化"和"固定"入手。首先，数字化原本是计算机方面的概念，简言之，即将复杂多变的信息转变为可以度量的数字、数据，建立起适当的数字化模型，把它们转变为一系列以 0、1 为基础的二进制代码，引入计算机内部，进行统一处理。① 其次，商务印书馆第十二版新华字典中的固定是指将动态的事物处在特定的位置，不能移动。此处固定之意是将无形或转瞬即逝的艺术作品通过某种媒介或方式予以记载、记录。综上，舞蹈作品数字化固定技术是将转瞬即逝的舞蹈艺术作品通过计算机转变成可以度量的二进制数据，进而统一录入计算机载体中，形成可长时间保存的记录载体。

2. 新媒体时代舞蹈作品数字化固定技术对版权保护的重要性

在新媒体时代，舞蹈作品数字化固定技术作为保存舞蹈作品的一种重要手段，不仅对舞蹈作品的弘扬和传承起到了重要作用，对舞蹈作品的版权保护亦具有重大意义。这些意义主要体现在客体确定性、保护系统性。

（1）客体确定性。舞蹈类非物质文化遗产具有无形性的特征，传统舞蹈在不同民俗文化空间的表现形式、礼仪习俗，以及重要事件的历史记载等很难通过物质载体存绪。② 因此，对于无形性舞蹈作品的版权保护面临着保护客体不确定的难题。数字化固定技术的出现可将无形性舞蹈作品进行记录固定，让舞蹈作品呈现出客体确定性，大幅增强舞蹈作品版权保护的强度和稳定性。

（2）保护系统性。舞蹈类艺术作品的广泛性，导致艺术作品的创作源分散在各个领域各个层次，特别是民间舞蹈作品。这一原因让舞蹈作品的版权保护过于分散，保护效能和效率均不容乐观。舞蹈作品数字化固定技术的运用，使舞蹈作品能够被系统性地记录和收集，有助于提高舞蹈作品版权保护的效率。

---

① 易玲 . 文化遗产数字化成果私权保护：价值、成效及制度调适［J］. 政法论丛，2022（1）：30-41.

② 陈留维 . 传统舞蹈数字化保护研究［D］. 北京：中国艺术研究院，2019.

3. 舞蹈作品版权区块链保护技术

区块链技术最早因比特币为人所知，是比特币最基本的技术之一。简单来说，区块链就是一条"链"，这条链由不同的"区块"连接而成，这些区块之间可以实现信息共享，不依赖于任何第三方中介，并能够自动完成数据交换和信息交流。① 具体而言，区块链是存在于虚拟数字网络世界中的由一个个存储区块相互链接形成的整体链条，且在每个独立区块中，均存储着某个特定时间段中所有交互信息数据，由于每个区块上的数据都有具体时刻概率，使得区块链在整体上具有去中心化和不可随意篡改的特点。

区块链技术本身具有的关键特征使得其对版权作品的保护具有高度契合性。

第一，去中心化。去中心化是区块链技术的核心特征之一，区块链技术在接收到相关数据特征之后，将所有数据信息通过特殊渠道分发到各个区块的节点之上，并在所有的节点上分别进行信息处理，以保证每一个区块都对数据进行记录、运算和处理的工作，信息的更新和维护再也不受某个中心控制系统把控，即整个区块链中所有的区块对区块链所产生的所有数据负责，所有参与者都可以获得实时信息，实现实时信息的现实共享。这种"大众账本"式数据记录方式，能够构建出一套透明、公开、公平，避免信任危机的数据终端系统。对于舞蹈作品的版权保护而言，去中心化的区块链数据终端系统可以搭建一个集存储、创作、推广、消费、使用、版权、溯源、资源管理于一体的自由化、透明化、去中心化的舞蹈产业平台。在此产业平台的基础之上，所有舞蹈作品版权的使用、转让、存续过程中的状况均被平台所有参与人共同见证，所有版权变动事件均公开、透明，大大降低版权保护中的信任风险，并大幅减少版权方面的相关纠纷，增强舞蹈版权作品的安全性。另外，通过精确的算法直接在点与点之间建立信任链接，使得网络信息的流转无需通过第三方平台进行，而是直接在权利人与使用人之间进行价值交换，这就节省了中介成本，提高了流转效率。

第二，时间戳化。时间戳化是指区块链在对数据进行分区块处理的过程中，对所涉及的数据进行时间刻印形成时间戳，将每一个时间戳进行连接，形成一个

---

① 胡神松，杨一帆. 区块链技术背景下舞蹈作品版权保护研究［J］. 设计艺术研究，2020，10（4）：17-20.

完成的时间链条，即区块链的时间证明链条。该链条相当于区块链整体时间记载，这使得所有在区块链中被处理的数据无法被轻易地篡改，因为一旦作出数据篡改的具体举措，在区块链中同样会对相应举措盖上全新的时间戳，形成全新的时间证明，因此，该篡改举动无法对原书的数据块进行改动，同时其行为措施却被另外记载。对此，在舞蹈作品版权保护中，基于区块链时间戳化的特性，一旦发生版权纠纷，如侵权行为，区块链技术下的舞蹈版权产业平台将对版权作品进行篡改、复制等侵权行为进行数据记载，根据平台的数据时间戳，侵权行为的行为人、时间点和侵权内容将会被平台永久保存，并且在将来的任何时间可以对侵权行为进行回溯。区块链独特的分布式和去中心化管理模式以及难以被轻易篡改的优势，使得数据的真实性和可靠性具有保障，单个节点的改变将无法造成整个链条的变化，因而区块链技术对网络版权的登记、交易过程及每一次节点等提供了坚实的可靠记录和保证。在区块链技术下，回溯、溯源技术不仅仅提高侵权取证的整体效率，亦能保证权利人的举证具有相当程度的便利性，同时还能为所有权利人提供真实可靠且完整的证据链条，是防止网络版权侵权的有力后盾。

4. 舞蹈作品版权的 DRM 技术

数字版权保护（DRM）技术是一种融加密、签名、摘要、PKI 公钥体制、DOI、XML、元数据、电子支付为一体的技术。而针对舞蹈作品版权的 DRM 关键技术，主要分为以下几个方面（见图 2）：

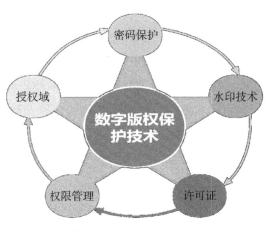

图 2　数字版权保护技术

（1）密码保护。该保护技术的本质为利用特定数据对舞蹈作品版权进行加密，经过加密的文件必须拥有相对应的数据密钥作为解除工具，否则就算侵权者成功获得该舞蹈作品，其亦不能对作品进行解密利用，从而保护舞蹈作品版权免受侵权。

（2）水印技术。水印技术是一种隐秘且被动的版权保护技术手段。其通过在舞蹈作品中写入表明作品特征信息、作者身份信息、版权使用信息等关键数据的方式，确定舞蹈作品版权的归属，在未经相关权利人同意的前提下，任何侵权行为都将有源可溯，为侵权举证提供重要证据。

（3）许可证。该技术通过使用数字许可证来保护舞蹈作品数字内容的版权，从许可源头上保护舞蹈作品版权，将大部分侵权行为扼杀在萌芽之中。

（4）权限管理。该技术保护手段包括两部分：一是权限分配，二是权限验证。通过为舞蹈作品版权分配管理权限来管理相关作品的许可、转让等权利行使，同时通过权限验证来确保舞蹈作品版权的使用系相关权利人的自身行为，排除大部分侵权者的恶意侵权行为。

（5）授权域。该技术旨在提高许可证和权限管理的便利性，为许可证和权限管理保护技术进一步增强安全性。

五、舞蹈作品版权司法实践现状

随着舞蹈艺术的快速发展，舞蹈作品在艺术产业中逐渐占据举足轻重的地位。中国作为文化大国，大量优秀的舞蹈作品不断呈现，在舞蹈产业快速发展的同时，围绕舞蹈作品产生的各类侵权纠纷呈上升趋势。虽然音乐、艺术、文学等领域的版权纠纷问题也较为突出，但其审判依据和审判规则相对成熟和完善。然而，舞蹈作为结合音乐、诗歌、戏剧、绘画、杂技等多种艺术技巧而形成的独立且复杂的艺术形式，在司法实践中，舞蹈作品版权纠纷，相比其他艺术领域而言，面临诸多问题和困境，亟待解决。

（一）舞蹈作品独创性认定

对于舞蹈作品的研究，有学者尝试依据舞蹈作品的类型结构来建立侵权认定模型，有学者通过舞蹈作品本身性质来分析如何认定侵权范围，亦有学者从司法实践角度对舞蹈作品的版权保护进行分析。但无论从何种角度出发，受著作权保护的舞蹈作品必须具备独创性。

在理论研究界，独创性是指用自己的方式表达自己的想法和感受，并通过智力创造出有别于其他作品的独特内容的能力。依此界定，一般认为独创性包括两个内容，第一是创作人独立的"创造性"，作者通过独特的智力活动创造出带有鲜明个性的智力创造成果；第二是作品自身的"独立性"，即该智力成果内容是有别于其他作品的，不存在抄袭和剽窃行为，是作者从无到有的独立创作或者是在其他作品基础上进行的独立二次创作。由此可知，舞蹈作品独创性认定理论上是有章可循的。

而舞蹈作品本身属于复合型智力产物，其独创性认定既包括舞蹈的艺术层面，也包括知识产权的法学层面。艺术领域和法学领域对舞蹈作品的定义也不尽相同，舞蹈作品独创性认定，在理论界与司法实践中也存在较大差异。

在茅某芳诉张某钢、中国残疾人艺术团一案中，案件的焦点在于《千手观音》和《吉祥天女》是否构成实质性相似，而判定是否构成实质性相似的前提是明确《千手观音》舞蹈作品是否具有独创性。对此，法院认为在茅某芳诉张某钢的《千手观音》案中，两部舞蹈作品的舞蹈背景音乐、舞美、灯光、演员服装等均不相同，这些要素与各自舞蹈作品中的动作相结合所表达的主题形象和思想感情也不同，由此能够体现出各自舞蹈作品的独创性。[1]《千手观音》使用具有敦煌特色的古典音乐伴奏，表演者身着金黄色服饰模仿佛教千手观音的形象，演绎出一场独具特色、思想全新的佛教观音舞蹈，与《吉祥天女》所表达出的舞蹈主题和思想感情截然不同，故而法院作出如上判定。由此可见，针对本案，法院对舞蹈作品独创性认定的目光聚焦于是否凭借舞姿、舞韵、音乐、服装等组成舞蹈的各方面要素而表达出不同的舞蹈主题和具体情感，这一观点属于典型的大陆法系对于舞蹈作品独创性认定的"精神适用"标准。同时，本案也指出对于仅存在单纯"动作组合"和"运动轨迹"的舞蹈动作或者动作集合不予以独创性的认定，此观点在中国体育报业总社与北京图书大厦著作权纠纷案中亦有佐证。[2]

---

[1]　杨华权. 论舞蹈作品独创性的法律认定[J]. 北京舞蹈学院学报，2019(4)：23-28.

[2]　(2012)西民初字第 14070 号。

在杨某萍公司诉云海肴餐厅一案中，云海肴餐厅将杨某萍公司所表演的系列舞蹈作品《月光》中具有显著特征的静态动作以复制的方式制成屏风、壁画和隔断，并将其用作餐厅的特色装饰放置于显眼的位置，杨某萍公司认为云海肴餐厅的做法侵犯了其所享有的著作权，遂将云海肴餐厅诉至北京市海淀区人民法院。该案的争议焦点是确定静态舞蹈动作是否具有著作权，厘清争议焦点的关键是明确静态的舞蹈动作是否具有独创性。法院认为，《月光》舞蹈作品通过灯光、音乐、人物造型和舞蹈姿态等要素体现了月光的圣洁和月下女子的美丽，具有较高的独创性并体现了独有的艺术思想感情，属于著作权规定的舞蹈作品。涉案餐厅由被告心正意诚公司、心正意诚海淀分公司经营。被诉的装饰图案展现的每个舞蹈动作均在《月光》舞蹈中有相同舞蹈动作可对应，而上述《月光》舞蹈中结合了人物造型、月光背景、灯光明暗对比等元素的特定舞蹈动作，并非进入公有领域的舞蹈表达，是《月光》舞蹈作品具有独创性表达的组成部分，故被告人行为构成侵权。该案中，法院的观点与本章节前面所阐述的观点相同，即具有显著艺术辨认性的静态舞蹈动作应当具有版权性，而拥有版权性的前提则是具有独创性，也可以从侧面佐证该案所涉法院在认定单纯"动作组合"或者"运动轨迹"方面给予了积极的态度。

从以上两案中不难发现，就静态舞蹈动作独创性认定而言，不同的法官在实践中给出了截然相反的答案，虽然二者存在一定的交集，如是否细化为构筑性舞蹈动作和显著艺术辨认性舞蹈动作进行区分等。但也同样说明，在舞蹈作品独创性认定方面，仍需要从法律层面、审判依据和审判规则上进一步加以完善。

(二)舞蹈作品实质性相似认定

舞蹈作品实质性相似认定的话题，一直都是舞蹈作品领域研究的热门和重点话题，特别是在舞蹈作品知识产权保护方面，实质性相似的认定是确定侵权的关键之一。实质性相似是通过对比被诉侵权作品和著作权人作品之间的相似之处及相似程度，判定是否构成作品之间的抄袭，如果相似程度过高则构成实质性相似，就意味着被诉侵权作品非侵权人之原创，不具备"最低限度的创造性"则不能称之为著作权法意义上的作品。① 我国虽未明确规定实质性相似理论，但在司法实践中通常会将实质性相似运用到具体案件中来判定当事人的行为是否侵权。中国艺术研究院的张萍博士在其博士毕业论文中提到，实质性相似基于思想/表达二分法的大原则之下进行运作，其基本含义是指著作权不保护思想，只保护思想的表达。即只有通过表达产生具体形式的成果才受到著作权法的保护。在此原则下，司法实践中实质性相似的具体认定方法一般以整体法和三分法为主，这两种方法虽然可以在一定程度上帮助法官对舞蹈作品是否实质性相似进行有效判定，但仍然存在一定的问题和不足，以下将会通过两件判例对两种方式进行具体分析。

1. 整体认定法

整体认定法，亦称整体观感法或者普通观察者测试法，是以普通观众的视角，通过直觉来判定原、被告作品在整体上能否达到实质性相似的标准。以杨某、李某雯诉淮阴师范学院、吕某著作权纠纷案②为例，该案中二被告将原告共同创作的音乐舞蹈作品《碇步桥水清悠悠》更改成名为《桥中幽，雨中绵》的舞台舞蹈作品，并且擅自使用了原告作品的音乐和舞蹈动作编排，却完全未提及原告作品的作者杨某和李某雯。原告认为二被告的行为严重侵犯了其著作权，向江苏省淮安市中级人民法院提起诉讼。对此，法院认为，第一，思想感情方面，《碇步桥水清悠悠》通过江南少女认真跨过小巧的碇步桥，展现江南特色文化，表达温润婉约的情感；侵权作品同样是通过江南少女认真跨过小巧的碇步桥，表达与原作品《碇步桥水清悠悠》完全相同的思想感情，同时侵权作品《桥中幽，雨中绵》与原作的表达的主题也完全相似。第二，舞蹈作品的构成要素方面，被告作品在舞蹈编排、服装特色、演员选用、音乐使用等方面与原告所属作品具有高度相似性，从微观基础动作至宏观整体独创性艺术表达均构成实质性相似，因此判定被告构成侵权。由此可见，在该案中，法院通过对比侵权作品与原告作品在思想感情、舞蹈作品构成要素层面上的相似度，来判断是否构成实质性相似。

---

① 王智慧. 舞蹈作品著作权保护研究[D]. 济南：山东大学，2018.

② (2019)苏 08 民初 145 号。

　　这种方法以普通理性人的视角从整体上对舞蹈作品带给观众的直观感受中判断二者相似程度，关注舞蹈的整体性，认定过程较为简便，结果也能够直观地展现在受众面前。但该方法的问题也十分突出，整体认定法主要关注作品所呈现的整体感观，不对舞蹈作品元素进行具体解构、逐一分析，有时其是否构成实质性相似的判断要素依据甚至不属于著作权法的保护范围，对两件舞蹈作品的对比不需要过多的舞蹈专业技巧和知识，得出的结论带有一定主观性。对于具有艺术专业性的舞蹈作品实质性相似的案件，整体认定法难以产生预期效果，容易产生失之偏颇的判决，缺乏严谨性，导致舞蹈作品司法判定结果的权威性大幅度降低，无法使舞蹈领域从业人士信服。

　　2. 三分认定法

　　三分认定法主要是指遵循"抽象—过滤—比较"的三步法顺序，亦称抽象分离法。首先将思想与表达进行切分，排除作品中思想的内容及公有领域内容，再比较原、被告作品中属于著作权保护的内容，进而判定能否达到实质性相似的标准。① 以四川幼体联教育科技有限公司与新乡市万家教育科学服务有限公司著作权纠纷案为例。该案中，原告四川幼体联教育科技有限公司（以下称幼体联公司）称自己系舞蹈作品《爽歪歪》的著作权人，被告新乡市万家教育科学服务有限公司（以下称万家教育公司）在未经自己允许的情况下对舞蹈作品《爽歪歪》进行擅自改编，并以《幼儿舞蹈爽歪歪——新乡万家体智能》为名称将舞蹈上传至网络媒体平台，播放次数超过千次，对其公司所拥有的合法权利造成严重侵害，要求被告承担相应法律责任。被告万家教育公司辩称原告并不享有相应著作权，自身行为遂不构成侵权行为。

　　案件聚焦到以下两点：第一，原告对舞蹈作品《爽歪歪》是否具有相应的著作权；第二，被告舞蹈作品是否与原告作品构成实质性相似。对此，法院首先通过原告提供的有效的著作权登记证书，确定了舞蹈作品《爽歪歪》著作权的性质，并明确了著作权归属于原告。同时，法院将两件舞蹈作品进行细致的对比，认为，《爽歪歪》与《幼儿舞蹈爽歪歪——新乡万家体智能》的背景音乐均为歌手大

---

　　① 卢海君. 论作品实质性相似和版权侵权判定的路径选择——约减主义与整体概念和感觉原则[J]. 政法论丛，2015(1)：138-145.

张伟演唱的歌曲《爽歪歪》。背景歌曲以歌词"我们爽歪歪呀"为第一句，分为五个小节，两位表演者均是以该五个小节为单位进行重复动作表演。在舞蹈准备阶段，《爽歪歪》舞蹈中表演动作为双手握拳放在腰间，原地扭动屁股；《幼儿舞蹈爽歪歪——新乡万家体智能》舞蹈中表演动作为双手上下交叉摆动后弯腰原地跑步。演唱开始后，表演动作有双手伸直五指张开在头上交叉，再在腿前交叉，同时两腿分别向左右迈开合拢；半蹲，上身弯曲，双手放于脸两旁，再双手交叉五指伸直放于胸前、放在肚子上，最后放在膝盖上；身体向一边倾，一只胳膊伸直，另一只胳膊在胸前做波浪动作；双腿分开，上半身倾斜，五指伸直，双手放在头两侧，同时双腿并拢；双手在腰间做波浪动作，向一边迈步；双手握拳在胸前转动，伸直打开。以上动作基本相同。①

　　由此可见，法院采用三分认定法，通过"抽象—过滤—比较"三步骤对案件所涉的两件舞蹈作品进行了细致严格的对比，首先将舞蹈中所涉及的公有领域内容进行剔除，只关注独具特色的舞蹈动作，再对舞蹈作品的具体元素进行仔细对比，如案件中将扭动屁股、手上举、下伸、交叉等连贯动作进行对比，附加舞蹈作品所使用的特色音乐，综合认定舞蹈作品之间是否构成实质性相似。

　　我国司法实践中判定舞蹈作品是否构成实质性相似大多使用的是三分认定法。该方法比整体认定法更加严谨细致，将作品非独创部分和非著作权法保护的部分进行剔除，结果更具权威性和说服力，弥补整体认定法所存在的不足，提高诉讼判定的准确性。但该方法在适用的过程中也存在一定的问题：第一，思想和表达的模糊性。每件舞蹈作品都具有一定的表达思想，而思想和表达的认定带有较为强烈的主观色彩，两人在同样的舞蹈作品面前可能会领悟出截然不同的表达思想。在本案中，法院对两件舞蹈作品的舞蹈元素进行了充分解构、对比，却没有具体明确两件作品是否表达了相同的思想感情，对思想感情的表达没有进行严格的区分。这将导致三分认定法在司法实践中过多关注舞蹈组成元素的对比，而对舞蹈所表达的思想感情认定不足，产生元素相同既作品相似的结果，在一定程度上会影响舞蹈作品的司法实践裁判。第二，解构程度的模糊性。三分认定法三部分的"比较"中，是将解构后的舞蹈元素进行逐一比较，从而判断舞蹈作品是

---

① （2018）豫民终 1168 号。

否构成实质性相似，但对舞蹈作品应该解构到什么程度、哪些舞蹈元素应当进行解构并没有明确规定。若采用极端态度去适用三分认定法，将可以把舞蹈作品元素进行无限解构，将各个舞蹈元素解构至十分微小的程度再进行对比，任何一部作品都将有所不同，从而导致没有舞蹈作品能够被著作权法进行保护，产生荒诞的裁判结果。虽然在我国司法实践中暂未出现如此极端的现象，但解构程度的模糊性会在很大程度上影响舞蹈作品实质性相似的认定，从而影响司法裁判结果。

3. 审判标准不统一

从以上的问题中能进一步发现，我国舞蹈作品司法实践现状存在审判标准不统一的现实问题。由于整体认定法和三分认定法的认定标准以及认定步骤不尽相同，同一件舞蹈案件的裁判结果可能大不相同。就上文的杨某、李某雯诉淮阴师范学院、吕某著作权纠纷案而言，淮安市中级人民法院从舞蹈作品对普通理性人呈现的整体观感入手，通过法官对两件作品的思想感情和舞蹈元素进行整体对比，得出被告作品构成实质性相似的结论。若根据河南省高级人民法院审判标准，法官利用三分认定法对案件进行解构分析，第一步则是将舞蹈作品的思想和表达进行切分，该步骤和整体认定法完全不同。两者对思想感情和作品表达的重视程度大相径庭，代表着双方对舞蹈作品认定的标准亦不相同。在此背景下，司法实践中具体按照何种审判标准对实质性相似进行认定将是留给法律界的一个棘手的问题。

六、舞蹈作品版权运营商业模式

舞蹈版权运营，系从知识产权源头入手的舞蹈作品版权确权、版权登记，以及版权产品化、体系化，到后期开发、版权分发以及衍生制作等一系列环节，以舞蹈版权的整体资产化为枢纽，一般将价值开发和增值作为主要目的，在实体经营和实践中稳步形成一个相互依靠、相互支持、彼此渗透、相互协作的舞蹈版权运营链条。版权是知识产权的重要组成部分，版权运营属于知识产权运营内容之一，一般认为知识产权运营是以实现知识产权经济价值为直接目的、促成知识产权流通和利用的商业活动行为。① 舞蹈版权是舞蹈作品在著作权领域智力成果所

---

① 曾莉，师一顺. 我国版权运营研究述评及启示[J]. 科技与出版，2018(12)：202-206.

属权的权利总称，内容呈现多元化，如文字作品、声乐作品、舞蹈作品、数字出版作品等。每个版权主体均能从自身版权权利中获得相应的权益或利益。为了充分发挥舞蹈版权权利的效益，尤其是对于以舞蹈作品版权为主要盈利手段的经营主体，舞蹈版权运营（包括商业运营）是极其重要的一环。

我国目前现有的舞蹈版权商业运营盈利模式，一般可划分为内容盈利模式、广告收益模式、服务盈利模式、综合盈利模式。① 第一，内容盈利模式，主要是通过对舞蹈版权内容进行直接经营从而产生效益，如提供舞蹈作品在线观看与下载服务、舞蹈音乐收听服务等。这种运营模式要求舞蹈版权内容质量本身过硬，能够吸引一定量的流量从而产生衍生收益。第二，广告收益模式。该类运营模式主要收益来自外在广告收入，一般是通过免费投放舞蹈版权内容供大众使用，在获得一定流量的基础上，在版权内容中投放广告，并通过广告收益获利，如舞蹈作品视频中投放的一定时长的广告，免费舞蹈作品网站中投放有一定程度的广告等。该类运营模式不要求舞蹈版权内容本身质量过硬，但需要运营商平台本身具有一定量的流量，一般是与内容盈利模式共同使用。第三，服务盈利模式。该类运营模式主要通过某种增值服务获取利润，赚取其中费用。实践中如某些舞蹈作品或舞蹈衍生类作品需要付费解锁特定服装或者音乐从而欣赏到全新组合的舞蹈作品就是此类盈利模式。第四，综合盈利模式，主要是指舞蹈产品经营企业为降低经营风险，同时展开多项经营活动，通过将增值服务与内容同步推出的方式，实现规避风险和增加收益的目标。②

我国目前现有的舞蹈版权商业运营模式包括全链条版权运营模式和微版权运营模式，具体表现如下：

1. 全链条版权运营模式

全链条版权运营模式亦称全版权运营模式，其学术化界定是在版权核心产业及其他版权依托产业之间，对作品的版权施加管理并使其版权价值实现增值行为。③

---

①　廖建明. 数字出版商业运营模式的现状及优化思路[J]. 新闻研究导刊, 2021, 12 (10)：192-193.

②　苏胜, 顾森. 我国5G战略背景下数字出版业发展策略探析[J]. 人民论坛·学术前沿, 2020(9)：120-123.

③　崔波. 版权跨界运营模式应用评析[J]. 经济论坛, 2012(4)：156-158.

可见，全链条版权运营是以版权作品内容为核心，以版权作品内容为唯一价值源泉，在此基础上实现版权作品价值的全方位挖掘，突破产业界限，使版权作品实现产业增值。如《西游记》作为四大名著之一，其版权作品价值含金量较高，其版权运营即是采用全链条版权运营模式。从最早的 1986 年版《西游记》电视连续剧为开端，陆续出现大量版权作品的衍生产品。如周星驰导演的《大话西游》系列电影被影迷奉为经典，2014 年重映日票房突破千万，使《西游记》从文字作品转化为影视作品，产生了额外的版权价值。

舞蹈作品版权同样适用该版权运营模式。著名"吃鸡"类游戏《堡垒之夜》在欧美地区经久不衰，除了游戏本身的可玩性外，该游戏收录了大量经过授权的有趣且著名的舞蹈动作以及舞蹈作品，并通过游戏人物进行生动有趣的展示，玩家想要获得该类趣味动作只需要提供少量游戏代币即可获得。该类电子游戏的做法是将舞蹈作品本身价值进行充分的全链条开发运营，使舞蹈作品产生"跨界反应"，在其他领域同样可以产生大量版权价值。

2. 微版权运营模式

微版权运营模式是相对于全链条版权运营模式而产生的，该模式逐渐被当代消费观念所接受。

微版权是根植于互联网环境，以知识元为最小单元进行信息组织的数字化版权。[①] 微版权运营以版权作品碎片化内容为核心要点进行版权商业运营，主要模式有以下两种。

其一为激励模式。该类型运营模式最早运用在文学作品平台之中，具体来说，即是截取版权作品的一部分或者将未完成的版权作品提前上架，由读者或观众以赏金激励的形式提供文学作品继续创作的经费，抑或是一种告知平台其作品具有潜在价值的方式。在激励运营模式下，版权作品的完整度并非关键。对受众而言，仅凭碎片时间即可大致领略作品的魅力与精髓，并以远低于购买完整作品的金额即可继续得到其所想要看的作品；对作者而言，基于这种创作模式的创作风险将极大降低，且创作导向十分明确。作者可以根据当前作品的满意度进行创

---

① 张新雯，陈丹. 微版权概念生成的语境分析及其商业模式探究[J]. 出版发行研究，2016(3)：30-32.

作取舍以及创作方向的确定，防止低效率创作。同时，作者创作收益更加稳定。平台根据版权作品收到的实时打赏激励，可以及时给予作者收益反馈或对预签约作者进行实际签约从而确定稿费收益。在激励模式下，无论是对作者还是受众，抑或是平台，均有其可取之处。

该类版权运营模式亦可用于舞蹈作品的版权运营，如孔雀舞系列作品是将大大小小不同的舞蹈作品进行收录整合，形成一个完整且多样的舞蹈作品集。对于此类舞蹈作品集，可以将初期舞蹈作品提前进行公映或拍摄上传，由欣赏舞蹈的观众购买门票或是给予赏金以激励版权作者继续进行系列舞蹈作品的创作。此种运营模式完全符合微版权运营中的激励运营模式，对舞蹈作品的发展和传承有着显著的积极意义。

其二为数据匹配模式。所谓数据匹配模式，是指通过对用户所使用的场景进行分析，从海量的资源当中进行整合与重组，然后根据用户个性化需求，进行针对性推送。① 这种运营模式通过平台大数据推算，对受众的喜好、需求进行数据分析，继而为受众进行个性化定制。研究表明，人类对其感兴趣的信息的平均停留时间比其余信息高 3 倍。现行市场中，抖音短视频、哔哩哔哩、今日头条 App 等信息推送平台均有采用该版权运营模式。

在信息爆炸的年代，舞蹈作品数量之庞大超乎想象，导致版权作品转化率、使用效率大幅降低。在数据匹配模式下，舞蹈作品能够被分门别类并精准推送给需求用户，从而使舞蹈作品的价值转化效率大幅提升，如哔哩哔哩视频网站的舞蹈视频分区中既分门别类地收录了大量种类各异的舞蹈作品，从年轻人所喜爱的宅舞到艺术灯光下的古典舞蹈，又或是大气磅礴的红色经典舞蹈。各类舞蹈依靠大数据的分析被精准地推送给相应受众，大大提高了舞蹈作品版权价值转化效率。

七、舞蹈作品版权保护适用集体管理组织现状

(一)版权集体管理组织诠释

著作权(版权)是智力成果创作完成后自动获得的一种独占性智力成果支配

---

① 荣霞. 数字出版时代微版权的科学运营[J]. 传媒，2017(18)：70-71.

权。智力成果的无形性导致其客体没有物理上的限制，一旦予以公开，意味着智力成果将会处在被自由使用的境地。虽然我国《著作权法》为著作权设立了独占性支配权利，且规定了相应的侵权后果，但因著作权的无形性，其利用仅仅只需通过对网络信息的上传下载即可实现。以舞蹈作品为例，舞蹈作品一旦被上传到网络上，公众即可通过对舞蹈作品编舞、舞韵、舞感的模仿，仿制出一部相似甚至完全相同的舞蹈作品。对舞蹈作品著作权的侵犯需要判定其对原作品的原创性进行何种程度的侵犯。但该判定过程专业且复杂，导致舞蹈作品著作权侵权成本低，著作权人维权成本却很高，且根据我国现今的著作权法，即使维权成功，其获得的赔偿数额也不高。为了减少著作权权利人的维权成本、加强著作权作品的使用率，著作权集体管理制度可以在一定程度上解决上述难题。

根据《著作权法》第 8 条，著作权集体管理组织是指经过权利人授权，国家版权局的审批，依法设立的对权利人的著作权或者与著作权有关的权利进行集体管理的非营利社会团体。我国著作权集体管理组织制度始于 1990 年，至今已有 30 余年的发展历史。30 余年来，我国陆续成立中国音乐著作权协会、中国文字著作权协会、中国音像著作权集体管理协会、中国摄影著作权协会和中国电影著作权协会五大著作权集体管理组织，基本覆盖著作权文学艺术领域，对著作权人的权利保护以及著作权权利行使提供了便利。虽然我国目前尚未成立专门的舞蹈作品集体管理组织，承担舞蹈作品版权的集中管理，但舞蹈作品版权的相关内容与元素也可通过现有的五大著作权集体管理组织间接地进行保护。

(二)我国现有的版权集体管理组织对舞蹈作品的保护

1. 中国音乐著作权协会

中国音乐著作权协会是 20 世纪 90 年代由中国国家版权局以及中国音乐家协会共同发起成立的中国大陆唯一的音乐作品著作权集体管理组织，是以维护音乐相关权利人的合法权益为主要目标的非营利性机构。音著协总部设在北京，下设会员部、作品资料部、表演权许可业务部、复制权许可业务部、广播权许可业务部、法律部、信息宣传部、分配与技术部、财务与总务部等 9 个职能部门。

对于舞蹈作品而言，舞蹈作品的辅助元素包括舞蹈作品配乐、配音等。以上元素可纳入音乐作品范畴，其著作权人应当享有相应的音乐著作权。对于该类舞蹈作品音乐部分版权管理与侵权救济事宜，版权权利人可委托中国音乐著作权协会来处理。

2. 中国音像著作权集体管理协会

中国音像著作权集体管理协会是经国家版权局正式批准成立（国权〔2005〕30号文）、民政部注册登记的我国唯一音像著作权集体管理组织，依法享有音像节目著作权或者与著作权有关的权利人自愿结成的全国性、行业性社会团体，是非营利性社会组织。

舞蹈作品的传播是通过舞蹈表演者的表演行为进行传播的，舞蹈的表演过程通过一定介质进行固定，从而形成舞蹈视听作品、录像制品。对于此类舞蹈音像著作权权利的管理与行使，中国音像著作权集体管理协会将起到重要作用。

3. 中国文字著作权协会

中国文字著作权协会于 2008 年 10 月在北京成立，是以维护著作权人合法权益为宗旨，从事著作权服务、保护和管理的非营利性社会团体，是获得国家版权局正式批准成立的我国唯一的文字作品著作权集体管理组织。

部分舞蹈版权作品拥有使用文字记载、叙述的舞蹈剧本，舞蹈剧本亦属于文字作品范畴，其著作权人同样可行使著作权法所规定的相应权利，包括授权中国文字著作权协会集体管理权的权利。

4. 中国摄影著作权协会

中国摄影著作权协会是由中国摄影家协会联合全国性摄影团体和著名摄影家发起，经国家版权局同意，报国务院总理办公会批准成立的国家一级社团及非营利性组织。其作为国家政府唯一指定的摄影著作权管理机构，以维护著作权人合法权益，促进摄影作品的创作和传播为宗旨。管理和行使摄影作品著作权，举办展览、培训、影赛、作品限量鉴证（交易）等活动，推动摄影事业繁荣和文化发展。

舞蹈作品在传播和保存过程中也可以摄影作品的形式为载体。通过摄影作品的形式进行传播，可以更加有效和直观地呈现舞蹈作品的特征和属性。而中国摄影著作权协会对该类摄影作品版权权利的行使和管理同时也可起到对舞蹈版权保护的作用。

5. 中国电影著作权协会

中国电影著作权协会的前身是 2005 年 8 月成立的中国电影版权保护协会。经原国家广播电影电视总局同意并报原新闻出版总署(国家版权局)审核,于 2009 年 7 月批准中国电影版权保护协会由行业维权组织转变为著作权集体管理组织。2009 年 10 月,经民政部审批,正式更名为中国电影著作权协会,简称影著协。

在歌舞电影中,舞蹈也是电影作品的关键内容之一,如用歌舞叙事的电影,其表现的题材可以是歌舞,即电影可以充当记录舞蹈表演的媒介,尤其是以舞蹈演绎为主穿插剧情的歌舞电影,其中的舞蹈内容是电影的灵魂和精髓。虽然当前并没有专门的舞蹈著作权集体管理组织管理和行使该类电影中涉及的舞蹈版权,中国电影著作权协会在管理和保护相关电影著作权的同时间接地保护舞蹈作品。

第二节　新媒体时代舞蹈作品版权保护困境

一、舞蹈作品版权法律体系不够健全

我国对舞蹈作品版权进行实质性规制的法律法规未成体系化,以《著作权法》和《著作权法实施条例》为主,刑法、民法、行政法规为辅。

除《著作权法》第 3 条第 3 款、《著作权法实施条例》第 4 条第 6 款有明确提及舞蹈版权的抽象规定外,其余散见于零星的法律法规文件中,缺乏对舞蹈作品版权保护的明确法律规范,舞蹈版权法律体系不够健全,相关舞蹈法律法规建设未能较好匹配新媒体时代舞蹈作品传播与保护实践。舞蹈作品版权侵权判定中出现大量亟待解决的司法难题,如舞蹈作品独创性的认定、实质性相似的判断、判定依据或标准不统一、同案不同判等。只有加强舞蹈作品版权保护相关立法,加强舞蹈作品版权审理司法指导,完善舞蹈作品版权侵权审判规则,才能营造良好的舞蹈作品版权保护法律生态。

健全的法律制度能进一步促进法律文化的培育,在舞蹈版权保护方面,要让民众真正树立"尊重知识、崇尚创新、诚实守信"的基本观念,进而塑造良好的舞蹈版权文化环境。

二、舞蹈作品版权相关政策措施跟进不够

目前，我国有关版权的相关政策主要体现在《知识产权强国建设纲要（2021—2035 年）》和《版权建设"十四五"纲要》等文件中，以上文件均属于纲领性文件，具有抽象性和方向性，且舞蹈版权相关政策主要套用版权政策。在地方层面和行业层面还需要配套制定相应的具体和细化的跟进措施，才能使相关政策真正落地做实。在舞蹈行业方面，中国舞蹈家协会是我国仅有的舞蹈专门组织，承担促进和活跃舞蹈艺术创作、开展学术研究及作品评论、举行专业舞蹈比赛、开展群众性舞蹈活动、丰富大众文化生活、发掘培养舞蹈人才、组织中外舞蹈文化交流、繁荣和发展具有中国特色的舞蹈艺术事业等活动，但并不提供舞蹈作品著作权的维权援助和法律保护，也不涉及舞蹈行业发展相关政策的制定。从行业发展层面，舞蹈行业相关组织可以根据《知识产权强国建设纲要（2021—2035 年）》《版权建设"十四五"纲要》等有关版权方面的政策纲领性文件，起草和制定舞蹈版权的发展与保护方面的专门文件，助推舞蹈行业健康有序发展，进一步培育舞蹈版权文化，构建舞蹈版权高质量发展快速通道。

三、舞蹈作品版权保护技术需进一步与新媒体时代接轨

随着时代的发展，素质教育已经成为教育的主流，舞蹈作为一项提高素质的艺术，在培养人们的创造力和想象力上发挥着越来越重要的作用，对人类的发展产生了深远的影响。[1] 而新媒体时代的到来，信息流爆炸式发展造就了高速且发达的网络数据环境。门户网站上发生的舞蹈作品版权侵权行为尚未完全解决，更加发达的新媒体、自媒体等新式媒介的到来意味着舞蹈版权保护技术必须进一步与新媒体时代接轨，以期应对新型舞蹈作品侵权行为，更好地保护舞蹈作品权利人的权益。尽管上述所提到的区块链技术、数字固化技术、DRM 技术等已对舞蹈作品版权起到积极的保护作用，但仍需要根据现有技术的漏洞和不足，结合新媒体技术的发展进一步加以完善。

---

① 陶文东. 新媒体时代多媒体技术在舞蹈中的应用研究——评《舞蹈多媒体技术及其应用》[J]. 中国科技论文，2020，15(11)：1347.

比如，新媒体时代下新型媒介技术——"融媒体"，其主要特点是将电视、广播、报纸等传统媒介技术进行充分整合，实现"资源通融、内容兼容、宣传互融、利益共融"的新型媒体宣传理念。该技术为舞蹈版权作品的传播提供了快速传播渠道，同时也对舞蹈版权保护提出了新的难题。在融媒体环境下，数字舞蹈版权作品数据一次采集、多次生成、多元传播、全方位覆盖，作品跨媒体传播的概率大大提高、间隔时间大大缩短，且作品传播所涉的版权权项复杂多样，往往包含复制权、发行权、广播权、信息网络传播权等多种权项。① 面对海量且复杂的版权内容资源以及日益复杂的舞蹈版权链条，如果不能保证相关舞蹈版权保护技术进一步与新媒体时代接轨，将会导致舞蹈版权管理混乱、版权运营链条中断、版权保护缺失或存在瑕疵，进而破坏舞蹈版权保护生态。

四、舞蹈作品版权侵权审判规则与认定方法需要进一步完善

我国法律对舞蹈作品相关概念的界定比较模糊，缺乏明确清晰的界限范围，著作权相关法律对舞蹈作品的规定需要进一步细化、明晰，以便进一步增强舞蹈作品侵权审判的可操作性。《著作权法》并未对舞蹈作品进行直接定义，只是将其与音乐、戏剧、曲艺、杂技艺术作品并列为一种作品类型，《著作权实施条例》虽然对舞蹈作品作出法律界定，即"通过连续的动作、姿势、表情等表现思想情感的作品"，但对舞蹈艺术的演员服装、道具、背景、舞台设计、舞台灯光等相关问题并未作出规定，现有规定较为抽象，对舞蹈作品侵权审判实践指导意义不大。

如周某诉李某案②和中国体育报业总社著作权纠纷案③两案关于确定构成著作权意义上的舞蹈版权作品问题与刘某诉张某钢案④完全不同，前者认为舞蹈作品必须属于文学艺术领域范围并且能够表达具体的思想感情才构成著作权法意义上的作品；而后者认为只要舞蹈作品的动作编排具有一定程度上的原创性即可认定其为著作权法意义上的作品，并不需要其属于艺术领域范围。可见，舞蹈版权

---

① 张凤杰，徐静华. 融媒体发展与版权文化建设[J]. 中国报业，2019(19)：19-21.
② (2013)扬广知民初字第 0001 号。
③ (2016)西民初字第 14070 号。
④ (2006)一中民终字第 8879 号。

司法审判实践中对舞蹈作品是否属于著作权法所属作品的划定仍存在一定的分歧。

另外，在有关舞蹈作品版权侵权认定方面，杨某等诉吕某案①和茅某芳诉张某钢《千手观音》案②都基本确定，舞蹈作品版权侵权认定均采用了"实质性相似"的判定方式。虽然在司法实践中都引入"实质性相似"来判断舞蹈版权作品是否实际侵权，但我国当前法律针对舞蹈作品的"实质性相似"，并未制定相应规范，最高人民法院也并未出台相关司法解释，法官在审理此类案件时，具有较大的自由裁量权，判定结果取决于法官的主观价值判断③，因此，在司法实践中舞蹈版权侵权经常出现同案不同判的情形，造成司法混乱，影响司法环境。

近年来，舞蹈作品侵权司法审判中适用"实质性相似"判定规则的案例逐渐增多，但该判定规则的适用程序较简单，判定标准具有不成文性，案件不同，审理法官不同，会导致不一样的审判结果，主观性较为明显，在适用过程中仍存在很多问题，需进一步加以完善。

五、舞蹈作品快速维权机制尚未形成

随着我国知识产权相关制度的不断完善和推进，民众知识产权意识不断增强，知识产权维权意识不断增强，相关知识产权维权工作也逐渐受到重视。为了更好地推进知识产权维权工作，国家知识产权局在2016年11月发布《关于开展知识产权快速协同保护工作的通知》（以下称《通知》）。该《通知》提出要根据各地知识产权发展实践和现状成立一批知识产权保护中心，依托中心建设知识产权快速协同保护机制，建立知识产权快速维权机制。所谓知识产权快速维权机制，是指集快速授权、快速确权、快速维权、知识产权保护协作等于一体，为创新主体、市场主体提供"一站式"知识产权综合服务机制。该机制的目的旨在极大地提高知识产权维权速度，形成快速、高效、可靠的知识产权维权环境，增强我国知识产权保护力度。

---

①　（2006）海民初字第 26765 号。

②　（2019）苏 08 民初 145 号。

③　李丹. 舞蹈作品"实质性相似"的认定研究[D]. 兰州：兰州大学，2020.

目前，我国各地知识产权保护中心所提供的快速协同维权机制主要针对专利审查、维权和保护方面。针对舞蹈作品版权的快速维权机制尚未形成。针对舞蹈作品版权维权周期长、取证难、维权成本高等现象，如果舞蹈作品版权权利人不能及时、有效地进行维权，就会疲于诉讼，丧失维权信心，影响舞蹈作品作者的创作热情，长此以往，将会阻碍舞蹈产业的发展。建立舞蹈作品快速协同维权机制，将有效解决上述难题，增强舞蹈版权权利人维权信心，有效打击侵权行为，助推我国舞蹈产业高质量发展与经济繁荣。

六、舞蹈作品集体管理组织缺失

著作权集体管理组织是沟通和联结著作权人与作品使用者的桥梁，著作权人通过一定的法律途径将自己作品的使用许可权和获得报酬权授予集体管理机构行使，既提高了智力成果的转化率，又保证了著作权行使的安全性。经过多年发展，著作权集体管理组织对文化艺术发展、提升版权整体转化水平、维护著作权主体各方面的合法权益等方面都有着显著的积极作用。如上文所述，如今舞蹈作品无论是作品登记数量的高速增长还是舞蹈作品本身商业化价值的急速提升，都预示着舞蹈著作权集体管理组织呼之欲出的现状。但在中国设立舞蹈著作权集体管理组织属于从无到有的突破性举动，无论是实施路径还是实施环境都面临较大的困境。

（一）舞蹈著作权组织实施路径不明晰

纵观国内外各个领域内著作权管理组织所发挥的作用，主要在标准界定、资源统筹、利益分配、规范市场、侵权保护等方面表现出显著的相对优势。而管理组织的本质是将领域内的著作权主体进行整合的前提下实施有组织的委托代理行为。该本质以著作权作品能够清晰定权和实施为前提，故音像、音乐、摄影、文字、电影等满足条件的著作权领域相继成立对应的著作权集体管理组织。然而，舞蹈界内部与自然人个体限制双重障碍使得舞蹈版权现实保护困难重重，导致舞蹈著作权集体管理组织始终处于建立方向不明确、设立路径不明的尴尬境地。

（二）舞蹈著作权集体管理组织对所涉各方法律关系认识不足

当前，部分舞蹈界业内人士认为舞蹈著作权集体管理组织的本质系简单的委托组织，舞蹈著作权集体管理组织作为委托中介帮助相关权利人完成舞蹈著作权的交易和授权，同时在舞蹈版权受到侵害之时提供维权帮助，对于舞蹈著作权集体管理组织中的信托模式、授权范围、诉讼分配及延展退出等核心法律关系并没有充分的认识。

舞蹈著作权集体管理的前提是对舞蹈作品的各方利益主体之间的法律关系达成共识，其利益格局应该是舞蹈著作权集体组织依授权或代理获得舞蹈作品名义上的所有权人身份。该组织行使权利所获收益扣除相关管理费用后归权利人享有。在授权过程中，舞蹈版权权利应该获得最大限度的保障或升值。作为信托标的的舞蹈版权控制权与受益权处于相对分离状态。但是在具体信托授权模式、诉讼权利分配以及延展退出机制等法律关系上，缺乏框架性的认识，对舞蹈著作权集体管理组织的运营产生不利影响。

（三）缺乏与国际舞蹈管理组织的沟通经验

随着中国文化强国的建设，中国舞蹈艺术的发展有目共睹，无论是极具艺术欣赏性的大型舞台表演，还是饱含中华传统文化的民俗舞蹈作品，无一不彰显中国舞蹈艺术的欣欣向荣。同时，党的十九大以来，我国经济社会发展取得突破性成就，主要经济社会人均指标的次位不断前移，大幅度提高了中国国际地位和国际竞争力。中国舞蹈艺术产业同样开始向国际艺术市场进军发展，欲在国际平台上建立中国专属舞台。但目前国内大部分知名舞蹈演出公司以及舞蹈团队，在对外演出签约、艺术授权、演员交流等诸多合作方面均是自力更生，独自在国外陌生的舞蹈环境中摸索前进，缺乏专业性和规模性的引导和扶持，导致中国舞蹈艺术在国际舞台上发展缓慢，相关著作权人的合法权益得不到有效保障。

舞蹈著作权集体管理组织则是满足上述需求的最佳选择之一，通过具有一定公信力的集体管理组织出面，与国外相关舞蹈组织进行积极沟通，构筑国际舞蹈艺术沟通的桥梁，为中国舞蹈艺术在走向海外的道路上保驾护航。但中国多年来缺乏正式的舞蹈著作权集体管理组织，缺乏与国际舞蹈管理组织的沟通实践经验，对构建完整且高效的国际舞蹈艺术沟通、管理桥梁存在一定障碍，需要进一步解决。

（四）舞蹈著作权管理相关人才资源不足

随着知识产权概念在中国国内普及，各行业都将关注的目光转向知识产权的保护之上。而成立中国舞蹈著作权集体管理组织，需要相关人才既要有与知识产权相关的法律知识储备，亦要有相当的舞蹈知识背景，还要求其具有一定程度上的管理能力。目前，我国关于舞蹈艺术专业的管理法规和著作权管理的相关法律法规仍处于探索起步期，在舞蹈艺术专业领域中寻找具备著作权管理知识的人才具有较大的难度。并且舞蹈作品本身具有跨学科属性，在该范围内进行针对性研究的较少，有关舞蹈作品的相关著作数量甚微，导致对舞蹈著作权作品管理的理论支撑不足，进而进一步影响中国舞蹈著作权集体管理组织的成立。

据此，目前我国已经设立的五大著作权集体管理组织，虽然可以从侧面为舞蹈作品的保护、授权、使用提供一定程度上的帮助，但五大集体管理组织对舞蹈作品的保护处于一种割裂状态，难以形成合力，也无法为舞蹈作品提供专业、有效和到位的保护。舞蹈著作权集体管理组织的缺失，将对舞蹈作品的保护和舞蹈版权文化的充分建设提出一个巨大的难题。

随着舞蹈产业的快速发展和舞蹈领域从业者版权保护意识的增强，无论是舞蹈作品登记数量还是作品所蕴含的综合价值都在逐年稳步增长。同时，舞蹈版权作为典型的复合研究学科，近年来其关注度随着相关领域的发展快速上升。2002年，中国知网和万方数据收录的以舞蹈著作权为主题的文章分别为 3 篇和 1 篇；2016 年，中国知网和万方数据收录的以舞蹈著作权为主题的文章分别为 20 篇和8 篇，且文章已经涉及关于舞蹈著作权保护方式、舞蹈作品原创性等核心议题的研究。根据国家版权局发布的著作权登记情况数据显示，舞蹈作品登记数量逐年递增。① 持续的关注度和作品基础数量的递增，引发舞蹈作品版权保护、使用和管理的多方面的现实需求，建立舞蹈著作权集体管理组织的呼声越来越高。但目前现有的五大集体管理组织对舞蹈作品版权管理与保护效用不大，舞蹈作品版权

---

① 马明，刘洁．论舞蹈著作权的保护和集体管理［J］．当代舞蹈艺术研究，2020，5(4)：105-111.

缺乏有效的集体管理和保护，亟待相关部门和机构出台可行的解决方案。若能对舞蹈作品版权进行有效的集体管理和维护，无论是对舞蹈产业领域还是舞蹈版权文化的建设都能起到极大的促进作用，为我国舞蹈事业和社会文化建设提供强有力的支持。故舞蹈著作权集体管理组织的缺失是当前舞蹈版权文化建设中一块巨大的绊脚石。

七、舞蹈作品版权运营能力不足

由于舞蹈版权运营能力方面还存在许多需要提升的地方，某些漏洞给侵权人带来规避责任的空间，造成舞蹈版权权利人的权益被动缺失，导致"维权难"。如在舞蹈作品创作方面，作者对于哪些元素属于著作权法意义上舞蹈作品的保护范围，存在认知不清的问题，权利人在作品登记时缺乏将"独创性"的舞蹈元素进行登记的意识；或者即使登记了，但没有将创意清晰、完整地表达，导致版权授权或产生舞蹈衍生品时出现难以主张权利的局面。在版权运营方面，完整的舞蹈版权授权市场以及版权交易平台还需进一步培育，授权模式和交易信息还有待进一步完善。在新媒体时代，舞蹈版权侵权主体呈现多样化、分散化特征，权利人往往怠于维权，甚至放弃维权。

舞蹈作品创作完成之后，如果缺乏全链条的版权运营，作品价值将难以充分体现。[1] 如著名舞蹈家杨某萍以傣族孔雀舞为基础创作的《雀之灵》《雀之恋》系列舞蹈大获成功，成为孔雀舞的代表之作，该舞蹈作品经过成功改编充分体现了版权作品的价值潜力。杨某萍醉心于经典舞蹈作品——国家非物质文化遗产傣族孔雀舞，并在该舞蹈作品的基础上，创作出家喻户晓的孔雀舞系列，并将该系列舞蹈制作成录音录像制品，通过网络、碟片、电视台等方式进行全方位的运营和传播，将孔雀舞的版权价值充分进行挖掘，形成版权运营链条，充分发挥传统舞蹈作品的版权价值，并产生版权经济效益。

在上述版权运营过程中，参与主体涉及对舞蹈作品改编权、录制者权、信息网络传播权、广播组织权利的行使，如果授权不明晰，交易信息不对称，在运营

---

① 赵新乐，朱丽娜. 优质作品的版权开发运营，要做的还很多[N]. 中国新闻出版广电报，2022-03-10(005).

链条之长、主体之复杂的情况下，就会导致版权纠纷，版权保护不力，这将会直接影响舞蹈作品权利人的利益。

相反，如果说舞蹈作品版权运营成功是舞蹈作品版权价值挖掘的前提，那么舞蹈作品版权保护则是保障舞蹈作品版权运营成功的基石。在舞蹈版权运营的同时，其保护不可或缺，《雀之灵》《雀之恋》在大火之初，也遭受大批量的版权侵权攻击，包括网络短视频平台搬运、盗版光碟的大肆叫卖、未经授权的违法引用等。据统计，孔雀舞相关侵权链接 8 万余条，但仍有大量侵权行为未被监测或监测后无法进行有效的处理。对此，国家虽然在知识产权领域有行政、刑事、民事方面的法规进行规制，但由于信息网络时代，信息的传播太过迅速，维权成本较侵权成本明显偏高，如果舞蹈作品版权没有完整的版权保护链条，舞蹈版权运营的价值成果将难以保障。

八、舞蹈作品版权文化建设有待进一步加强

版权文化具有知识产权文化和法律文化双重属性，凡是法律文化所具备的普遍元素，版权文化都具备，但是也有其独特之属性，其文化元素概括来说包括自由、才智、创新、理智等，其核心就是普通民众以及团体对版权的先进理念或者观念。[①] 其中，舞蹈版权文化系版权文化的重要分支，是以舞蹈版权为基础，结合知识产权文化而形成的一种先进文化。

舞蹈版权文化是舞蹈版权制度的沉淀和升华，对舞蹈版权制度的实施、舞蹈版权制度冲突的解决有着基础性的调整作用。在舞蹈领域内形成"尊重知识、崇尚创新、诚实守信"的版权文化氛围，早日树立不剽窃、不抄袭的舞蹈版权荣辱观。经过多年努力，我国在舞蹈版权文化建设的道路上已经顺利启程，舞蹈相关领域内从业人员逐渐认识到版权权益的重要性，自觉遵守相关法律法规，维护舞蹈作品版权权益。相关舞蹈版权权利人的权利意识有所增强，在创作的同时，版权保护这根弦保持紧绷不放松。部分民众也具备基本的知识产权意识，初步具备舞蹈版权基本认知。版权制度建立以来，我国版权文化建设一直常抓不懈，但目前我国民众的版权文化素养仍然不高，整体尚处于知晓相关法律、权利存在的低

---

① 徐勇. 传统与现代：中国社会中的版权文化[D]. 武汉：华中师范大学，2017.

级阶段。① 据调查，截至 2020 年，我国民众对在互联网上使用他人版权作品规定的认知率仅为 51.8%，且有将近 30%的社会公众认为使用盗版产品可以理解、觉得无所谓，更有甚者选择支持盗版产品，认为盗版产品亦有其存在之理由。② 可见，目前民众的版权文化素养仍然需要提高，版权意识仍需进一步加强与巩固。由于国民对版权权利的认识仍然停留在基本认知水平，在舞蹈传播过程中，有意、无意侵权现象较为频繁，遇到版权纠纷时，能够积极维权、主张版权权益的主体也较少，舞蹈版权侵权案例的数量也不断上升。若良好的舞蹈版权文化形成，民众能将舞蹈版权意识内化于心、外化于行，必然会有效减少舞蹈版权侵权行为，从源头上促进舞蹈版权的保护。

2021 年 9 月，中共中央、国务院印发的《知识产权强国建设纲要（2021—2035 年）》，对建设促进知识产权高质量发展的文化环境提出要求，具体到舞蹈版权领域，需从以下方面加以完善：

1. 构建内容新颖、形式多样、融合发展的舞蹈版权文化传播矩阵。舞蹈版权文化的建设离不开在公众之间的传播。首先，打造传统媒体和新兴媒体融合发展的舞蹈版权文化传播平台，拓展社交媒体、短视频、客户端等新媒体渠道。其次，创新传播内容、形式和手段，加强涉外舞蹈版权宣传，形成覆盖国内外的全媒体传播格局，打造中国自己的舞蹈版权宣传品牌。

2. 营造更加开放、更加积极、更有活力的舞蹈版权人才发展环境。应当做到：（1）加大舞蹈版权教育，为版权文化建设创造良好基础；（2）开发一批舞蹈版权精品课程，开展舞蹈版权普及教育；（3）加大舞蹈学科和法学学科交叉融合力度，培养既具备舞蹈专业知识，又能熟练运用法律的"创新型、复合型、应用型"专门人才。

① 张凤杰，徐静华. 融媒体发展与版权文化建设[J]. 中国报业，2019(19)：19-21.
② 中国知识产权报社，清华大学. 中国知识产权文化素养调查报告[R]. 北京：2020.

第五章　新媒体时代舞蹈作品版权域外保护实践

第一节　美　　国

美国于1790年制定了《版权法》，但其所确认的"版权"最初被视为一种纯粹的财产权，仅为保护经济利益而存在，并不涉及作者的精神权利。[①] 在1976年的"吉廉姆"案中，美国法院第一次承认作者的精神权利。该案例争议的焦点在于，原告授权英国广播公司拍摄其电视剧脚本，英国广播公司同样授权了被告公司播放该系列剧，双方似乎都是合法合理行为。但考虑到版权人具有否定修改其作品的权利，法院运用演绎权来解释，最终认定：被告公司未经允许而修改原告作品，该行为构成侵权。这一判决实际上是通过间接的手段保护了作者的精神权利，确认了版权人对其作品享有至高无上的权利。1989年，美国决定加入《伯尔尼公约》，而《伯尔尼公约》中确立了作品精神权利的保护，这促使美国国会进一步接受了作者的精神权利这一概念。

一、舞蹈作品界定

美国对知识产权的保护一直走在世界前列。在1976年修订《版权法》时，美国第一次明确将"舞蹈作品"（choreography）作为保护对象写入联邦版权法。在此之前的1909年法案，其保护对象尚未涉及舞蹈，仅为"戏剧作品"。在当时的法律限制下，舞蹈只有在讲述一个故事、发展或描述一种情感，或以其他方式传达

[①]　Gilliam v. American Broadcasting Companies, Inc., 192 USPQ 1 (2d Cir. 1976).

一个戏剧性的概念或想法时才能受到保护，并最终被注册为"戏剧构图"一类。典型的案例是 Fuller v. Bemis①，在该案中，法院认为所谓的"蛇形舞"仅仅是物理上的优美动作，不具有类似戏剧的"思想表达"，故不能受到版权法保护。该法案在 1978 年失效，被 1976 年版权法所取代。在 1978 年 1 月 1 日之后创作的舞蹈作品在创作时即获得法定版权。舞蹈作品不再需要证明自己属于戏剧作品，具有某种戏剧化的表达才能受到版权法保护。然而据统计，在 1980 年，美国注册的464743 件作品中只有 63 件是编舞作品或哑剧；在司法实践领域，舞蹈作品案例所占比例一直很低，这些都反映了编舞者没有充分利用该法律来保障自己的权益。

关于舞蹈作品包含的要素，美国版权局在其发布的《美国版权局实践简编》(2017 年第 3 版)中指出，编舞作品通常包含一个或多个要素：在限定空间中的节奏动作、作曲安排、音乐或文本伴奏、戏剧内容、在观众面前的呈现以及熟练表演者的表演。同时也明确表示这其中不包括社交舞步(social dance steps)或例行、常规性的简单舞步。社交舞步、民间舞步和个人芭蕾舞步都可以作为编舞者的基本材料，就如同文字是作家创作的基本元素一般。对于诸如瑜珈、运动步骤等功能性动作，美国版权局在 2012 年 6 月 18 日发布过一个政策声明，明确表示功能性的物理动作不具备独创性，因此不受著作权的保护。美国版权局表明尽管一些舞蹈动作是新颖独特的，但对于仅由几个动作或者步骤组成的带有轻微线性或空间变化的短舞蹈动作也不予以登记。典型案例如美国瑜伽案，原告于 1979年出版了一套书，书中记述了 26 个瑜伽姿势和两个呼吸练习的序列。原告指出被告在提供的瑜伽课程中，使用了其记载的方法，侵犯了其著作权，美国法院对此作出否定判决。② 法院认为：瑜伽动作的编排组合不是作者智力劳动成果的体现，更不能称之为舞蹈作品。虽然舞蹈作品与瑜伽都是展现人体的动作，展现一定的美学倾向，但瑜伽的动作顺序具有功能性，而并非表达，只有表达才能受版权保护。同时，美国版权局还表示，精心编排的作品通常包括以下一个或多个元

---

① 　Fuller v. Bemis［Albany Law Journal，v. 46，1892，pp. 165-166］.

② 　Bikram's Yoga Coll. of India，Ltd. P'ship v. Evolation Yoga，Ltd. Liab. Co.，803 F. 3d 1032，1037（9th Cir. 2015）.

素：一个或多个舞者的身体在规定的顺序和规定的空间环境（如舞台）中有节奏的运动；一系列的舞蹈动作或模式被组织成一个综合的、连贯的、有表现力的作品整体；通过动作传达的一个故事、主题或抽象的构成；在观众面前的展示；由个人进行的熟练的表演；音乐或文字的伴奏。但值得注意的是，依照版权局的观点，虽然这些都是舞蹈作品的常见元素，但它们并非一成不变的标准。一个舞蹈作品存在与否，并不是由这些元素的存在或不存在来定义的。由此可见，在确认舞蹈作品时，这些因素只是参考因素，而非决定性因素。在著名的《堡垒之夜》诉讼中，歌手 Milly 以及演员 Alfonso Ribeiro 等名人对游戏公司 Epic Games 中使用的舞蹈提起诉讼，理由是这些游戏中的舞蹈侵犯了他们的舞蹈版权。被告于2019 年 2 月对该起诉申请驳回，其理由是提起诉讼的舞蹈动作过于简单，根据1976 年《版权法》，这些舞蹈不能获得版权。为了支持这项申请，辩方提交了当时与法院的通信，显示类似案件的原告索赔已被版权局拒绝，版权局认为提起诉讼的舞蹈只是一个简单的舞蹈动作，因此不能获得版权（Gach，2019）。该案例面临的问题还远远不只这些，舞蹈版权保护的关键是作品在版权局注册，而在当时这些舞蹈都没有注册。美国最高法院在对 Fourth Estate Public Benefit Corp. v. Wall-Street 一案作出裁决后，规定了提起版权侵权诉讼的人，必须已提前在美国版权局注册其作品。由于该案中的舞蹈均未在版权局注册，所以诉讼暂时告一段落。还有其他针对 Epic Games 的诉讼，包括马里兰大学的两名篮球运动员，也是基于上述两个因素而被驳回。从中可以看出，作品在诉讼前没有获得版权，确实阻碍了原告为其舞蹈作品寻求保护的法律路径。同时，对于舞蹈而言是整个舞蹈作品受版权法保护，而不是单个舞蹈动作，《堡垒之夜》中使用的舞蹈动作都只是社交媒体上舞蹈的一小段，尚不具备版权法保护的条件。

二、独创性认定标准

独创性是版权保护认定的前提条件。英美法国家对于作品的独创性要求比较宽松，其独创性既包括绝对意义上的独创性，也包括相对意义上的独创性。只要作品是作者自己独立创作完成而不是抄袭别人的，即使创作作品和现存作品雷同，同样受版权法的保护。英美法国家保护的原创作品的范围既包括严格意义上的原创作品，也包括衍生作品。① 舞蹈作品受现存作品的影响相当大，只要该作品中含有哪怕一点点独创性，也不能排除该作品受版权法保护的原创性。但同时，原创性也具有最低限度要求。美国1991年的案例 Feist v. Rural② 中，法官认为被 Feist 复制的姓名、地址和电话号码不属于 Rural 公司的独创，其包含的信息缺乏必要的独创性，不符合版权保护的最低标准，故 Feist 的使用对 Rural 公司不构成侵权。自此，最低限度的"独创性"成为法院判决侵权的重要衡量因素。舞蹈版权旨在通过为新作品的创作者提供经济激励来推动创新，版权法的背后是尽可能多地将新作品带入公共领域，如果不加限度地对舞蹈进行保护，反而背离了立法的初衷。所以国家在鼓励创新的同时，必须在允许创作者复制现有作品和保护作品原创者的原创性之间取得平衡。

三、侵权认定衡量标准

尽管相关的法律法规在不断进步完善，舞蹈作品的保护程度远远低于其他作品，其主要原因在于舞蹈的抽象性，加上财务限制和文化考虑等。但版权保护是为了保护编舞者而制定的，如果希望自己的权利不被侵犯，编舞家们不可避免地需要这种保护。取得舞蹈作品的版权然后证明侵犯版权的过程可能复杂而困难，但这无疑会给编舞者和整个舞蹈界带来巨大回报，对法案的修正完善及舞蹈作品的保护都将具有深远的意义。美国法院在对舞蹈侵权作出衡量和判定时，主要采用的方法和原则如下：

(一)思想与表达二分法

该原则不仅是美国版权法中的一项基本原则，也是国际通用的一般准则，即著作权不保护思想，而只保护思想的表达。这一学说被认为体现了著作权保护的根本立场，也是具有高度认同的国际性原则。思想的传播不应受到严苛的限制，其为文化传承和进步的根基；但若舞蹈编排借鉴的是前人思想已经形成的表达，

---

① 张云. 舞蹈作品的版权保护[J]. 知识产权，2007(3)：83-87.

② Feist Publications, Inc. v. Rural Telephone Service Co., Inc., 499 U. S. 340 (1991).

则此为抄袭。典型案例如 Baker v. Selden,① 原告写过一系列关于记账的书，其中包括采用书中解释的记账系统的表格。被告出售的书籍中的表格与原告的表格相似，于是原告起诉被告，认为侵犯其版权。在最初的裁定中，地区法院认定被告确实侵犯了原告的版权。后来在上诉中，最高法院推翻了地区法院的判决。最高法院认为，版权保护只针对书中材料的复制，但不保护对书中所述系统的使用。Baker 案被认为是该原则在美国的正式起源，这一原则在舞蹈作品侵权的司法认定过程中被广泛采纳和运用，是美国判断侵权的重要标准。

(二)抽象检验法(又称三步法标准)

"三段论"侵权认定法是由美国第二巡回上诉法院 1992 年在"阿尔泰"案中创造的，对以后的侵权认定具有重要意义。其主要分为抽象、过滤和比较 3 个步骤。先把抽象的"思想"予以排除，只留下"表达"；剔除一些不受著作权法保护的东西，主要是指公共领域的内容；最后将剩下的部分与侵权作品进行对比。任何一部确定的作品都可以是许多思想和表达的混合，在一些作品本身相似度很难判断的情况下，仅靠整体观感法难以得出准确的结论，需要对作品的独创性元素进行划分，并作细致的比对分析。

(三)普通观众测试法(又称整体观感法)

该比对方法是指将作品作为一个整体，以一般读者的感受进行判断，更强调普通公众对作品的感受，对作品整体不作技术上的区分，更有益于寻求作者权益同公共利益的平衡点。巴兰钦遗产的执行人诉麦克米伦公司案，上诉的主要问题是芭蕾的静态照片是否会侵犯芭蕾舞剧编排的版权。② 法院推翻了原判，认为判断是否侵权的正确标准为照片是否与编排的作品基本相似，而不受被指控侵权的作品采用与原作品不同媒介的这一事实的影响。法院判断实质相似性的标准是从普通观察者角度出发，其可能发现两件作品之间的差异或是倾向于忽视这种差异，但发现这两件作品拥有相同的审美吸引力。

---

① Baker v. Selden, 101 U. S. 99 (1879).

② Horgan v. Macmillan, Inc., 789 F. 2d 157, 158 (2d Cir. 1986).

实际上，美国的舞蹈版权保护现况并非理想状态，离达成法律预设的目标还有所差距。许多编舞者在寻求版权保护、法律追诉的过程中困难重重，一方面是相关法律和司法实践的稀缺性、模糊性；另一方面，舞蹈界自身也认为观众的认可（recognition）是对艺术家作品的最终回报。关于法院能否对舞蹈这类艺术作品的侵权作出正当的判决，编舞者对此持怀疑观望的态度，法律与舞蹈艺术之间尚有距离，这些决定或许应该由专业人士处理。如何使法院的司法审判更具有专业性、更得到大众认可信服是值得思考和解决的问题。

第二节　英　　国

英国作为资产阶级革命的先锋地，其对于知识产权的保护也是走在了世界前列，而其在 1709 年颁布的《安娜法》更是世界上第一部版权法，对后世著作权的保护产生了深刻影响。尽管如此，舞蹈作品的版权在相当长一段时间内都未被纳入法律的保护范围之内。1911 年，英国颁布的法令最先将戏剧作品的版权纳入保护范围之内，但该法未对舞蹈类型作出区分，所有类型的舞蹈都被笼统地归入戏剧作品范围。在接下来的数十年内，英国版权法不断地对戏剧作品的定义进行细化，现行法令为 1988 年颁布的《1988 年版权、外观设计和专利法案》，该法案阐明：戏剧作品的定义包括舞蹈或哑剧作品。但是由于缺少对舞蹈作品详细定义的司法解释和法令，在判定舞蹈作品的作者、舞蹈作品是否能够得到版权保护、如何保护的问题上，依然缺少法律依据，只能依照相关案例的判决来总结经验。

一、确定舞蹈作品的版权

首先，关于如何确定舞蹈作品是否具有版权的问题，根据英国 1988 年《版权法》第 3 条第 2 款的规定：戏剧作品必须以有形的形式记录或者固定下来，才能产生版权。这一规定明确了任何舞蹈作品在"以有形的方式记录或固定下来"之前，都不受版权法的保护。在版权生效之前，作品需要被固定下来，因为它必须有特定的表达形式，英国的彼得森法官在 University of London Press v. University Tutorial Press (1916)①一案中，明确表达了这一原则。这实际上反映了英国版权法的一大原则：

---

① University of London Press v. University Tutorial Press［1916］2 Ch 601.

思想没有版权，法律只是保护思想的表达，即思想与表达的二分法。值得注意的是，记录舞蹈作品的方式和舞蹈作品本身的概念不能混淆，虽然思想与表达二分法已经被广泛接受，但在特殊情况下，思想与具体表达之间的区别可能非常细微，在甄别过程中也没有明确的区分方法，这就需要针对具体情况加以判断。如果一个作品采取了唯一可能的形式来表达其思想，那么结果与美国的知识产权法原则类似，即作品的思想和表达就被认为已经合并，版权也就不复存在。与之关联的是，舞蹈作品中不免涉及舞蹈动作之外的因素，例如舞蹈的表演风格、场景效果等，这些因素能否也被纳入版权法保护的范围内，是司法实践中经常遇见的问题。在 Tate v. Thomas① 一案中，舞台的场景效果、表演风格等是否同舞蹈一样具有版权，引起了许多争议。最终法院得出结论：这些附属事项对于舞蹈的主题内容而言，影响甚微，且无法被印刷和出版，和当时的版权定义不相符合，故不具有版权。与此类似，在 Wiseman v. George Weidenfeld and Nicholson② 一案中，尽管戏剧作品的内容延伸到了其舞台效果，但由于舞台效果的"不可记录性"，依然不属于版权的范畴。综上所述，这些因素不同于舞蹈作品，不具有被固定性或被记录性，不能被简单囊括进舞蹈作品的范畴内，故不受版权法保护。

同时，英国1988年《版权法》第1条还作出规定：戏剧作品不包括由不相干的内容组成的节目形式，即作为戏剧的一个分类，舞蹈作品还必须具有独创性。虽然该法并没有对独创性进行定义，但根据法院的判定依据，独创性主要体现在两个方面：一是舞蹈作品必须出自创作者之手，即作品的独立性；二是作者在创作作品时，必须具有一定的技术技巧、劳力以及判断，即具有一定的"智力创造性"。独立性意味着舞蹈作品是作者独立完成的，没有借鉴其他作品，也不是演绎其他作品(含舞蹈作品)。如果舞蹈作品是在他人已有作品的基础上进行的再创作，只要由此创作而产生的智力成果与原作品之间存在的差异并非过于细微而被忽略不计，那么同样符合"独"的要求。关于"智力创造性"的认定，不同地区的法律有不同的认定。在英美法系国家中，英国最早以"额头出汗原则"(又称"辛勤原则"，原文为：Sweat of the Brow)作为判断标准，强调只要作者投入一定

---

① Tate v. Thomas [1921] 1 Ch 503.

② Wiseman v. George Weidenfeld and Nicholson Ltd. [1985]ChD.

的劳动，完成某一作品，并且不是抄袭他人的作品时，该作品即具有独创性，同时该智力劳动必须与其表达的作品相关联。人们普遍认为英国对于独创性的标准要求是低的，但1944年克兰普公司诉弗兰克·斯迈森公司的案例表明，一件作品要受到法律保护，作者必须作出一定量的智力贡献，由此可见，英国法院在确认舞蹈作品版权上，均遵循了上述两个原则，只是参照的力度有所差异。

舞蹈作品的独创性同样体现了思想与表达二分法的原则。彼得森法官在 University of London Press v. University Tutorial Press（1916）一案中就指出：原创并不意味着作品必须表达出原创或创造性思想，版权法关注的不是思想的独创性，而是思想的表达，作品不能抄袭其他作品，而是应该来源于作者。由此可见，舞蹈作品的原创性体现在舞蹈作品本身上，而不是舞蹈作品传达的思想观念、背后深意等。

二、确认舞蹈作品的作者

在舞蹈版权确认后，接着要考虑的问题是如何确认作品的作者。在英国，没有关于舞蹈作品作者的判例法，法律只规定了作者是作品的创作者。一般而言，人们普遍认为编舞者是舞蹈作品的作者。编舞者认为自己的原创想法最为重要，舞蹈所表达的概念和意境也是编舞者想要传达出来的，只有极少数编舞者会承认舞蹈作品是其与舞者共同创造的作品。但不可否定的是，舞者在舞蹈作品中的角色和位置也不可忽视，其在舞蹈作品中贡献的技巧与努力也属于智力贡献。从法律的角度来分析，似乎作者不仅可以属于编舞者，也可以属于舞蹈者。在 Massine v. de Basil[1] 一案中，法院的判决对此类问题提供了一些指导性原则，该案中芭蕾舞蹈的编舞者和芭蕾舞团对舞蹈的所有权产生争议，最终法院裁决两者均是版权所有者。由此可见，对于舞蹈作品来说，编舞者和舞者有可能共同（联合）享有版权作者的地位。

三、认定舞蹈作品侵权

关于如何判定舞蹈作品侵权的问题，首先要明确的是英国版权法赋予了舞蹈

---

[1] Massine v. de Basil.［1936］CA.

创作者何种权利。根据 1988 年《版权法》第 16 条的规定，作品的版权所有人具有如下排他性权利：复制作品、公开发行作品之复制件、公开表演，放映或播放作品、广播作品或将其收入电缆节目服务、对作品进行改编或针对改编作品实施上述任何行为的权利。以上权利均为排他性权利，即版权禁止的各种行为，未经版权所有人许可而实施或授权他人实施任何版权禁止之行为即构成侵犯版权。借用日本学者古泽博的情形分析法①，接触利用他人智力成果的行为可大致分为三种情形：(1)本人创造的智力成果与他人已完成的智力成果构成实质性相似；(2)本人创造的智力成果是在他人智力成果基础上的二次创造；(3)本人虽接触他人的智力成果，但其创造的智力成果是不从属于他人的新成果。具体到舞蹈作品领域，无论是直接侵权或者间接侵权，只要实施的行为关系到作品的全部或者任何实质部分，构成了实质性相似，即为所禁止的侵权行为。关于法条中实质部分的定义，不仅涉及性质的问题，也涉及定量的问题。这意味着在判定是否构成舞蹈作品侵权时，不仅要对挑取的舞蹈片段进行定性分析，还要从整体出发，考虑挑取的片段对整个舞蹈作品的实质性影响。在 Hawkes v. Paramount Film Service (1934)一案中，一部有新闻价值的影片中包含了一个男孩乐队演奏的音乐进行曲 *Colonel Bogey* 的片段，尽管只复制了 28 个左右的小节，从数分钟的作品中抽取了不到一分钟时间的作品，但仍被认为侵犯了该音乐作品的版权。法官坦言，在处理该案时，由于复制的进行曲数量太少，有考虑认为这与原作品不具有相似性，从而影响最终的判定。在这个特定的案例中，虽然复制的时间很短，但却是进行曲中可以立即识别和记忆的部分，因此，法院作出了该作品侵犯音乐作品版权的判决。从抽象方面来解释，实质性相似是指后一作品与前一作品在思想的表达方面构成同一性。关于何种程度才能构成实质性相似，不仅英国的著作权法未作出具体规定，其他国家也鲜少概括出在司法实践中可以适用的具体标准，但通常认为，作品的实质部分应是整个作品的灵魂所在。借鉴一般司法实践的观点，在分析是否构成实质性相似时，要对作品中具有独创性的舞蹈动作、舞蹈语言、舞蹈组合等内容进行分析。同时，还需要对舞蹈作品中连续的动作、姿势、表情、舞蹈美术、音乐等体现独创性的要素进行比较，从而来判断二者是否存在实

---

① 古泽博. 关于利用他人作品的著作权问题[J]. 独协法学，1977.

质性相似。①

　　除了必须考虑的实质性原则，法院在判定侵权时还确立了因果关系原则，即侵权当事人之间的作品存在因果关系。在 Francis Day and Hunter v. Bron②（1963）一案中，一个作曲家被指控侵犯了另一首歌曲的版权。这两首歌曲并不完全相同，被告声称并未有意识地听原告的歌曲。法官在作出判决时，指出要想构成版权法意义上的复制，必须要满足两个条件：两个作品之间有足够程度的客观相似性；原告的作品和被告的作品之间有某种因果联系。这个原则运用到舞蹈作品领域，意味着对于两个舞蹈作品而言，相似而又不具有因果关系的，并不构成侵权。至于证明作品之间的因果关系，则涉及举证责任分配等问题，一般而言，举证责任由被告承担，法院要求其对作品间的相似性提供合理的解释，来证明其行为的合法性。自此，法院对侵权行为制定了一个双管齐下的标准，即不仅要求两个舞蹈作品之间有足够程度的客观相似性，还要求原告和被告的工作之间存在因果关系。

　　近年来，英国不断加大对舞蹈作品版权的保护力度，虽然其法律尚未对舞蹈定义及侵权作出明文规定，但也开始着手处理舞蹈领域的矛盾焦点，从其司法判例可见一斑。总体而言，英国对于舞蹈版权的认定较为宽松，这与其他英美法系国家的做法如出一辙，也从侧面印证了其对于著作权的重视。在舞蹈侵权方面，英国尚未制定足够清晰的法令来阐释，但在司法实践中依然遵循一般处理原则，诸如实质性原则、因果关系原则等，时代变化将加剧法律变革，英国对于舞蹈侵权领域法律的细化阐释是必然趋势，其未来的走向变化，对我国将有重要借鉴意义。

第三节　德　国

　　德国的第一部著作权法是 1837 年颁布的《普鲁士版权法》，这是在作家反对翻印行为、主张自身合法权利的背景下产生的，是德国第一部关于保护文学、科

---

①　杨华权. 再论舞蹈作品实质性相似的认定[J]. 中国知识产权，2018(8).
②　Francis Day and Hunter Ltd v. Bron[1963]CA.

学和艺术作品方面的法律，德国现代著作权立法始于 1870 年的《南德意志同盟著作权法》，紧随其后的是《美术作品著作权法》以及《文学与音乐作品著作权法》。① 德国现行的著作权法是 1965 年生效的著作权法。自此之后，德国著作权法越来越多地受到国际法以及欧盟法的影响。在著作权领域，1886 年德国签署《保护文学和艺术作品伯尔尼公约》，承认舞蹈作品也是受保护的作品之一，将舞蹈作品置于文学和艺术作品之中，然而《伯尔尼公约》也没有对舞蹈作品作出详细的界定，但是这一公约的缔结实现了每一个缔约国都保障缔约国的国民与本国国民在著作权上享有同等的保护，实现了著作权保护的多边化。

一、德国舞蹈作品版权保护制度的特点

(一)参照哑剧作品的保护制度

德国现行的《著作权法》是 1965 年颁布，1966 年开始实施的，该部《著作权法》第一次将文学作品和艺术作品统一规定在了同一部法律中，但是在该法中并没有明确舞蹈作品的保护问题，甚至将舞蹈作品归入哑剧作品一类。②

在 2016 年 2 月 5 日汉堡地区法院第八民事庭的一个舞台表演的版权保护案例中，③ 原告反对将其创作的一首歌曲作为音乐舞台剧《打破常规：TINA 摇滚传奇》的一部分进行表演。本案中的争议是在整个舞台作品内，将在音乐剧中整合的个别歌曲作为独立的音乐作品进行舞台表演，在这种情况下，这种音乐作品是不是在《德国著作权法》第 19 条第 2 款第(2)项含义范围内的舞台表演。被告提出，他在收到 2014 年 10 月 6 日的警告后改编了音乐剧。此后，他们以一种典型的蒂娜·特纳翻唱音乐会的方式提供音乐作品，也没有提到音乐剧的其他情节元

---

① 图比亚斯·莱特(Tobais Lettl). 德国著作权法[M]. 范长军，译. 北京：知识产权出版社，2013.

② 图比亚斯·莱特(Tobias Lettl). 德国著作权法：第 2 版[M]. 张怀岭，吴逸越，译. 北京：中国人民大学出版社，2019：22-48. 受保护的文学、科学、艺术著作：(1)语言作品，如文字作品和演讲以及计算机程序；(2)音乐作品；(3)包括舞蹈艺术作品在内的哑剧作品；(4)包括建筑艺术、实用艺术作品在内的造型艺术作品以及该类作品的草图；(5)摄影作品；(6)电影作品；(7)科学性的或者技术性的展示；(8)其他文学、科学或者艺术作品。

③ LG Hamburg 8. Zivilkammer, 2016, 308 O 241/15.

素。在音乐会部分，既没有舞台布景，也没有类似于音乐剧中的服装。音乐作品中没有融入有意义的情节，仅仅是音乐家们穿上了服装，以蒂娜·特纳的身份出现，并不能形成一个戏剧性的情节，相应的"伪装"并不能取代情节。因此委员会指出，如果在一场舞台表演结束后，或中场休息时，由不同服装的表演者在没有舞台布景的情况下表演一段音乐，这并不构成舞台表演。

根据该法院所确立的指导原则，舞蹈作品想要得到版权保护，必须具有戏剧性的内容和情节。我国《著作权法》对舞蹈作品的保护，不需要具有戏剧性的内容和情节，但是需要明确表达思想情感。

(二)《德国著作权法》对舞蹈作品邻接权的保护

《德国著作权法》将著作权法的保护范围扩大到邻接权的保护，特别是对表演者、唱片制作者、广播组织者以及电视制作者的保护[1]；并将作品的保护期限由之前的50年延长至70年。在《德国著作权法》中，表演者不仅仅局限于对作品进行朗读或者表演的演员，舞台作品的导演也被视为表演者。除此之外，艺术活动的参与者，例如服装师、化妆师、调音师等也属于表演者的范畴。如果按照这个标准来理解的话，除了舞蹈演员可以享有表演者权的保护，上述以艺术化形式参与的人员也可以作为表演者享有邻接权的保护。[2] 除了表演者，《德国著作权法》还规定保护组织者的权利[3]，两者所享有的权利基本上是一致的。

2012年2月8日，弗兰肯塔尔地区法院审理了一个著名的案件，[4] 原告多年来一直在进行一个以意大利艺术家 E. M. 命名的舞台表演。这是一个单人变身秀，艺术家使用(纸质)服装、背景音乐和哑剧来描绘和模仿公众人物，作为舞

---

① 图比亚斯·莱特. 德国著作权法 [M]. 范长军，译. 北京：知识产权出版社，2013：113. 表演者是指将一项作品或者民间艺术的表达形式进行实施、演唱、演奏或者以其他方式表演的人或者以艺术性的方式参与到此种表演的人。

② 图比亚斯·莱特. 德国著作权法：第2版 [M]. 张怀岭，吴逸越，译. 北京：中国人民大学出版社，2019：155. 表演必须是以艺术化的形式进行，让听众或者观众获得感官印象，从而激发其情绪、感受、情感或者想象力。

③ 图比亚斯·莱特. 德国著作权法：第2版 [M]. 张怀岭，吴逸越，译. 北京：中国人民大学出版社，2019：153. 受保护的人包括表演者(《德国著作权法》第73~84条)或者与具有商业组织形式的单位合作促进文化生活发展的人。

④ LG Frankenthal 6. Zivilkammer, 2012, 6 O 43/12.

蹈编排的一部分。早在 2010 年 5 月，原告与被告之间就发生了纠纷，被告也在一段时间内用纸质服装进行变形模仿表演，并在其经营的网站进行宣传。这一争端最初是通过 2010 年 6 月达成的一项协议解决的。在该协议中，被告承诺，除其他事项外，不再在当时的主页上向公众提供视频，也不再以相同的形式使用协议中描述的某些服装。尽管达成了协议，但被告仍在使用 E. M. 设计的个别服装，这些服装是舞台剧 E. M. 的基本元素。此外，被告主页上的视频含有 E. M. 节目的基本舞蹈和音乐元素，同样的变身镜头（如莉莎·米内利变成自由女神像和伊丽莎白二世女王变成弗雷迪·默丘里）也在那里播放。被告辩称，在这一案例中，仅仅是带有纸质服装的变形表演的想法并不享有版权保护。在他的表演中，表演的过程和舞蹈编排与 E. M. 不同，据此，原告既不是舞台表演的作者，也没有对其拥有任何权利。服装的相似性是不可避免的，是基于被模仿人物的具体特征。

对由各种单独元素组成的复杂作品的版权保护，如果其组成部分本身不受版权保护是不够的。作品的各个部分是受独立保护的，只要相关部分独立满足《德国著作权法》第 2 条规定的个人智识性创作的要求。这样的作品是在特定的舞蹈序列框架内，在有或没有音乐的情况下呈现动作、手势或面部表情，这是个人智力创造的表现，舞台剧 E. M. 就是这种情况，其精髓在于借助特殊的编排和音乐序列，使用专门设计的纸质服装对知名人士进行戏谑性的描绘。原告作为舞台剧的营销者也有可理解的自身利益。因此作者不仅对作品整体享有保护，而且对其作品的个别特别是形成性元素享有保护。这既适用于纸质服装的设计，特别是整个作品的特点，也适用于在模仿的框架内表演的面部表情和手势，再加上背景音乐和单独安排的转变序列，这些都赋予了该舞台表演特殊的性质。法院于 2012 年 2 月 8 日下令批准了原告申请的禁令，在禁令发布时网站提供的视频节选中，被告模仿了玛丽莲·梦露、蒙娜丽莎、史蒂夫·旺德、格洛丽亚·盖诺、惠特尼·休斯顿、蒂娜·特纳、猫王、席琳·迪翁和纽约自由女神像等人物或形象，也与在 E. M. 节目中描绘的音乐标题完全相同。被告有时甚至使用相同的面部表情和手势（例如在对蒙娜丽莎、格洛丽亚·盖诺、席琳·迪翁的描绘中）、相同的风格化手段（在对自由女神像的描绘中抛出反射纸屑）。被告也按照 E. M. 中的相同顺序进行了从一种人格到另一种人格的个别转变（例如英国女王伊丽莎白二世转变为歌手弗雷迪·默丘里,而莉莎·米内利则转变为纽约自由女神像)。

上述众多的相似性,给观众留下了一个彻底的可互换的整体印象。被告所做的改变基本上仅限于衣服的颜色,甚至在制作、剪裁或图案等方面都没有明显的不同,不足以使 *E. M.* 中创作的个人特征退却或消逝。委员会认为,由于 *E. M.* 作品的大部分内容被被告占用,因此存在侵犯版权的情况。

(三)以"小硬币"标准扩大舞蹈作品著作权保护范围

德国对于舞蹈作品著作权的保护范围以一枚"小硬币"为标准,即对于舞蹈作品的独创性来说,通常要求比较低,只需要达到一枚"小硬币"那样微小的创作高度,作品就可以受到著作权的保护。

根据即兴表演案①中所确立的指导原则,即兴表演可以作为美术作品或舞蹈作品,或作为一个特定的、特殊的奇特设计而成为《德国著作权法》第 2 条意义上的个人智力创造。一件作品是否能受到版权保护,这并不取决于它是否属于《德国著作权法》第 2 条所列的艺术作品类型之一。《德国著作权法》第 2 条第 1 款只是示范性的,联邦最高法院对于即兴表演是一件视觉艺术作品还是一个舞蹈作品持开放的态度,认为作品是否取得著作权法的保护并不取决于它是否属于《德国著作权法》第 2 条第 1 款所列的作品类型之一,只要即兴表演属于《德国著作权法》第 2 条意义上的艺术领域的智力创造就足够了,即兴表演构成了个人的智力活动。

二、德国舞蹈作品版权保护评析

从艺术的角度解释,舞蹈是一门兼视觉、听觉于一体的表演艺术形式。舞蹈作品以肢体为工具,以动作语言为主要表现特征,融合了音乐、化妆、服装、道具、舞美、灯光、音响等相关艺术手段,塑造舞蹈艺术形象,表达作品思想感情。一个好的舞蹈作品会让大部分人产生共鸣,而共鸣产生的前提便是蕴含着丰富的思想感情。戏剧性的内容和情节并不是认定舞蹈作品的必备要素,对于个别案件,归类到具体哪一类作品是非常重要的,因为不同类型的作品之间的差异是

---

① BGH GRUR 1985, 529, -Happening.

非常大的。舞蹈是一门独立的艺术，应该独立于"哑剧作品"之外进行保护。

《德国著作权法》通过邻接权保护制度，并行保护表演者权和演出组织者的权利，在对舞蹈作品的保护上，其服装、作曲、舞台设计等方面可以享有戏剧、音乐、美术作品的著作权保护，而那些为舞蹈作品表演作出贡献的演员、导演以及组织者享有相关舞蹈作品的邻接权。这样可以最大限度对舞蹈作品进行全方位的保护。

根据德国弗兰肯塔尔地区法院审理舞台表演案所传达的精神以及指导原则，对于由各种单独元素组成的复杂作品的版权保护，作品的各个部分是独立保护的，只要相关部分独立满足《德国著作权法》第 2 条规定的个人智力创造的要求。另外，关于德国舞蹈作品"小硬币"标准，虽然说德国学界对此存在争议，但是"小硬币"标准通过较低的独创性标准为舞蹈作品提供了更多的著作权保护，对于舞蹈作品著作权保护的实践而言，无疑是弊大于利的。

第四节　舞蹈作品版权域外保护实践借鉴与启示

戏剧、文学和音乐作品在西方国家均有明确的定义，在版权保护方面已有较成熟的经验，舞蹈作品版权保护的界限也变得日渐清晰，欧美等发达国家都以立法、解释或是判例的形式解决舞蹈版权保护的相关问题。版权相关法律制度经过长期的发展，争议的焦点往往涉及舞蹈作为版权保护主体的定义、性质和范围等。美国通过联邦立法将舞蹈作品划分为单独的艺术门类加以版权保护，而英国和德国都把舞蹈作品看作戏剧作品的一部分来进行版权保护，并且只保护具有故事性内容和情节的舞蹈作品。

近年来，舞蹈产业在中国取得了长足发展。舞蹈类节目将舞蹈由小众推向大众，极具戏剧性的舞蹈表演，用肢体绽放视觉的艺术，以视听语言为载体，拓宽了舞种的宽广度，让现代舞、古典舞、芭蕾舞这些艺术化的舞蹈与大众所缺失的舞蹈、身体美学认知实现很好的交流与互动。我国舞蹈版权保护立法和司法实践可借鉴欧美的相关成熟经验，完善舞蹈作品版权保护相关法律体系，整合零散的法律法规，明确舞蹈作品的内涵及外延，完善著作权制度中有关舞蹈作品的规定，以单行条例的形式细化行为准则，更好地贯彻"思想表达二分"原则，进一步明确舞蹈版权的保护范围，进而提高舞蹈产业的版权意识，规范版权相关行为。

国外相关舞蹈作品版权侵权与保护典型案例中裁判的要旨、法理依据，对我国舞蹈版权审判实践具有一定的启示作用。无论是以判例法为主要法律渊源的英国、美国，还是以成文法为依据的德国，舞蹈侵权典型案例对其本国的独创性认定标准、实质性相似衡量标准具有重要的参考价值。审判中侵权认定衡量方法，如实质性相似、抽象检验法、普通观众测试法等，为补充法律解释，指导审判实践正确适用相关法律制度，促进类案同判，树立行为规则，明确裁判要旨，发挥司法裁判的教育、评价、指引、示范功能。我国可以通过选取有影响力和代表性的案件或案例作为参照，出台有建设性意义的司法解释，发挥普法宣教示范价值，推动并维护舞蹈作品的独创性，尊重舞蹈作品的原创价值，形成一种无形而有力的约束力，推动舞蹈创作环境良性发展，营造和谐版权社会生态。

数字时代创作形式的多样化、载体的现代化为舞蹈作品提供更广阔的平台，注入新鲜活力。美国游戏中的舞蹈作品侵权案件频发，同影像结合的舞蹈创作形式伴随着互联网传播方式与途径的多样化，逐渐成为一种新兴的舞蹈创作形式。要关注新创作理念下舞蹈作品的版权保护，时代的变化要求法律也随之完善，顺应现实之走向、形势之变化。同时，高科技技术也能助力舞蹈作品的多维保护，引导舞蹈作品版权保护技术创新与应用，创造舞蹈作品高效维权途径，降低维权成本与难度，构建舞蹈作品多元保护机制。

第六章　新媒体时代舞蹈作品版权保护机制完善对策

第一节　完善舞蹈作品版权保护相关法律体系与司法实践

一、完善舞蹈作品概念，积极保护新兴的舞蹈艺术形式

舞蹈界与法学界对舞蹈作品概念的界定存在一定的差异。舞蹈界强调舞蹈作品的综合性，而法学界侧重于舞蹈动作设计。舞蹈界学者隆荫培、徐尔充认为：舞蹈是在一定的空间和时间内，通过连续的舞蹈动作过程、凝练的姿态表情和不断流动的地位图形（不断变化的画面），结合音乐、舞台美术（服装、布景、灯光、道具）等艺术手段来塑造舞蹈的艺术形象。[①] 袁禾认为：舞蹈是以人体为媒介，以动作姿态为语汇，在时间的变化中以空间的审美形式来表达思想和情感、体现生命的符号。[②] 而在法律界，对舞蹈作品概念的界定与舞蹈界侧重点不同。王迁认为：舞蹈作品是指被表演的舞蹈动作的设计，而不是在舞台上的表演。[③] 刘春田持不同观点：舞蹈是人体动作的艺术……舞蹈作为一门兼具空间性与时间性的综合艺术，往往综合了音乐、诗歌、戏剧、绘画、杂技等手段而成为独立的艺术门类……舞蹈含有舞蹈表情、舞蹈节奏和舞蹈构图三个基本要素。[④] 此观点

[①] 隆荫培，徐尔充．舞蹈艺术概论：修订版［M］．上海：上海音乐出版社，2009：1，132.

[②] 袁禾．舞蹈基本原理［M］．上海：上海音乐出版社，2015：1.

[③] 王迁．知识产权法教程：第五版［M］．北京：中国人民大学出版社，2016：72.

[④] 刘春田．知识产权法：第四版［M］．北京：中国人民大学出版社，2009：57.

既强调了动作设计，也强调了舞蹈作品的综合性。舞蹈作品版权保护适用法律制度，所以，艺术界和法律界对舞蹈作品概念的界定应尽量达成一致，以便在法律适用中有更明确的规范和适用空间。舞蹈作品的概念应从舞蹈作品动作设计与舞蹈作品创作元素、表演等综合性方面来定义。

《著作权法》对舞蹈作品的定义有待完善，从而导致了法律空白地带出现。随着网络技术的飞速发展，AI 技术运用到舞蹈领域，融合了 AI 技术创作的舞蹈作品是否具有版权以及应当如何进行保护引发了业界的讨论。突破传统舞蹈形式的舞蹈作品版权问题逐渐成为舞蹈作品版权研究的热点之一。由此，我国需要完善舞蹈作品概念，积极保护新兴的舞蹈作品艺术形式。

二、建立健全法律法规体系，加强舞蹈作品"双轨制"保护

截至目前，国内并没有一部关于舞蹈作品版权保护的单独法律法规，虽然有关于舞蹈作品版权保护的相关规定，但这些规定过于简单、零散，分布在各个法律法规体系中，并且与音乐、美术等艺术门类相互交杂。所以，需要重视舞蹈作品相关立法工作，进一步完善和细化著作权制度中有关舞蹈作品的规定，在司法实践中做到有法可依、有章可循，如以单行条例的形式颁布《舞蹈作品保护条例》《舞蹈作品保护办法》等，对舞蹈作品及其版权登记、认定、侵权、保护、救济、法律责任等方面进行系统规定。在行政保护方面，国家对版权行政保护力度加强，但版权行政保护还存在不足之处，有待完善。在行政执法过程中，行政机关对版权侵权行为的行政处罚呈扩大趋势。最新《著作权法》第 60 条规定"著作权纠纷可以调解"，与以往著作权法规定保持一致，但对于版权行政调解的实施主体、适用范围、具体程序、诉调衔接等细节并未作出明确规定，导致著作权行政机关对实践中的著作权侵权纠纷进行行政调解时无法可依、无章可循。[①]

版权行政处罚是高强度的行政介入手段，应当严格限制其适用范围。健全版权行政调解规范以回应行政调解在实践中已广泛运用的制度需要，并对行政调解存在的定位不清晰、滥权等问题进行规制，有利于优化行政服务，增进社会

[①] 左琪. 版权行政保护的实践困境及对策[J]. 黑龙江生态工程职业学院学报，2021，34(3)：94-96.

福祉。

进入数字时代，技术的发展给版权保护工作带来一定冲击的同时也为版权保护提供一定的便利。利用互联网搭建舞蹈作品版权保护平台，被侵权人在平台进行投诉，平台对案件办理进度及各环节所用时间进行准确记录，从而形成举报信息采集录入、问题分流督办、结果跟踪反馈的工作闭环，并对承办人及单位工作效率的提高起到无形的督促作用。[①] 为促进舞蹈行业良性发展，更好维护舞蹈作品权利人权益，健全版权行政法规，加强特殊舞蹈著作权人权利意识，我国应结合时代背景，利用互联网技术，加强特殊舞蹈动作的数字化保护。

三、加强释法说理工作，明确舞蹈作品版权保护标准

舞蹈作品版权受到保护需满足以下条件：舞蹈作品以有形形式固定，舞蹈作品具有独创性。舞蹈作品独创性认定一直是学界讨论的焦点问题之一，其界定了舞蹈作品的保护范围。学界对舞蹈作品独创性的定义存在不同的观点，大多数学者较为认同的是以郑成思、王迁为代表的"设计说"观点。郑成思教授认为独创性表达内容是指舞蹈动作的设计，包括但不限于以文字形式、舞谱等方式固定下来的设计。[②] 王迁教授同样认为被表演的舞蹈作品的动作的设计是独创性表达的具体内容。[③] 美国、英国等国家也认为舞蹈动作的设计编排可作为舞蹈作品独创性认定的依据。国际上一致认同舞蹈作品保护思想表达，但不保护思想。

著名的"月光案"中，法院承认独创性判断对象是舞蹈动作的设计编排。法院对舞蹈动作设计编排的独创性分析为视觉层面宽泛的分析，并未对舞蹈动作进行深入的分析，容易造成独创性判断的混淆。现有判断舞蹈作品构成侵权的标准为构成实质性相似，而讨论实质性相似，必须先讨论独创性认定。

舞蹈作品独创性判断应当兼顾基本法理运用与专业特征，既要明确区分思想与表达、作品与表演等基本概念，确定独创性表达内容为舞蹈动作的设计编排，又要灵活体现舞蹈特征，将舞蹈结构、舞蹈构图、舞者人数、舞种数量等专业概

---

① 刘晓莉. 数字网络技术条件下版权行政保护的完善之道——基于效率视角[J]. 中国出版，2019(17)：34-37.

② 郑成思. 知识产权法：第 3 版[M]. 北京：法律出版社，2003：287.

③ 王迁. 知识产权法教程：第六版[M]. 北京：中国人民大学出版社，2019：72.

念纳入独创性判断的考虑范畴。① 为加强释法说理工作，以及对舞蹈作品独创性进行全面清晰界定，我们需要更加明确舞蹈版权保护标准和保护范围。

四、加强司法指导，规范舞蹈作品版权侵权审判实践②

(一)完善相应侵权判定的司法适用指导

相较于其他艺术门类，例如绘画、摄影、雕塑等，舞蹈更具综合性且发展程度较低，国内对舞蹈作品的法律保护尚未形成完整体系，仍有不少法律空白急需填补。在互联网高度发展的当下，侵权方式已发展到以盗链、云盘、移动聚合为主要表现形式的侵权 3.0 时代，③ 这无疑是对当前舞蹈作品侵权乱象的雪上加霜。由于相关法律法规的缺失，侵权手段的高频更新，法官判定舞蹈作品"实质性相似"的标准往往出现分歧和滞后，加之法官自由裁量权的影响，导致情形相似的案件却有截然不同的判决，可见，对舞蹈作品侵权认定的司法实践中还存在许多亟待完善之处。

(二)出台相应侵权判定的司法解释

近几年，随着司法体系的不断完善，以及人们对知识产权的日益关注，国家层面对"实质性相似"的概念界定以及判定方法进行了厘清。例如，最高人民检察院发布的知识产权典型案例、最高人民法院印发的中国法院知识产权案件和典型案例及相关司法解释文件中均提到了"实质性相似"。目前相关领域处于从理论探讨向实践深入过渡的阶段，法官在判定舞蹈作品侵权时没有统一明确的规范可供遵循，主观性强，自由裁量空间大，同案不同判现象时常发生。当务之急是需要加强理论建构，汲取国际国内相同领域的经验，尽快出台具体的、易操作的司法解释，为法官审判实践提供明确的判定方法及步骤，使舞蹈作品著作权保护

---

① 沈汪成. 舞蹈作品独创性判断问题之再思考[J]. 新余学院学报，2021，26(5)：104-109.

② 胡神松，李思颖. 舞蹈作品侵权判定司法实践及完善对策研究[J]. 文化月刊，2022 (10)：185-187.

③ 熊琦. 移动互联网时代的著作权问题[J]. 法治研究，2020(1)：62.

不再是一纸空谈。

（三）发布相应侵权判定的指导性案例

当学界为侵权判定方法的选择争鸣不已、尚无定论时，最高法院发布的指导性案例将成为争鸣中的风向标，能有效统一下级法院的判定标准，在依旧保障法官自由裁量的前提下，极大减少了相似情形不同结果的不公现象。当著作权人的合法权益得到有效维护，其舞蹈创作的积极性也将得到提升，从而助力我国舞蹈事业长期繁荣稳定地发展。

五、综合与协调适用，完善和优化舞蹈作品侵权判定规则①

整体观感法的优势在于其适用面广，对判定者的专业能力要求较低，能够很好地平衡作者的权益和社会的公共利益；而抽象分离法的优势在于其实践操作性强，指令清晰明确，判定结果严谨客观，故需要综合、协调适用整体观感法与抽象分离法。

首先是视角的融合。整体观感法采用的是普通观察者的视角，而抽象分离法采用的是专业人员的视角，二者视角的融合既弥补了整体观感法下大众视角的笼统与感性，又平衡了抽象分离法下专业人员和大众之间认知的差异，从而形成了多元统一的视角，使结果更为公正客观。

其次是判定元素的融合。整体观感法主要从宏观整体上进行认定，并未具体到作品的局部细节，而抽象分离法将作品局部细节进行比对，有时会忽视整体的直观印象。二者的融合拓展了原本单一的判定元素范畴，使司法实践中的判定理由和依据更加清晰明确，典型案例的可参考性更强。

整体观感法与抽象分离法的综合与协调适用，已在司法实践领域取得明显的成果。例如在杨某、李某雯诉淮阴师范学院侵权纠纷一案中，江苏省高级人民法院通过综合运用整体观感法和抽象分离法，对被告作品《桥中幽，雨中绵》中的舞蹈结构、舞蹈辅助手段及音乐进行分析比对，从而判定二者构成实质性相似，

---

① 胡神松，李思颖 . 舞蹈作品侵权判定司法实践及完善对策研究［J］. 文化月刊，2022（10）：185-187.

认定吕某侵犯了原告的署名权与表演权。

选择不同的实质性相似的认定方法，将直接影响司法审判中的判定结果，法官应当根据具体案情，思考如何协调适用这两种方法。

著作权既是私权，同时也是限制性权利。在全球信息化的时代背景之下，如何在保护著作权人合法权益的同时对私权加以限制，如何在激励创作者积极性的前提下兼顾社会利益的实现，是知识产权制度面临的重大难题。由此可见，整体观感法与抽象分离法的综合适用，不仅能够更好地贯彻"思想与表达二分"原则，同时也体现了个人利益与社会利益的平衡，实现了法律的基本价值。

六、积极发展专业规范，促进舞蹈相关领域有序发展

舞蹈专业规范主要分为舞蹈创作规范与舞蹈表演规范。舞蹈创作遵循规范是为了更好地展现舞蹈内容与舞蹈形式。舞蹈创作没有固定的模板，舞蹈创作者的创作空间非常广阔，但并不是随意无原则地创作，而是遵循舞蹈创作的艺术规范，掌握比较科学的原则和方法，更好地发挥个人独特的创造精神。[①] 舞蹈创作规范主要针对专业舞蹈创作，对于群众性舞蹈创作规范性的要求则较低一些。在专业舞蹈创作过程中，需要遵循国家舞蹈艺术规范的相关政策，并保持舞蹈作品的美感与观赏价值，使其在表演过程中能够充分展现出美学效果和艺术魅力。[②] 专业舞蹈创作还需要规范舞蹈作品的传承性，舞蹈是创作者对生活感悟的写照，对历史的铭记和对未来的憧憬，表现出来的作品能够引发观众的共鸣，使观众能够深刻感受到舞蹈的艺术魅力，从而展现舞蹈的艺术价值。

舞蹈作为一种表演艺术，需要遵循一定的表演技术规范来更好地表达舞蹈作品的内涵。技术规范是个性化表达得以施展的基础，若逾越了技术规范的标准框架，个性化表达便宛若无源之水、无根之木，个性化的表达只有建立在标准化的技术范式之上，才能对整体的舞蹈呈现起到积极的促进作用。[③] 表演者随心所欲地表演，会割裂舞蹈作品的情感与动作，无法与观众产生共鸣。舞蹈表演遵循

---

① 张扬. 浅析舞蹈创作的审美规范[J]. 美与时代（下半月），2009(8)：90-92.

② 刘怡. 群众舞蹈创作与专业舞蹈创作的区别[J]. 戏剧之家，2016(13)：145.

③ 刘家瑞. 关于体育舞蹈技术规范的几点思考[J]. 体育科技文献报，2021，29（3）：169-170.

"知行合一"的舞蹈表演规范，舞蹈表演者将作品的真正内涵和情感通过动作表达出来，使两者和谐统一。① 表演者只有深刻感知舞蹈作品内涵，加强舞蹈动作的训练，才能通过肢体语言表达出舞蹈作品的真实情感，给观众心中留下深刻印象，升华舞蹈作品内涵。

第二节　合力构建舞蹈作品和谐版权生态

生态一词最早源于古希腊文，其意为住所或栖息地。② 1866 年德国学者海克尔（Haeckel）发表了《生物体普通形态学》一文，提出生态学这一概念，他认为：生态学是研究有机体与无机环境之间相互关系的科学。③ 经过百年历史浇灌，时代飞速变迁，生态一词不再是生物学界的专属品，这一定义不断延伸至全世界、全社会领域，其语义不断深化、范畴愈发宽广，类似经济生态、文化生态、政治生态、互联网生态等词语纷至沓来，跃于多元文化、不同知识背景、不同学科领域、差异化文化构成的群体或个人之间。舞蹈作品版权定义下的创作过程是思想表达与复制发表过程的融合，这一过程类似于生物个体、群落之间营养关系的分布，不是直线型导向关系，而是呈网格状、点散式分布。舞蹈作品和谐版权生态构建的路径选择是对自然关系的一种借鉴与发展，细分舞蹈作品版权的内外环境，聚焦于动态环境变化下舞蹈作品版权的完善与利益平衡，探寻多角度、多方协同的系统性保护策略。简而言之，版权生态（copyright ecology）④与人类社会中必然存在的社会生态具有相似性，后者表达的是人类群体与周围环境形成的人与人之间和人与环境因素之间的关系系统，而前者则是表达版权的生发环境与其环境因素的一种制约或者促进关系。本文笔者以版权生态为切入点，结合利益相关者理论，构建版权保护的和谐内外生态环境，以期营造舞蹈作品版权运营与保护的良性循环氛围，平衡舞蹈著作权人个体权利与公共利益之间的

① 肖跃英. 舞蹈表演中"知行合一"的表演规范[J]. 艺术品鉴，2020(35)：129-130.
② 张廷刚."生态场域"的范畴内涵与学术意义[J]. 烟台大学学报(哲学社会科学版)，2017，30(6)：19-28.
③ 车辚. 社会生态系统论纲[J]. 中共南京市委党校学报，2017(5)：5-10.
④ 宋慧献. 版权生态与版权创新初论[J]. 知识产权，2006(6)：27-32.

关系。

一、政策引领，构建和谐外部生态

基于宏观视域下，版权外部生态和谐度的构建与提升，应从历史发展的角度与社会发展的维度着力。版权所处的外部环境不能直接简单理解并将其等同为版权外部生态。这是因为，环境与关系等词语更多是指静态，而版权的内外部生态是一种处于多因素的、动态的、生长性相关的相互影响、诱发、促进并相互抵消、抑制的过程之中。在生物学上来说，外部生态是指外部环境与关联。推此及彼，版权外部生态是与版权有紧密联系的各种外部环境因素以及诸类因素之间、外部因素与环境之间产生的一种具有交互性的关系。诸多影响因素中，政策体系、科技、经济、文化四个层面的因素，对和谐外部生态的构建具有提纲挈领的作用。在此种外部生态之中，各种因素之间相互作用、相互影响、相互促进抑或相互抑制，借势于不同方位，多方面、多角度形成一股合力作用于版权的产生与运作，于协同中发展，也于差异中助推版权的产生与运作。每种因素对构建和谐的外部生态发挥不同作用。其具体关系如图3所示：

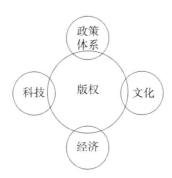

图 3 版权外部生态关系

（一）政策体系

对于舞蹈作品的版权保护，要遵循"三观治理"原则，即构建舞蹈作品版权保护的生态屏障要从宏观的政策规划、中观的监督管理以及微观的保护措施三位一体，层层推进。而宏观的政策体系构建是破解舞蹈著作权保护困境的精准良方与坚实基础，具有谋篇布局的重要意义。《中华法学大辞典·法理学卷》中对政策解释道："政党或国家为实现一定历史时期的任务而制定的行动纲领、方针和准则。"早在2011年便有学者提出："中国版权产业发展目前已初具规模，形成了较为完整的版权产业体系和产业政策体系，形成了一批产业基地和园区，并已具备相当的产业规模和产品生产能力。"①其中核心的版权产业体系涵盖了不同门类的舞蹈、戏剧创作、杂技艺术与音乐、新闻出版、电影与录像制作、曲艺、广播电视、摄影、广告服务等产权要素；同时也包括了兼具管理与授权职能的版权集体协会组织。

目前，相较于音乐、电影等其他同类型的艺术行业，舞蹈作品的版权保护明显落后于其他同类型的版权行业。以我国音乐产业音乐版权付费保护措施为例，2015年有关推动数字音乐正版化的发展政策集中出台，国家版权局发布《关于责令网络音乐服务商停止未经授权传播音乐作品的通知》、文化部印发《关于进一步加强和改进网络音乐内容管理工作的通知》、原国家新闻出版广电总局出台《关于大力推进我国音乐产业发展的若干意见》。行政效能凸显，加速了音乐版权付费合理化的进程。但是舞蹈版权保护却还在源头概念上存在定位不清晰、保护范围不明确、法律规定与实际判例中存在法理与情理的困顿之境、舞蹈随意演出无监管、抄袭与否难界定、领接权利难保障、舞蹈版权贸易低、权责范围难辨析等问题，② 使得舞蹈版权的保护处于进退维谷的境地。

美国的伊恩·罗伯逊在《社会学》一书中曾经言道："政策是一套价值标准、规范、地位、角色、群体稳定排列组合，它是围绕一种基本的社会需求而形成的，它提供了一种固定的思想和行动范式，提出了解决反复出现的问题和满足社会生活需要的方法。"如今我们正处于资讯填充、信息大爆炸的时代，传统的版权保护应在互联网语境下，充分探讨互联网舞蹈版权保护政策体系的构建。有学者表示自2001年《中华人民共和国著作权法》修改之后，增设的信息网络传播权，

---

① 魏玉山，赵冰，张凤杰. 中国版权产业发展的成就、问题与前景[J]. 现代出版，2011(2)：9-13.

② 刘洁. 当前中国舞蹈作品著作权保护的现状及对策研究[J]. 北京舞蹈学院学报，2016(6)：13-18.

奠定了我国网络版权的基础，回顾我国网络版权发展的 20 年，我国还通过借鉴美国《千年数字版权法》制定了《信息网络传播权保护条例》，构建了网络环境下多方主体的利益平衡机制，但无论是直接规制网络用户的行为，还是强化网络服务提供者的责任，均不适用于我国的具体国情。① 在学界也有大批学者呼吁构建"三振出局"的网络行为规则机制，尽管"三振出局"机制对网络用户的教育意义大于惩罚意义。② 从实际出发，科学界定网络传播行为，定性分析新媒体时代下类型化的盗版规则，还是要以现有法律的完善与发展为主旋律，利用既有规则解决新问题，这是未来立法工作者的工作重心。

从我国目前现有的法律体系构建出发，我国颁布的《著作权法》《著作权实施条例》《著作权集体管理实施条例》《信息网络传播权保护条例》《互联网文化管理暂行规定》《关于推动数字文化产业创新发展的指导意见》等一系列法律法规予以舞蹈版权整体构架上的保护，但是由于在界定主要核心概念层面的语义模糊和对舞蹈作品内涵解读的偏差，故在实践研究中，仍然存在着许多法律空白地带。积极构建多方协调的政策监管体制，需要政府加以适度的引导与干预，要充分利用《信息网络传播权保护条例》中的"通知—删除—反通知—恢复"机制，权衡各方主体利益。

2021 年，国家版权局发布《版权工作"十四五"规划》，其中明确表示，版权工作对内治理，着重加强版权法律法规和政策制度的完善，具体包括："推动修订完善著作权法规和部门规章。制定、修订《著作权法实施条例》《著作权集体管理条例》《信息网络传播权保护条例》《计算机软件保护条例》和民间文学艺术作品著作权保护条例，以及《著作权行政处罚实施办法》《作品自愿登记试行办法》《计算机软件著作权登记办法》等著作权法配套行政法规、部门规章。完善版权管理体制机制，健全新领域新业态版权保护制度。"对外版权工作的拓展，要着眼于与国际接轨，落实版权"走出去"工作，推进有关著作权国际条约的磋商、拟定与批准工作。例如，为提升国际话语权，我国应深度参与当前世界知识产权组织框架下全球版权治理，同时也应积极参与、推动相关著作权国际条约的磋商、缔结

---

① 王迁，闻天吉. 中国网络版权保护 20 年[J]. 中国出版，2020(23)：52-57.
② 陈绍玲."三振出局"版权保护机制设计研究[J]. 中国版权，2014(4)：19-25.

工作，以提供解决由经济、社会、文化和技术发展所产生的问题的适当方法，完善国内版权相关的法律法规，使其与《伯尔尼公约》《世界知识产权组织表演和录音制品条约》(WPPT)《保护表演者、录音制品制作者和广播组织国际公约》《视听表演北京条约》《马拉喀什条约》等国际版权条约更好地接轨。

（二）科技

1947 年卢因提出的守门人理论认为，"信息总是沿着包含有'门区'的某些渠道流动，在那里，或是根据公正无私的规定，或是根据"守门人"的意见，对信息或是商品是否被允许进入渠道或是继续在渠道里流动作出决定。"[①]在于纸媒时代，以唱片制作者、图书出版商、电影公司以及其他大规模的作品创作机构为核心的"守门人"主要通过阻止购买侵权产品的方式来应对侵权产品对法律的入侵。[②] 但是，在互联网"共享、免费、互通"精神的奔涌和网络行为溯源困难等大环境的影响下，网络语境下的复制传播行为日益猖獗。传统的"守门人"机制逐渐失灵，控制效能不再凸显。由此可见，科技的发展对于版权的发展亦有生态调节之功效。对于舞蹈版权的保护，也应由科技基础元素为锚，定航于舞蹈版权外部生态圈。从历史的角度来看，科技的发展使得版权的复制与传播成为可能，没有科技的支撑，版权制度及其革新便无从谈起。版权发展的历史充分印证了科技与版权发展之间存在正反馈互动调节机制这一关联特性。17 世纪初期，活版印刷术的全面推广与普及给予了版权文化科技基础，传播与复制更为快速便捷，西欧逐渐成为现代版权贸易的中心。随后，广播电视技术的出现成为邻接权横空出世的核心动因之一。[③] 现如今，数据信息化的程度不断加深，伴随着第三次科技革命热潮的猛烈推进，5G 商用模式如火如荼，区块链融合多版块接轨，互联网人工智能领域步入发展快车道，现代版权制度又面临数据化转型之契机。版权的繁荣与发展，也反向推动了科学技术的更新迭代。

---

① 徐艺心. 互联网用户隐私保护的环境特点及制度走向[J]. 当代传播，2017(2)：66-69.

② 姜福晓. 数字网络技术背景下著作权法的困境与出路[D]. 北京：对外经济贸易大学，2014.

③ 宋慧献. 版权生态与版权创新初论[J]. 知识产权，2006(6)：27-32.

（三）经济

以经济学的观点出发，舞蹈是一种生产性经济行为，其基于"生产—消费—再生产—再消费"的经济模式，以舞蹈消费与经济回馈为刺激带动舞蹈作者原创自发性生产。经济作为影响舞蹈的社会生态因素，以不同的生态因子形式作用于舞蹈生产（创作）—舞蹈产品（作品）—舞蹈审美消费（欣赏）的三个产业链的不同层面。舞蹈版权的产生与发展以及舞蹈产业的繁荣发展离不开经济刺激，舞蹈戏剧类作品作为精神文化类产品重要的产出支柱，具有与富集型知识网络契合的特质，涵盖不同行业、跨度的审美评值，极具版权经济价值。如果版权作为知识经济领域最为活跃的因子，那么版权与经济的相互融合与衍生便如家常便饭般自然。作为版权生态外环境的经济基础必然会影响精神类产品上层建筑的稳健与发展。

马克思在《资本论》中认为在劳动的过程中，劳动不断由运动形式转为存在形式，由运动形式转为物质形式。由此，马克思提出劳动价值理论，从劳动的二重性出发，舞蹈作品版权商品化的基础性原料为创意与知识，经大量复杂的劳动与智力加工，逐步形成以内容为中心的情感附着型的创意性商品。其内容凝聚着抽象劳动的光辉，具体劳动是将内容转化为产品的技术、载体和机制。早在2006年就有学者认为"当生产力发展到一定程度以后，在经济领域形成了以私有财产为基础，以自由且平等的契约为约束规则的商品交换与贸易市场，并且基于作品—产品的传播、经营过程形成了一种较大规模的产业。版权的私有财产权利益得到确认与保障。在此意义上，经济与制度联系在一起。"①从中可以得知，在经济学视角下分析版权商品是以承认版权具有私有财产性质为前提的，其清晰的边界，为版权开发、挖掘、利用奠定了基础。发挥经济对版权的促进与激发作用，实现版权制度到版权经济的跨越，在宏观层面需要法律与政策的软保护与规制。在微观层面上，需要科学配置资源要素，市场激励机制促进版权产品的商品化，最终通过市场竞争、权利扩张、交易成本控制等手段实现版权产业的发展，从而实现版权与经济的良性互动。（见图4）

---

① 宋慧献. 版权生态与版权创新初论[J]. 知识产权，2006(6)：27-32.

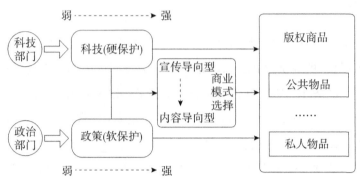

图4　版权商品动态模型

（四）文化

除了政治、科技、经济三种因素之外，版权文化也是版权外部生态的不可或缺的一环。文化是影响相关法律政策实施效果的一个重要因素，日益成为相关科技发展与舞蹈版权商品化的内化因素。版权文化发展的滞后，已成为舞蹈版权保护所面临的主要困境。相较于其他知识产权，版权保护更多涉及文化层次。但文化是一个语义丰富、内涵宽广的名词，社会学、人类文化学等学科给文化下过200多种定义，涉及文化的不同角度、不同范围、不同层面。跨文化保护学者曾经将文化划分为个体主义文化与集体主义文化。西欧、美国等国家为个体主义文化的主要代表国家，其最为重要的内涵便是强调个体的独立自主与独一无二。与之相对的集体主义文化更多的是从国家、宗族的视角出发。有学者曾经按照Geert Hofstede[①]的标准，将各国的个体主义强弱与软件盗版发生率进行关联性研究，发现文化确有影响。根据统计结果显示，天生的文化习惯对盗版的推动力量似乎比经济利益还要强烈。[②]　文化习惯决定了人们对盗版的认可与接受程度。文化差异会影响到版权是否被接受，以及版权所有者是否获得价值收益与市场份额的增加。如果创作的舞蹈对文化市场缺乏吸引力，舞蹈版权将会丧失其商业价值。舞蹈版权保护也要适应中国民众的文化习惯，在新媒体时代下，没有良好的

---

① Hofstede G. Geert Hofstede Cultural Dimensions[J]. Geert Hofstede，2009.

② 乔小明. 版权发展的制度文化因素研究[J]. 科学导报，2014(19)：133-134，135.

版权文化作支撑，新媒体发展不可能行稳致远。与此同时，正因为体格强大、能力超强，新媒体更有可能在社会版权文化建设中发挥示范、引领作用，要运用新媒体技术自下而上地引领社会大众树立尊重与保护舞蹈版权的社会风尚，构建"尊重私权、崇尚创新、追求自由"的版权文化，该标准是在对与舞蹈版权保护相关的政治、科技、经济等因素进行考量后确立的，有利于公众知识产权素养的提升，以文化提升构建舞蹈作品版权保护的屏障。

二、创新支撑，构建和谐内部生态

舞蹈作品版权生态内部环境涉及多阶段，从最初的舞蹈构思、创新生成舞蹈作品、至作品的传播与平台的转载，在舞蹈作品商品化传播过程中涉及作者、平台、行业业态、使用用户等主体，舞蹈作品涉及的作者、平台、行业、用户等因素决定着舞蹈作品版权的获得与发展，同时版权也影响并促进着作品、平台、行业业态更新。以创新为支撑，和谐的内部生态需要分主体进行规制与构建。舞蹈作品版权的内部生态如图5所示：

图 5　舞蹈作品版权保护内部生态

（一）作者：舞蹈作品创新

舞蹈是表演者通过肢体语言感染观众的一种艺术表现形式，从舞蹈的特性出发，单一死板的动作注定无法让观众们感同身受。舞蹈的创作从根本上来说是一个"冲破"与"重组"的过程，在创作过程中融入创新元素，不仅能大大提升舞蹈作品的商业价值，也能维护版权生态的和谐稳定。舞蹈作品版权生态的构建并非一成不变的过程，版权生态调节也存在失衡的可能，而创新舞蹈作品是舞蹈作品版权生态内部环境稳态调节的标准尺。舞蹈作品版权生态的外部创新主要包括政策、科技、文化等因素的创新，而内部生态创新的主力军则是作品的创作者。目前，我国舞蹈数量逐年增长，特别是随着抖音、快手、哔哩哔哩等短视频客户端平台的兴起，在"UGC"时代，舞蹈创作数量激增，然而优秀的舞蹈作品却略显不足，以创新为发力点，适当调整舞蹈作品创作的供给侧结构性改革是改善现状的"良方"。主要实现路径为作者通过创新舞蹈作品，扩大中高端的舞蹈供给，提升舞蹈作品质量，实现舞蹈作品质量与效益提高，由以量取胜转换为以质取胜。通过优化市场供给侧，提高舞蹈版权市场的适应性与灵活性。

（二）平台：完善舞蹈作品产业链

平台又可以称之为内容运营商，是实现舞蹈作品版权价值、艺术价值和社会价值的重要渠道。舞蹈作品产业链包括舞蹈的生产、流通、消费三个环节，第一个过程是舞蹈作品的生产环节，主要涉及舞蹈作品的创作者，其次在舞蹈作品的流通与消费环节，相关的平台（内容运营商）在流量吸引、付费使用、上传下载等过程之中发挥着承上启下的作用，一方面，运营平台通过与舞蹈作品的作者进行对接，扩大平台舞蹈样品的容量，以满足各类人群的需求；另一方面，通过与平台用户签订协议，提供授权使用等相关服务提高舞蹈作品的产出效益。以"舞舞网"为例，"舞舞网"是一家专注提供最新舞蹈资讯、音乐下载、专业舞蹈教学视频、赛事直播、舞服商城等全方位服务的平台，其创始人通过与各个省市舞蹈协会的合作关系以及与网络科技的战略合作，创建了全国首家舞蹈专业综合服务平台。有学者认为，目前我国很多地区的舞蹈产业链模式与机制尚未完善，产业链发展模式处于初级探索阶段，对于盈利模式、演出体系、演员的签约机制、宣传方式、授权机制等问题没有很好地回应，导致舞蹈作品产业链发展陷入左右为难的困境。① 因此，要尽快发展舞蹈相关行业协会、联盟与组织，与舞蹈创作相

---

① 苏杰. 消费时代下的许昌舞蹈产业化发展研究[J]. 中国民族博览，2017(12)：163-164，167.

关的企业、团队及学者要多加强联系与协助，为舞蹈作品的传播与平台的运营提供更好的对策。其次也要加强对相关内容传播平台的监督与管理，目前，对网络平台的法律规制主要是以民法典中的"通知—删除"的避风港规则为基础，该规则的设定的目的之一在于促使网络服务提供者在其控制范围内尽可能制止用户侵权的损害后果扩大，但是该规则在现实适用中还存在"水土不服"，有学者认为在"具体实践过程中，网络服务提供者的注意义务尚存争议，必要措施的选择亟须厘清，合理期限的确定尚不明晰，这为司法实践带来了诸多困难"。① 因此，除了运用"通知—删除"规则之外，还要通过政府引领监管与平台自治相协调的法律治理与技术治理，提高对舞蹈作品的版权保护。

（三）行业：促进舞蹈版权运营

舞蹈行业是指包括舞蹈作者、新媒体平台、内容运营商、用户等主体构成的市场业态，舞蹈行业的发展离不开各个主体的参与。同时，舞蹈作品版权保护也需要对舞蹈行业进行探究，以良好的行业业态促进舞蹈版权的运营。首先从舞蹈作品本身出发，鼓励舞蹈创作行为，同时加强对舞蹈版权的管理与舞蹈作品的运营，运用保护技术保护舞蹈版权。

（四）用户：促进良性循环

用户作为舞蹈作品版权生态内环境的主要消费者和舞蹈作品的付费使用者，是实现版权价值的源泉。从我国目前的版权大环境来看，知识付费的理念正在进一步地推进，"崇尚知识、尊重版权"的理念也在社会大众中得到了广泛的认可，总体来说，较20年之前的版权环境，如今对私有版权的保护有了质的提升，目前各地影视、音乐、舞蹈内容平台也纷纷推出了版权付费服务，以上种种措施都是为了增强用户的付费意识。用户的版权意识越强烈，舞蹈作品数字内容的正版化道路走得就越顺利，而舞蹈作品生态内环境的构建正需要这样的用户环境。以用户的正版意识推动盗版行为的削减，形成舞蹈作品版权保护闭环，促进舞蹈作

① 周园，谭丽玲．通知删除规则适用之阙如及其完善［J］．科技与法律（中英文），2021（3）：93-100.

品商业化的良性循环。

第三节 探索舞蹈作品多元化授权模式

在创新 2.0 时代(信息时代、知识社会的创新时代),"互联网+生态"概念持续延伸、区块链技术不断拓展、互联网大数据和大平台信息挖掘技术日益提升。舞蹈作品的传播呈现手段多样、范围宽广、效能凸显等特征,在数字环境下,传播效率的提升与传播平台的扩充在一定程度上以削弱舞蹈作品版权人的作品控制力为代价,因而使得使用者对作品的接收能力进一步提速。新媒体时代,舞蹈作品的传播与舞蹈作品的版权保护难以同步,进而出现版权侵权滋生、舞蹈作品版权经济弱化、著作权人创新积极性受挫等问题。有学者曾表示,舞蹈作品在互联网上"出圈",可能会伴随相关权益受损的风险。以北京舞蹈学院编导胡岩创作的《纸扇书生》为例,在视频平台哔哩哔哩上时长 3 分多钟的国家宝藏版《纸扇书生》的点击量高达 368.7 万(数据截至 2022 年 8 月)。其课堂练习版、比赛现场版、女生翻跳版等各种版本不胜枚举,此外,还有大量"扒带"和舞蹈爱好者们改编该作品后的表演视频。[①] 虽然从表面上看是加速了该舞蹈作品的传播,提升了著作权人的知名度,但是网络上的舞蹈版本大多数没有标注著作权人信息,并且存在随意改编的问题,侵犯了舞蹈作品版权人的署名权、信息网络传播权、改编权等权利。

在此语境中,若在数字化舞蹈作品版权发散与传播过程中,依旧实行先授权再付费后使用的授权模式,定然会激化著作权人与使用者之间的矛盾,而且也会限制舞蹈作品的传播。对于舞蹈作品版权的保护,应聚焦于版权授权模式创新,探索多元多样的授权模式。

一、积极推动舞蹈行业授权模式更新

舞蹈作品版权授权体系建设是版权创造、运用、保护、管理的重要组成部

[①] 王国宾,刘洁. 互联网环境下舞蹈版权保护现状与对策研究[J]. 北京舞蹈学院学报,2020(6):87-91.

分，是版权实现运用和价值转化的核心环节。中共中央、国务院曾印发《知识产权强国建设纲要(2021—2035)》，提出了"打造全国版权展会授权交易体系"等新兴概念与授权模式。对于舞蹈作品版权授权体系建设，应着眼于推动舞蹈行业授权模式更新。

（一）谈判授权模式（"一对一"直接授权）

传统舞蹈作品授权模式中采取的著作权谈判授权模式被称为"一对一"直接授权模式，其在数字化的出版大背景下仍然被延续使用。该授权模式以著作权人与数字出版商(作品使用人)之间遵循意思自治原则"一对一"式签订授权许可合同为前提。有学者表示该种授权模式存在"梗阻"风险，对于拥有海量作品的数字网络平台和出版商来说，"前期梗阻"主要是除少部分权利信息清晰的作品，大部分假名、匿名作者的作品采取谈判授权模式，可操作性较低，同时著作权人也难以单纯通过技术保护措施规避技术与成本等问题。① 此外，谈判过程中，随着合同的订立，授权范围的变更、授权费用的支取等问题会随合同模糊条款所变更，这使得谈判授权模式"后期梗阻"变为现实。需求量较小、小范围授权条件下的"一对一"授权模式有其存在的必要，但是随着需求量的增长、流转速率的提升，谈判授权模式成本高、受众小的缺陷为大多数学者所诟病。甚至还有学者认为该授权模式阻碍了数字出版产业的正版化进程和市场的进一步拓展。② 因此，在此背景下，为了探索出高效率、高可靠性的版权授权方式，在实践中各种形式的版权授权模式得以被采用。

（二）代理授权模式

代理授权模式，即主要通过将自己的作品许可、转让或者信托给著作权中介服务机构，由其代为进行管理和行使权利的授权模式。③ 代理授权模式在国外较为普遍，其中以澳大利亚5个复制权代理中心为例，该模式可以覆盖该国90%的

① 杨懿琳. 数字出版授权的"结"与"解"[J]. 出版广角，2016(16)：26-28.
② 王鑫，宋伟. 数字出版的著作权授权模式研究[J]. 科技与出版，2019(6)：121-128.
③ 宋伟，孙文成，王金金. 数字出版时代混合授权模式的构建[J]. 电子知识产权，2016(3)：62-68.

权利人。① 中国早已于 1988 年成立中华版权代理有限公司，到目前为止，从
BIBF（北京国际版权贸易）版权研讨会上获悉，我国经国家版权局批准的版权代
理机构有 28 家。同时截至 2021 年 9 月 30 日，通过企查查 App 中的数据来看，
近 10 年以来，我国版权企业注册量在 2014 年增速达峰值后，2014 年至 2020 年
增速呈现折线式增长，但年总体注册量逐年递增。我国目前的 28 家版权代理机
构经营范围狭窄，除中国电视节目代理公司代理电视节目、中国电影输出输入公
司和北京天都电影版权代理中心代理电影、九州音像出版公司版权部代理音像
外，其余 24 家代理机构均以图书版权代理为主，无法适应现代版权业对于期刊、
动漫、视频、美术、舞蹈作品等多类型作品的版权授权，并且代理授权费用高
昂。② 典型的代理授权模式有：出版商代理授权模式、技术服务提供商代为授权
模式和集体管理组织授权模式等。其中出版商代理授权模式、技术服务提供商代
为授权模式可以看作为弱化版的集体管理组织授权模式，在后文中会重点阐述。

（三）法定授权模式

舞蹈作品版权法定授权模式，主要是在《中华人民共和国著作权法》《信息网
络传播权保护条例》法定许可制度框架下延伸出的版权授权模式，主要分为法定
许可授权模式（在某种意义上来说，合理使用是更为严格的法定许可形式，无需
授权与支付合理对价便可使用）、默示许可模式、著作权补偿金模式。就法定许
可模式而言，被"法定许可"的作品一般具有以下特点：多为涉及表演者、唱片
制作者、广播组织者等作品传播者的情形，且只能是已发表的作品，同时应向著
作权人支付报酬，并不得将这样的法定许可使用权转让他人。③ 默示许可模式源
于合同法中的相关规定，是指在舞蹈版权授权过程中，若版权人没有明确提出限
制性条件或虽然没有以明示性意思表示，但是通过其实际行为可以推断出其真实
意思表示的一种授权模式。

著作权补偿金模式可以看作带有"法定许可"色彩的法定授权模式的子类型，

---

① 秦珂．期刊的著作权问题［M］．北京：知识产权出版社，2008．
② 蒋北辰，周文芳．我国著作财产权交易制度法律问题研究［J］．青春岁月，2013（21）：
394-395．
③ 吴汉东．知识产权基础问题研究［M］．北京：中国人民大学出版社，2019．

该授权模式最早源自 1965 年德国《著作权法》中的规定，现如今有包括英国、美国在内的 40 多个国家援引该制度，效果斐然。该模式的初衷最早用于规制私人复制行为。该制度前瞻性地针对部分极容易被侵犯复制权的录音、录像品收取一定费用，用于弥补因侵权行为可能造成的损失。

不难看出，无论是谈判授权模式、代理授权模式，抑或是法定授权模式，每一种模式都有其优劣。在新媒体数字信息化的大环境之中，单独选择或者应用某种授权模式来满足所有权利人的需求是不可取的也是难以实现的，构建多元授权模式，发挥协同作用，在现有授权模式上采取改进措施是目前解决舞蹈作品版权授权困境的最优解。对现有舞蹈版权授权模式的优化，应该以法定授权为基础，对法定授权模式予以相对严格限制，同时以代理授权模式为主流模式，对于零散性、需求量较小、权利内容清晰、小范围内传播的辅以"一对一"舞蹈版权授权模式。就此基础上对舞蹈版权的多维保护，更应聚焦新兴技术，提倡区块融合。英国伦敦大学艾德里安·斯特林（Adrian Sterling）教授提出的"全球互联网"授权模式，借鉴了一部分技术保护措施、著作权补偿金等模式，并着力于建立一个超越国家地域和作品类别限制的著作权授权机构，带有一定整合性的方案。① 该授权技术的全面实现是以舞蹈作品著作权集体管理组织构建为前提的。区块链管理授权模式依托于区块链技术发展而生，区块链技术最早通过比特币为人所知，是比特币最基本的技术之一。② 简单来说，区块链就是一条"链"，这条链由不同的"区块"连接而成，这些"块"之间可以实现信息共享，不依赖于任何第三方中介，并能够自动完成数据交换和信息交流。"区块链是一种按照时间顺序将数据区块以顺序相连的方式组合成的一种链式数据结构，并以密码学方式保证的不可篡改和不可伪造的分布式账本。"③通过此种技术可以实现舞蹈作品授权、交易、收费等的各用户分布式结点存储，实现"去中心化"需求，

① Sterling J A L. The GILA System for Global Internet Licensing[EB/OL].[2019-02-24]. http：//www. qmipri. org/documents/Sterling_JALSGILASystem. pdf.
② 工业和信息化部信息化和软件服务业司. 区块链技术和产业发展论坛. 中国区块链技术和应用发展白皮书[EB/OL].（2016-10-18）[2019-05-30]. http：//www. 360doc. com/content/17/1018/09/35982784_695896307. shtml.
③ 明庆忠，韦俊峰. "区块链+"赋能智慧旅游高质量发展探析[J]. 学术探索，2021（9）：48-54.

达到舞蹈作品快速授权目的。

二、加强确权授权商业化应用

随着新媒体和移动互联网的不断发展，舞蹈作品的侵权形式多样化，且具有随时性、广泛性等特点，舞蹈作品版权权利人取证难、维权难，司法审判也缺乏统一标准，导致侵权容易维权难，不利于舞蹈作品的良性传播，势必也会影响我国舞蹈艺术的繁荣与发展。鉴于此，加强舞蹈作品著作权确权授权的商业化应用，将有利于培育舞蹈作品著作权人的创作热情、促进舞蹈作品版权保护的良性循环，提升舞蹈作品版权效益。

（一）加强舞蹈作品数字化

舞蹈是最古老的艺术形式之一。从舞蹈的起源和发展的历史来看，舞蹈作品的传播主要通过远古时期代代相传，以及依附于壁画、画册等技术手段流传。以此种方式传播的舞蹈大多以传统舞蹈为主，特别是以少数民族舞蹈为代表，其记录的缺陷以及传播链之间的断层与迭代，往往会导致珍贵舞蹈作品资料缺失。科学技术的进步，手机、摄像机、DVD 等技术的更迭，舞蹈作品的传播由面对面形式的舞台表演，转而被记录于录像带、硬盘之中。舞蹈有了备份的加持，跃于广播电视之中，借助数字化新媒体的出现，图文推广、短视频推广、直播推广加速了舞蹈作品的传播。舞蹈作品的传播形式也实现了从传统的线下传播方式到电视影视传播再到数字化传播的转变。舞蹈作品的数字化，从传播层面来说，扩大了舞蹈作品的艺术范围，提升了舞蹈的普及度，从舞蹈作品传承的角度来看，舞蹈作品的数字化有利于舞蹈作品的传承。但是加强舞蹈作品数字化的好处远不止如此。从舞蹈作品版权人的利益保护出发，舞蹈作品数字化过程中采取的拍摄手段、技术措施丰富了舞蹈作品的客观存在形式，同时也保留了舞蹈作品的版权信息证据，以及舞蹈作品数字化转化过程的时间节点，可作为版权侵权诉讼中的电子证据，保护舞蹈作品著作权人的合法利益。更为重要的是，舞蹈作品的数字化是实现互联网+、区块链技术与舞蹈作品版权保护平台构建的基础，是舞蹈作品确权与网络授权的先行驱动器，离开了舞蹈作品数字化的过程构建，一切都无从谈起。目前，舞蹈作品数字化过程主要体现在舞蹈作品的创作、传播以及后期侵权比对三个过程之中。在编导创作舞蹈过程中，可以借助新媒体数字化技术，增加"3D"、VR 场景的构建提升整个舞蹈的质感，以舞蹈作品《唐宫夜宴》为例，该舞蹈节目便运用了"5G+AR"技术，渲染出立体虚拟场景，与舞台表演相结合，完成空间转化，使得表演更具层次感。在作品传播过程中，舞蹈作品的数字化分为舞蹈作品的数字化记录与存储、数字化重建与存储。目前舞蹈作品的数字化技术运用广泛，如数字化建模(3D 建模)、增强现实技术、虚拟现实技术、动作捕捉技术、遥感技术、数字化辅助设计系统、数字化舞蹈编排与声音驱动技术等。

1. 快速登记系统

依据《著作权法》第 2 条之规定，作品创作完成后自动产生著作权。但是为了明确权利归属，有利于作者日后维护自身著作权相关的合法权益，国家版权局制定实施了作品自愿登记制度，根据《作品自愿登记试行办法》规定，各类作品包括：文字作品；口述作品；音乐、戏剧、曲艺、舞蹈、杂技艺术作品；美术、建筑作品；摄影作品；电影作品和以类似摄制电影的方法创作的作品；工程设计图、产品设计图、地图、示意图等图形作品和模型作品；计算机软件；法律、行政法规规定的其他作品。这些作品的作者都被允许去往所在地的省级版权主管部门办理著作权登记手续并获得著作权登记证书。[1]

国家版权局发布的著作权登记情况数据显示，2014 年，模型、戏剧、舞蹈等及其他类共计 740 件，占登记总量的 0.78%，2019 年则为 42191 件，共占登记总量的 1.56%。当前，部分舞蹈作品的创作者已经有意识地保存创作手稿和编排视频备份。舞蹈作品版权登记数据的提升，伴随而来的是舞蹈领域的编导、表演者以及相关的研究学者都强化了对于舞蹈作品版权的保护意识。舞蹈作品著作权登记制度在版权保护方面发挥着举足轻重的作用，但是我国目前施行的著作权登记制度仍然存在一定的缺陷，例如有学者曾表示当前我国著作权登记机关权责不明现象突出，相关部门缺乏对登记机关、登记标准、登记文件、登记时间等的统一管理，对各项规定的明确和细化，出现重复登记、登记无效、权利交叉等现象，同时也并存登记费用高、需求手续杂、登记时间周期长等痛点。[2]　正因如

---

① 马明，刘洁. 论舞蹈著作权的保护和集体管理[J]. 当代舞蹈艺术研究，2020，5(4)：105-111.

② 权欣. 我国舞蹈作品著作权保护探究[J]. 北京印刷学院学报，2018，26(12)：64-67.

此，构建舞蹈作品快速登记系统为完善我国舞蹈作品著作权登记制度，筑牢织密版权保护网的当务之急。区块链技术去中心化、安全可信、不可篡改、公开透明等科技特性赋能舞蹈作品快速登记系统的构建。版权登记从申请提交到获得证书，一般需要一个月，费用约 1200 元/每件，① 相较于传统的著作权登记成本高、申请时限长的痛点，区块链版权注册不仅能迅速注册著作权，而且一旦出现纠纷，因为其独特的"密码"贯穿了整个著作权交易过程，使版权拥有者能够迅速地获得合法的侵权证据，从而为自己争取权益提供了便利。运用区块链技术打造快速版权登记系统是基于区块链的技术特性构建的，由于区块链的不可变更的特点，当舞蹈作品上传至由区块链技术打造的平台时，除非在理论上夺取其51%个节点，否则不可篡改其存储数据，考虑计算机网络遍布全球，这种控制机制在实践中实现的可能性较小。区块链中时间戳的技术特征，使得现实著作权登记中的维权作用显著提升。

有学者认为："现实中著作权登记证明在著作权权属纠纷诉讼中的意义是非常有限的，其只能证明登记之时申请人作品已经创作完成，并享有著作权这一事实，却不能确认作品的创作完成时间。"②区块链技术在一段时间内将数据打包成块、盖上时间戳，与其他时间区间的区块连接来，形成了完整的链条。时间戳相当于时间证明，使得数据不能被轻易篡改。因为数据一旦发生变动便会产生新的区块，被盖上新的时间戳，因而不会影响原始的数据区块。这样使得时间戳能够作为数据真实、准确的证明，提高区块链数据的可信度。③ 以区块链技术为算法基础的著作权登记机制的优势在于著作权登记过程的瞬时性，④ 其大大简化了登记程序和相关的准备工作。并且登记成本非常低，甚至可以说是微不足道。举例来说，目前以主链接为技术基础的一个作品版权登记费用在大约 0.4 元(根据比

---

① 申屠晓明.传媒行业区块链应用模式与技术方案解析[J].传媒评论，2018(4)：27-31.

② 石丹.论区块链技术对于数字版权治理的价值与风险[J].科技与出版，2019(6)：111-120.

③ 胡神松，杨一帆.区块链技术背景下舞蹈作品版权保护研究[J].设计艺术研究，2020，10(4)：17-20.

④ 吴健，高力，朱静宁.基于区块链技术的数字版权保护[J].广播电视信息，2016(7)：60-62.

特币的价格变动），而以侧链为基础的登记费则会更低。此外，作品的后续交易将会在区块链中被实时地记录下来，而且可以在互联网上进行直接追踪，同时由于区块链具有开放性的特征，在区块链中所登记的作品可以让更多的人了解作者的著作权权益。（见图6）

图6 版权登记流程

（2）市场化交易系统

版权交易是由版权人将对作品拥有的部分或全部财产性权利通过许可、转让等方式授权或让渡给作品使用者的行为。著作权交易的内容主要有：专有或非专有的著作权许可类型、许可的权利类型、权利行使的时间和空间的限制等。[①] 从抽象上来讲，著作权交易主要包括三个方面：一是著作权人的适格性，也就是对标的作品的产权进行认证和公示；二是权利主体与潜在消费者的连接，包括作品分发、推广以及授权的途径与效率；第三，作品的总体使用情况，也就是详细的交易记录。

在数字时代，数字技术的飞速发展在一定程度上已经突破了现有的法律体系框架，但是，数字技术是中立的，技术所带来的问题可以通过技术途径来解决。数字版权交易市场正是通过数字技术来解决海量授权问题的一种行之有效的方法。目前，长沙、北京、上海等地存在分散的小规模版权交易中心，我国亟须构建全国性、统一的在线数字版权交易市场。

在相关理念构建模式的选择上，可以借鉴国外已有的实践经验，例如英国的"版权集成中心"（Copyright Hub），利用统一的登录入口，集成专业化、模块化的现有版权交易组织和平台，整合零散化的数据库与分割化的服务，为相关的消费者打造一个在线版权交易公共服务网站，提供"一站式购物"的便捷服务。基于

---

① 冉从敬，何梦婷. 云环境下的版权交易模式及其知识产权风险[J]. 图书馆论坛，2018（7）.

消费者用户体验提升以及目前已有的交易支付方式，在支付上应该优先考虑在线支付方式，既可以通过网上银行、数字货币等直接支付，也可以导入目前实践较为成熟的微信、支付宝、京东等第三方支付平台。在数据库构建上，可以分为著作权数据库和作品数据库，著作权数据库提供著作权检索和著作权展示功能，以及著作权授权功能；作品数据库在交易达成后提供作品复制品。数据库除了可导入集体管理组织、出版社、版权代理公司等机构所掌握的版权资源外，版权人个体也可以建立自己的版权和作品数据库。[①]

三、面向开放存取探索新型授权

开放存取模式(Open Acess，OA)又名开放获取模式，最早是一种基于数字化手段和网络化通信的全新的学术传播机制。该模式是在传统订阅式学术传播模式基础上的更新，开放存取的核心理念是，在尊重作者权益的前提下，借助于互联网技术，促进信息资源更加快速、高效地传播。现行阶段开放存取模式是一种与传统的垄断授权模式对立的模式，以开放存取模式在学术文章发表以及在期刊出版实践成果来看，其对于舞蹈作品版权保护具有相当的借鉴意义。(见图7)

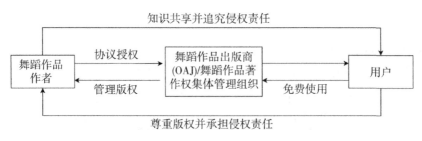

图7　舞蹈作品开放存取授权模式流程

面向开放存取探索新型授权，打造开放存取的舞蹈作品版权运营模式，需要分析其内在的运营机理。舞蹈作品版权开放存取授权模式的"链行式"开端是舞蹈版权所有者与舞蹈作品版权储存库或者舞蹈作品的版权出版商的对接，即舞蹈

① 季芳芳，于文. 在线版权交易平台的创新趋势及评价——以英国"版权集成中心"(Copyright Hub)为例［J］. 编辑之友，2013(7)：109-112.

作品作者与舞蹈作品版权存储机构或者版权出版商等组织，双方通过签订授权出版协议将舞蹈作品交付储存，进而由舞蹈作品储存和出版的组织与机构进行管理，最后通过网络平台进行发布，使用者可以免费获取舞蹈作品使用权。在此种模式下，舞蹈作品作者基于知识共享的理念对作品进行公开传播，舞蹈作品使用者则以尊重版权为前提使用舞蹈作品，虽然看似是作者让渡了部分版权利益给予使用者，但是运用开放存取模式，在发生舞蹈作品版权侵权问题时，作者可以直接对接使用者维权，在快速确权、降低维权成本的同时也是实现舞蹈作品广泛传播的有利途径。以开放存取模式运用于学术期刊出版实践的经验来看，开放存取模式的作品质量会影响此种模式的推广与使用，以美国洛斯阿拉莫斯国家实验室的物理学家保罗·金斯伯格教授最早创立的 arXiv 学科仓储的质量控制发展历史来看，在舞蹈作品开放存取授权模式中应该包括自由上传、资格认证、资格审核、舞蹈作品反抄袭等四个阶段。开放存取是以契约为前提的版权运营模式，在授权协议设计上目前较为流行的是知识共享许可协议（CC 协议）、免费文献许可协议（GNU 协议），这两种协议是以版权人让渡的版权内容、版权利益的分配不同以及方式与限度不同来设计的，对于舞蹈作品版权的开放许可在技术操作上可进行引荐。

在多样化的开放存取版权分摊许可协议中，知识共享许可协议（CC 协议）是最为常见和灵活度较高的许可协议体系，其核心协议是"著作权人在自身的作品上加注知识共享协议，但是此种协议并非意味着著作权人完全放弃作品版权，其只是在某种特定情况下，为了作品更好地传播与流通让渡了部分作品权益予以公共领域内的使用者。① 同时，知识共享协议允许权利人选择不同的授权条款和依据不同国家的著作权法制定的版权协议，权利人可以指定署名、非商业性使用、禁止演绎、相同方式共享等条件"。知识共享协议以构建一个合理、灵活的版权授权使用体系为宗旨，设系列许可协议，在保留特定版权权利的前提下，权利人授权用户自由复制或修改其作品。从 CC 协议 2.0 版本到 CC 协议 4.0 版本，形成了 CC 协议特有的六种许可授权模式：署名—非商业性使用—禁止演绎、署

---

①　王宇红，徐品，冶刚. 开放存取的版权保护机制新探［J］. 情报理论与实践，2014，37（12）：37-41.

名—非商业性使用—相同方式共享、署名—非商业性使用、署名—禁止演绎、署名—相同方式共享、署名，这六种模式分别标明了权利人保留的不同权利内容。①

第四节　构建舞蹈作品版权快速维权机制

一、建立舞蹈版权信息网络快速维权平台

（一）版权产业联盟认证中心与中国舞协共同协作维权

由于舞蹈艺术的特点，判断标准不明确、取证困难，为个别舞蹈创作者"浑水摸鱼"提供了灰色地带。然而，在舞蹈维权的法律领域，侵权事件发生后，给予舞蹈版权权利人维权指导迫在眉睫。版权产业联盟认证中心与中国舞蹈家协会在版权保护实践中的合作，为舞蹈维权提供了新的路径。技术的发展也使得舞蹈维权等公证服务具有便捷、高效、低成本等特点。例如，北京国信公证处知识产权服务中心可以在国信公证中心推出的互联网国信公证运营平台上，通过在线办理公证业务并保留电子数据。网上公证服务渠道是指通过互联网平台进行公证程序操作。与传统单一的线下操作相比，这解决了网络侵权证据易删除、取证效率低的问题。此外，网上公证业务进入了"无纸化"的新趋势，从公证数据的采集和存储，到证据的保存和公证书的出具，都将通过电子网络技术进行相应的操作。

（二）发挥版权保护中心优势

中国版权保护中心对互联网上大量传播的不同类型的舞蹈作品进行视频监控，如中国版权保护中心有专业的法律工作人员，其根据委托人的授权，对有侵犯舞蹈作品版权嫌疑的相关网站采取法律维权行动，例如发送删除相关视频、链接的通知。并且随时最大限度地监控相关网站的履行情况，保障舞蹈作品版权人

---

① 张瑞红.论竞争情报与知识管理[J].现代情报，2004，24(10)：179-181.

的合法权益。中国版权保护中心的网络维权有四大保障优势：一是监控范围全面，包括各类网站、PC 客户端、移动客户端。第二，准确识别盗版，它拥有领先的监控技术和专业的法律人员，可以识别各种盗版、侵权内容。第三，公信力显著。中国版权保护中心作为国家版权公共服务机构，公信力强，快速删除侵权内容，协助权利人调查取证。第四，持久有效。它可以跟踪网站删除情况，并防止盗版内容重新上线。

二、构建便民利民的舞蹈作品版权公共服务体系

构建和完善舞蹈作品版权公共法律服务体系和制度，多层次改进社会公共服务制度和舞蹈作品版权机制，将创新制度与工作方法并驾齐驱。推动舞蹈作品版权公共服务机构建设，并全面提高公共服务部门的版权能力。

(一)完善舞蹈作品版权登记体制机制

规范舞蹈作品版权登记工作。进一步细化舞蹈作品版权登记标准。规范登记流程，提升舞蹈作品版权登记数字化水平，研究建设舞蹈作品版权数据服务信息化平台，推动实现舞蹈作品版权登记、查询、监测、维权一体化服务。完善舞蹈作品版权登记公示查询、数据报送和统计分析等内容，提高舞蹈作品版权登记工作的统一性。规范舞蹈作品版权集体管理活动。推进舞蹈作品版权集体管理活动规范化、透明化，在权利信息查询、版权使用费标准、版权使用费收取和转付等方面加强管理，不断提升舞蹈作品版权集体管理组织的社会公信力。

全方位构建舞蹈作品版权登记体系，并且统一和明确全国舞蹈作品版权登记标准。此外，进一步着手加强舞蹈作品版权登记和备案工作等。充分发挥舞蹈作品版权登记机构的重要作用，提升舞蹈作品版权登记质量，实现舞蹈版权权利人在线办理相关版权登记手续，为社会和舞蹈产业提供更为便利的版权保护服务体系。

(二)健全中国特色舞蹈作品版权集体管理制度

适应管理体制变化、法律法规修改和技术革新发展的新形势，加强相关管理部门联动协调，优化监管机制，形成监管合力。发挥舞蹈作品版权组织在创新许

可、管理职能、涉外学习交流方面的积极作用和影响力，致力于为舞蹈作品版权权利人提供科学便捷的维权手段和途径。此外，大力倡导与相关舞蹈协会的交流合作，为舞蹈作品版权保护营造和谐氛围。

（三）提升舞蹈作品版权社会组织的服务水平

充分利用各种社会资源和力量，发挥各级各类版权协会、版权保护中心、版权交易中心、版权服务站、行业版权联盟、版权代理机构和高校、科研院所等单位的作用，加强对舞蹈作品版权社会组织的支持和管理，引导舞蹈作品版权社会组织在资产管理、版权运营、鉴定评估、版权金融、监测预警、宣传培训、法律服务、纠纷调处等方面发挥专业性优势。支持版权社会组织之间的交流合作，推动版权社会组织规范化发展。

三、面向重点市场打造综合维权服务站点

（一）设立国家版权纠纷调解中心，确认版权纠纷专业调解的法律效力

随着计算机软件、视频、自媒体等新领域、新业态的快速发展，以及人们法律意识的增强，我国著作权纠纷案件数量呈上升趋势。许多地方的互联网法院和基层法院受理的版权纠纷案件较多，版权纠纷占整体知识产权纠纷（著作权、商标、专利）的比例已超过50%，给基层法院带来一定的压力，增加了解决版权纠纷的社会成本。同时，由于公众对调解的认识和信心不足，精通专业版权知识并具备法律素养的专业调解员缺乏，版权纠纷调解成功率较低。

大量的版权纠纷都有共同的特点。其中舞蹈作品权利主体并存现象突出，涉及的舞蹈作品版权侵权标的数额较小，争议的焦点不复杂。例如，中国版权保护中心定位为"全国版权纠纷调解中心"。作为版权公共服务机构，要保障舞蹈作品版权纠纷调解效力，还需进一步加强版权调解机构的版权知识专业性和法律公信力，发挥调解的法律作用和效力，从版权纠纷的源头上解决诉争，维护有序的舞蹈作品版权环境。

（二）布局建设一批舞蹈作品版权维权工作站

知识产权保护是市场主体的助推器，也是营造良好营商环境的基石。在全市市场监管所、艺术文化企业集中的园区、商业市场主体集中的社区、知识产权保护需求集中的舞蹈行业协会，积极布置和建立了舞蹈作品版权维权工作站。舞蹈作品版权维权工作站作为构建版权体系"大保护"的重要组成部分，"家园"舞蹈作品版权维权工作站为广大群众和企业提供了更加便捷高效、低成本的维权渠道，逐步实现零成本投诉、零距离服务、零壁垒，进一步实现舞蹈版权侵权纠纷解决机构的全覆盖，确保舞蹈作品在创新端、应用端、市场端、维权端和服务端得到保护，继续为区域经济社会高质量发展创造良好的创新和商业环境。

四、加强舞蹈版权信用监管与信用信息公开

（一）设立中国版权档案馆

舞蹈作品版权档案的完整妥善保管，是深入认识、研究、剖析版权保障体系的关键，设立中国版权档案馆迫在眉睫。同时，舞蹈版权档案馆也是公众和学者接触和了解舞蹈版权教育的重要途径。中国版权档案馆的构建是版权公共服务体系中的重要一环，也是知识产权强国建设的重要基础。

（二）建立完善数字化舞蹈版权维权系统

运用大数据、区块链等现代技术，对全网数据进行 24 小时实时监控。一旦发现与舞者舞蹈作品高度相似的"可疑舞蹈视频"，系统会立即锁定证据并发出预警信息。维权站的工作人员会在第一时间将已经检测到的侵权行为告知舞蹈作品的权利人。舞蹈作品权利人授权维权站协助处理侵权行为后，该站将通过后台系统向侵权方发送《投诉调解通知书》，约定在线沟通时间，协助双方进行在线调解。该系统的精准抓取能力和智能预警手段，有效解决了舞蹈作品维权中"举证难、周期长、成本高、效果弱"的问题。

（三）建立健全舞蹈作品版权保护志愿者制度

打造舞蹈作品版权保护志愿者"大管家"。志愿者"大管家"不仅定期举办知

识产权政策宣传、知识培训、主题沙龙、公益讲座等专项活动，还为舞蹈家协会等组织提供舞蹈作品版权保护布局、舞蹈作品版权维权框架、舞蹈品牌发展规划等全方位公共服务。着力构建以舞蹈为主体的知识产权创造、保护和运用的良好生态环境，为创新型、高质量的舞蹈发展注入源头活水。同时，让每一件舞蹈版权纠纷都有解决之法，化解之途。

第五节　引导舞蹈版权保护技术创新与应用

在全球信息化、数字化、智能化浪潮的持续推进过程之中，新一轮的科技革命和产业变革也随之加速演进，除 5G 技术和大数据外，人工智能、物联网、区块链、VR(Virtual Reality)、云计算、元宇宙等新技术新应用迅速发展，新的平台和商业模式也应运而生，丰富了舞蹈作品的创作和传播方式。曾有学者表示："每一次科技的发展，都会为艺术行业注入新鲜的血液，带来新的灵感，带来新的可能性。"[①]诚然，科学技术在推动舞蹈作品创新发展的同时，技术的多元性也引发了舞蹈作品内容的多样性，科技与舞蹈在交织融会的过程之中，促进了舞蹈艺术价值、商业价值的提升。除了促进舞蹈作品的内容创新之外，新兴版权技术的发展也使得舞蹈作品的版权保护变得更为有章可循。但也可以预见，新客体、新的客体使用方式以及新型竞争行为将会持续产生。[②]

国家版权局公布的调研数据显示，中国版权产业发展势头良好，版权增加值持续增长，在国民经济中所占比重不断提高，在推动经济发展、优化经济结构方面发挥着越来越重要的作用，成为中国经济发展的新引擎。同时，为加大我国知识产权保护力度，国家出台了一系列法律法规与文件政策，旨在规范版权产业秩序的基础上促进国家版权事业的高质量发展。国家知识产权局新闻发言人胡文辉表示，我国已成为名副其实的知识产权大国，今后将着力推动知识产权事业的高质量发展。当前，高质量发展已成为经济社会发展的主题，知识产权是激励创新

---

① 陈凡，潘澍. 科技+文化融合：文化科技表达的哲学凝思[J]. 科学技术哲学研究，2021，38(6)：103-108.

② 朱阁. 技术应用将成为版权保护体系的重要内容[N]. 中国新闻出版广电报，2020-01-02(005).

和实现高质量发展的关键。知识产权是推动社会经济发展、建设创新型国家的重要支撑，也是衡量一个国家或地区经济、科技等综合实力和核心竞争力的重要指标，是产业发展的重要支撑。

2019 年 11 月 24 日，中共中央办公厅、国务院办公厅印发《关于强化知识产权保护的意见》，该文件包含 99 条重点措施，要求加快在著作权等领域引入侵权惩罚性赔偿制度，大幅提高侵权法定赔偿额上限，加大损害赔偿力度，加大行政处罚和刑事打击力度……打击利用版权诉讼进行投机性牟利行为。同年 12 月 22 日发布的《中共中央、国务院关于营造更好发展环境支持民营企业改革发展的意见》也明确要求健全知识产权侵权惩罚性赔偿制度，完善诉讼证据规则、证据披露以及证据妨碍排除规则。推动建立知识产权快速协同保护机制，健全知识产权纠纷多元化解决机制和知识产权维权援助机制。在版权司法保护方面，国家专门设立了 4 个知识产权法院和一批知识产权法庭，对知识产权的司法保护也有了显著的加强。新经济、新技术、新政策已经勾勒出未来版权生态的大背景。

随着新媒体及移动互联网的不断发展，面对舞蹈作品版权侵权行为的预防与规制，各国都处于不断摸索和逐渐优化的阶段之中，尚未形成系统的保护体系。对于国际上新媒体时代舞蹈作品的保护措施不能完全引用，根据中国国情构建舞蹈作品版权保护的中国之路存在一定的挑战性。从我国目前的舞蹈作品保护模式来看，对舞蹈作品侵权问题主要还是通过诉讼等方式解决，现有模式保护效率较低、成本较高、操作性较差。新媒体时代，创新版权保护技术措施、推动舞蹈领域版权相关技术研发、构建以区块链技术为核心的版权保护防控机制、鼓励舞蹈版权保护技术的产业应用是实现政策保护与技术保护"双协同"保护的不二法门。

一、推动舞蹈领域版权相关技术研发

21 世纪，伴随互联网技术的发展，数字内容服务行业进入高速发展阶段。数字技术在打破文化作品传播的物理空间障碍的同时，也给数字作品版权保护带来巨大挑战。在 UGC 短视频飞速增长的趋势之下，互联网舞蹈作品版权保护日益成为舞蹈作品版权保护的主战场。在互联网成为版权保护的主战场的同时，新媒体表现出媒体融合趋势，包括形态融合、平台融合、技术融合、业务融合等，在此种融合趋势背景下，舞蹈版权保护需未雨绸缪，推动舞蹈领域版权相关技术研发。强化版权保护是推动我国加快建设创新型国家、由文化大国向文化强国转变的关键所在。

　　互联网舞蹈作品版权侵权，目前面临着侵权内容确权难、侵权内容较为隐蔽、取证难、维权难等问题。现有的事后处理机制、现场取证、走访摸排、侵权打击、网络爬虫等技术远落后于侵权速度，从现有的版权保护技术出发，数字指纹、数字水印、区块链、人工智能等应用于版权保护的新技术可以分别作用于版权保护的各环节。以腾讯公司为例，2019 年 7 月，基于区块链技术，腾讯公司联合生态伙伴共同推出区块链版权保护平台——至信链，积极探索"技术创新+版权保护"全流程方案。① 作为直接联接数据数字内容的"工厂"，至信链可以全方位地完成舞蹈作品版权的确权和存证工作。例如，通过侵权监测发现有侵权行为，至信链可对侵权证据实时固证上链、在线存证。诉讼阶段，司法机关可使用至信链提供的在线校验工具，对电子证据进行高效核验。在权属证据和侵权证据明确可信的情况下，法官可以对案件进行快速裁判。从而实现版权存证、版权追踪、侵权固证、高效维权等多个环节的全流程闭环。（见图 8）

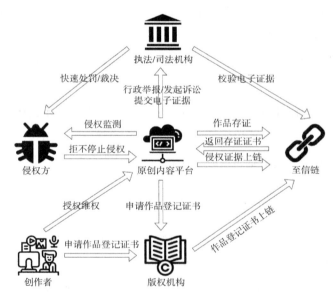

图 8　至信链数字版权保护解决方案

　　① 王菲，姚京宏．构建全新信任范式：论区块链对广告业的变革［J］．当代传播，2021（5）：82-86.

2019 年，至信链和原创馆联合开发版权存证功能，这是一种通过区块链技术为原创图片作品进行版权保护的措施。仅 2019 年上半年时间，通过在线授权、24 小时全网监测、一键维权等技术实现侦探全网侵权 920 万次，发起维权 650 万次，成功维权 350 万次。除此之外，植入隐蔽式的视频水印技术、音视频指纹识别技术和防盗链技术、视频基因比对技术也为海量作品的匹配、识别、比较赋能，极大程度上提升了盗版核验效率。

在新媒体领域，为应对媒体融合新挑战，早在 2014 年 5 月国家新闻出版广电总局便印发了 GY/T 277—2014 互联网电视数字版权管理技术规范,[①] 旨在加强互联网新媒体版权保护格局建设指导，以构建新媒体版权体系化保护。数字版权保护（Digital Rights Management）技术是新媒体版权保护的主要应用技术，其核心内容为数字加密与权限控制。目前国际上的 DRM 技术主要包括微软、苹果、谷歌等公司设置的 DRM，我国的 DRM 技术较之相比具有安全性高的优势，其主要涵盖了：内容保护、完整性保护、身份认证、安全传输、权限管理、安全支付、内容发现等功能模块。有学者认为："对于新媒体视频内容盗版、盗链、盗播问题采用 DRM、数字水印和数字签名技术进行内容保护是目前较为完善的做法，DRM 技术主要采用内容加密和授权观看的方式，同时对盗版问题能及时发现、取证和管控，还可以支持付费内容授权管理，并对视频内容插播提供新的防范手段，显著提高视频内容被盗版、盗链、盗播的难度，增加破解成本。"[②]

除此之外，利用区块链、人工智能、大数据等技术，机器与软件对版权侵权行为的监测、分析达高度智能化水平，目前已可以在侵权作品发布之前实现预警，大幅提高版权保护力度。2020 年 11 月，中宣部版权管理局为 10 家单位授牌建立版权保护新技术研究推广站点，人民网是其中唯一的媒体单位。2021 年 1 月，人民网成立版权保护新技术研究中心，旨在充分发挥智库平台的积极作用，从版权的初创造、使用、保护、体系管理、服务等方面构建全方位一体化版权保

---

① GY/T 277—2014 互联网电视数字版权管理技术规范.

② 赵磊，宋维君，刘璐，张福国，盛尧. 新媒体版权保护技术应用及在央视网的实践 [C]. 第 17 届全国互联网与音视频广播发展研讨会暨第 26 届中国数字广播电视与网络发展年会论文集. 济南 2018.

护链条，增强系统保护能力，支持构建大保护工作格局，为各行各业各类著作权人的版权保护和我国版权事业的发展提供智库支撑、技术支撑、平台支撑。

由此可见，技术发展赋予了舞蹈作品版权保护的新格局，以人工智能为核心的一系列版权保护技术无论是在商业应用还是在版权侵权作品认定以及版权诉讼等方面均展示出巨大潜能，但尽管有多种技术加持保护输出，仍然存在版权保护的空白地带，探寻多种技术的协同发展、充分发挥人工智能等版权保护技术，促进版权保护技术手段创新和发展，是推动舞蹈作品版权保护的最优路径。未来，各项技术还将呈现多元综合发展的样态，由此也将催生舞蹈作品版权保护的新格局。

二、鼓励舞蹈版权保护技术的产业应用

舞蹈作品版权不仅仅涵盖舞蹈作品权利人一个主体，还涉及舞蹈作品版权价值产业链的多方，例如数字技术的提供方、舞蹈作品平台的运营服务商、上下游的生产企业、终端消费者。舞蹈作品版权产业链环环相扣，任一环节的薄弱将会影响舞蹈版权生态系统的有效运行，舞蹈版权保护的必要性日益凸显。① 舞蹈作品版权保护技术中目前比较热门的是区块链技术，其在技术上的优越性与舞蹈作品数字版权保护需求相契合，通过其认证机制和哈希算法，可以将一个平台上的舞蹈作品以及数字版权的流动等信息纳入区块链中，通过智能合约实现协议的自动签约，并通过时间戳和哈希树根值等原始数据留存来为作品利益分配提供证据支持。

然而，此种技术在实际运用与推广的过程之中仍然会存在实行效果差的困境，这是因为利用区块链数字技术进行作品版权登记，主要借助于时间戳对作品登记时间进行存证，与传统版权登记模式相似，如若对作品创作的全流程环节进行全面闭环式的记录，其数据冗杂、无法篡改的技术特质使得作品难以进行修正；并且哈希值仅仅是算法中的一串特殊数值，通过智能算法赋予登记作品一个简单的代号，无法完整地反映作品内容。由于区块链具有分布式数据储存、去中

---

① 张传娥. 数字版权保护的多重困境与应对策略[J]. 网络传播，2021(1)：80-83.

心化等技术特征，在借助共识机制于链块系统中实现不同节点之间的信任链接时，数据的透明且公开在一定程度上增加了作者隐私泄露的风险，隐私权无法得到行之有效的保障。对于多元技术的交叉引用，需要着眼于舞蹈版权的保护现状，借助技术赋能，在扩充舞蹈作品版权的市场效益的同时，促进作品传播与保护。在未来很长一段时间，对舞蹈作品的数字化保护，是舞蹈作品创作者与舞蹈作品法学研究学者们的工作重心所在。

引入元数据对比技术或许行之有效，元数据技术，从字面意思理解出发，"元"即指原始、原初的意思。元是事物的原始框架、元素。在现代主义大工业的背景下，人类一切进入秩序模式，所以出现了万物"元"化，例如元小说、元数据、元叙事、元认知等。简而言之，元数据也就是关于数据的数据，有了元数据，可以使得数据生产、使用更秩序化。根据阿里云官方关于元数据核心理念和关键要素的解释，元数据可以分为技术元数据和业务元数据，首先，通过元数据技术可以实现舞蹈作品的血缘关系追踪，借助元数据技术可以实现舞蹈作品的存储位置记录、达成本源定位，从而大幅度降低舞蹈作品数字化存储成本以及加速舞蹈作品侵权确认。其次，根据电子存证技术在法院以及庭审过程中的实践可以得知，目前电子存证技术在确保证据的真实性、合法性方面有了较大的保障，极大提高了司法效率。不妨设想在舞蹈作品版权保护中引入电子存证技术，以此种技术方式，做好舞蹈作品利用与传播的"痕迹管理"。

首先，电子存证技术不能被简单地理解为证据种类中的电子数据，基于目前实践现状，电子存证技术主要的应用范畴是电子数据的存证与证据开示，由于电子数据与电子存证技术存在一定的相似性，因此常常被很多人所混淆。可以在电子存证技术的应用范畴上进行进一步拓展，而不仅仅局限于电子数据的存证。比如可以结合与借鉴区块链技术，将舞蹈作品的下载、观看、授权与付费等节点，利用电子印章（时间戳）技术对舞蹈作品平台与作者个人之间的授权合同以及与用户之间的付费协议进行存证，从而形成舞蹈作品的区块链系统。

其次，通过哈希值的方式验证数据文件存证是否发生了篡改，这一校验方式的技术依据可以追溯到中华人民共和国国家标准《电子物证文件一致性检验规程》(GB/T 29361—2012)第5.3.5条,"比较检材数据文件和样本数据文件的哈希值,两个哈希值相同,则可以判断两个文件的数据相同;两个哈希值不同,则可以判断两个文件的数据不同。"[1]同时在数字经济与数字金融发展的背景下,以舞蹈作品数字资产流转为核心、助力舞蹈作品经济效益提升,在借鉴区块链技术对舞蹈作品进行全程追踪以达到"去中心化"的特质的过程之中,无形之中会产生与培育出可信任平台。在引导技术研发与应用的过程,平台可以应用版权保护技术,加强对舞蹈作品的版权保护,相关政府部门可以出台相关的技术应用政策,予以相关技术措施发展的奖励与扶持。早在2015年,国务院就已经发布《中国制造2025》,提出"以推进智能技术为主攻方向",2016年1月国务院发布《"十三五"国家科技创新规划》,将创新技术——人工智能列为"科技创新2030项目"重大工程之一;工业和信息化部、中央网络安全和信息化委员会办公室发布《关于加快推动区块链技术应用和产业发展的指导意见》,要求发挥区块链在产业变革中的重要作用,促进区块链和经济社会深度融合,加快推动区块链技术应用和产业发展,推动技术发展至此上升到国家战略层面。利用相关技术的发展,赋能舞蹈作品实体经济发展,加速区块链等相关先进技术的融合应用,相关政府部门可以通过积极推进应用试点、加大政策支持力度、引导相关的研究团队加快探索、加强相关人才的培养、紧紧围绕"一带一路"倡议部署、建设区块链等技术的国际合作交流平台等相关措施,促进舞蹈作品版权跨境交流。

第六节　创新舞蹈版权集中管理模式

回顾我国舞蹈著作权蓬勃发展的历程,梳理中国舞蹈著作权的延伸途径与历史保护脉络,不难发现,人民在物质生活丰裕之际对精神层面的追求更具实像化,外部艺术需求量的提升遂即刺激内部艺术创作者的创作热情而涌现一大批的

---

① 哈希值,是指通过一定的哈希算法,将一段数据(或文件)转换为固定长度的数据,固定长度的数据就是哈希值。因为哈希算法不同,产生了不同的哈希值种类,比较常见的有CRC32、MD5、SHA-1、SHA256、SHA512等。目前在电子存证领域比较常用的是SHA256和SHA512。

优秀舞蹈作品，提升了舞蹈著作权的效益转化率的同时，加速了学界对舞蹈著作权的研究。舞蹈著作权研究是一门跨学科科学，学界一般将舞蹈著作权分为三个阶段：萌芽阶段、发展阶段、跨学科合作深入研究阶段。

第一阶段时间节点为 1993—2001 年，这一阶段的研究以中国舞蹈第一个版权纠纷案《太阳部落》为研究契机，多聚焦于舞蹈著作权个案的描述性论证研究，如熊雯毅的《火的舞动——全国首例舞剧著作权纠纷案始末纪实》（1994）、张藤青的《拍卖舞剧〈鱼美人〉引起的法律思考》（1994）。

第二阶段为发展阶段，始于 2002 年，这一期间政府和社会的文艺性组织与机构将视野聚焦于知识产权构建，《中华人民共和国著作权法》《中华人民共和国商标法》《中华人民共和国专利法》相继在 2001 年左右进行了修订，为加入世界贸易组织（World Trade Organization）作出相应准备。2001 年 12 月 11 日中国加入 WTO，据统计，WTO142 个成员国的贸易额占世界贸易总额的 95%，中国成为成员国后具有分享经济全球化成果的权利，经济实力大幅提升，也加速了舞蹈著作权研究进程。该阶段学者呼吁性建议较多，要求加大舞蹈著作权保护。至 2012 年起，舞蹈著作权研究进入了新时代，2012 年张萍发表的博士论文《中国舞蹈著作权问题及对策研究》是对于舞蹈著作权较为全面系统的研究，从不同角度给出了对舞蹈版权的保护策略。

第三阶段为跨学科深入研究阶段，该阶段一直延续至今，对舞蹈版权的保护研究更为细化，从技术层面提出了利用区块链技术、数字技术构建舞蹈著作权保护与交易平台，更提出了完善著作权集体管理组织的策略。一直以来，构建舞蹈版权集中管理制度是舞蹈界与法学界研究学者所共同呼吁的，目前而言，我国舞蹈著作权集体管理组织缺位，导致海量作品授权存在障碍，同时舞蹈著作权中国化路径构建过程中对缺陷进行改进仍然是未来的研究重点。

一、推动构建多元主体参与的舞蹈集中管理组织

《著作权法》第 8 条规定："著作权人和与著作权有关的权利人可以授权著作权集体管理组织行使著作权或者与著作权有关的权利。依法设立的著作权集体管理组织是非营利法人，被授权后可以以自己的名义为著作权人和与著作权有关的权利人主张权利，并可以作为当事人进行涉及著作权或者与著作权有关的权利的

诉讼、仲裁、调解活动。"

著作权集体管理组织是权利人、使用者和社会公众之间的桥梁纽带，承担着维护权利人权益、便利使用者使用、推动相关产业高质量发展的重要职责。在数字媒体时代，著作权集体管理组织发挥着个人授权模式无法替代的优势，针对大量作品的授权问题，提供了行之有效的解决路径。著作权人与管理组织之间构建了一种"信托式"法律关系，在著作权授权过程中以其自身名义与版权使用者进行谈判、收取与分配许可使用费用，以及在后续出现著作权纠纷时以著作权管理组织的名义进行维权，加速了维权进程，降低了维权成本。根据国家版权局官方网站显示，其确定的著作权集体管理组织有五个，分别是中国音乐著作权协会、中国音像著作权集体管理协会、中国文字著作权协会、中国摄影著作权协会和中国电影著作权协会。对于著作权集体管理组织选取竞争模式还是垄断模式，各国做法不一，学界观点各异。目前我国著作权集体管理的立法特点是以体现集体管理组织市场支配力维护为主，在配置上借鉴了德国，即在一定区域、一定领域内，只存在一家著作权集体管理组织。这就使得有学者表示目前我国著作权集体管理组织存在行政色彩浓厚、滥用垄断地位、非会员管理缺失、组织机构不健全等弊端，在很大程度上限制了著作权集体管理组织效用之发挥。①

加快创新发展，要找准角色定位，做好长期规划，在工作机制、工作措施和队伍建设等方面开拓创新，为社会公众提供更优质服务是著作权集体管理组织的职责所在。我国舞蹈著作权集体管理组织在学界早已被呼吁建立，但在现实中久久未能构建，究其原因，主要在于对集体管理组织的信托模式、舞蹈作品的授权范围（复制权、发行权等权利）、诉权分配、非会员管理、延展推出等核心因素未达成一致共识，加之舞蹈作品的市场经济效益与音乐、电影等行业相比，规模较小，造成舞蹈作品版权保护在未来很长一段时间内将处于被动状态。②

推动构建多元主体参与的舞蹈著作权集体管理组织是当前状况下推动舞蹈著作权集体管理组织构建进入"高速道"的有效途径，目前而言，具有垄断性质的著作权集体管理制度不符合新媒体环境的要求，应该采取多元化的版权管理机

---

①　宋伟，孙文成，王金金. 数字出版时代混合授权模式的构建［J］. 电子知识产权，2016（3）：62-68.

②　马明，吴孟洋. 论舞蹈视频信息网络传播权的侵权认定与集体管理［J］. 艺术评论，2020（9）：61-76.

制，例如可通过引入市场竞争机制替代单一的独占经营模式，但在引入的过程之中要正确处理好自由竞争和垄断的关系，避免由于过度竞争带来权责模糊等问题。参考国外已有实践可知，许多国家采用的是自由竞争的集体管理方式，同一种作品被多个集体管理组织所经营，可能存在权责不清的风险。①

我国著作权集体管理组织自创立之日起就带有很强的行政性色彩，而版权集体管理组织又是一种非营利性的垄断组织，这样的定位必然会使其缺乏活力，从而产生低效的问题。在新媒体环境下，版权授权和版权人维权需求日益增多，应当适度地降低著作权集体管理组织的行政化程度，针对实践中重审批轻监管的突出问题，合理引进竞争的市场机制后，构建一个多元化的著作权集体管理机构，充分利用市场竞争所产生的效益。从国外实践来看，著作权集体管理机构或是由权利人自发组织设立或是国家依靠法律建立，我国采取的是由国家机构和原有的相关协会共同构建模式。此种情况下，行政模式向市场模式转变、管理模式向服务模式转变需要一定的时间，应当逐步加强顶层设计和完善制度构建，加快修改与完善著作权集体管理办法，提高相关办法的适应性、针对性、科学性。引入多元主体参与的著作权集体管理组织，在协调权责的同时也能很好地解决效率低下的现实问题，提高著作权集体管理组织依法依规开展集体管理工作的能力与水平，解决自身能力不足的问题。

二、全面加强集体管理组织的监管与信息公开

(一)集体管理组织的外部监管

我国著作权集体管理组织具有典型的非营利组织特质，根据《著作权法》第八条之规定，著作权集体管理组织由政府机构批准设置，具有先天的法律垄断性与事实垄断性。并且囿于现阶段著作权集体管理组织内部监督组织框架构建制度，以及监督制度科学性的欠缺、组织权利与义务匹配不明晰等原因，著作权集体管理组织的权威性、官方性还有待提升，因此，强化对著作权集体管理组织的

---

① 孙玉洁. 新媒体环境下文字著作权集体管理制度探究[J]. 东南传播，2019(2)：83-85.

内外监督势在必行。加强对著作权集体管理组织的外部监管应该以提升著作权集体管理组织的公信力为基本要求。非营利组织的公信力的取得是基于该组织与社会公众良性互动的过程，互动的频次与互动的质量是非营利组织取得信任联系的基础。著作权集体管理组织的公信力在本质上属于信任的范畴。有学者曾经表示："公信力是非营利组织的生命，是非营利组织的品牌和核心竞争力。全系统的、多维度的并且较为严格的外部监督机制是其公信力持续的保障。"[①]由此得知，著作权集体管理组织的社会公信力的提升需要从外部组织监督管理方面着手，相较于以营利为需求目的的企业组织，更为全面的监管要求可以成为持续提高著作权集体管理组织等非营利组织公信力的有效机制，持续完善非营利组织的监督制和问责制对于组织公信力的构建具有重大的实践意义。[②] 作为典型的非营利组织，著作权集体管理组织不同于以利益驱动为目标的营利组织，其以任务驱动为目标，组织任务的执行者或管理者因缺乏利益追求的经济诱因而缺少了执行任务或良性管理的动力。

《著作权集体管理条例》第 30～38 条对著作权集体管理组织进行监督作出了具体规定，初步构建了著作权集体管理组织的监督规范体系。在监督内容与监督手段上，主要依托于信息公开手段，借鉴公司法中财务公开等相关的理念，对财务公开以及作品信息、权利归属等相关内容公开进行了相对严格的要求与规定，并在监督的过程之中适当地融入了管理的理念，在条例第五章中规定了诸多管理与监督相融合的具体规则，并且具有监督方式多样化与监督主体多元化的特点。但从已有的著作权集体管理组织来看，对于著作权集体管理组织的外部监督，在《著作权集体管理条例》规定的监督基础之上，还应该进一步强化，以解决目前著作权集体管理组织在实践运营之中所面临的实际困境。[③]

强化外部监督，首先，应该构建完备的著作权集体管理组织信息查询系统，

---

① 杜英兰，石永东，等. 关于非营利组织公信力评估指标体系的探讨[J]. 经济纵横，2006(11).

② Arshad, Roshayani, et al. Board Composition and Accountability of Non-Profit Organizations[J]. Journal of Applied Business Research, 2013, 29(4): 1021-1030.

③ 张祥志. 破解信任困局：我国著作权集体管理"信任机制"的法治关注[J]. 新闻与传播研究，2019，26(3)：51-74，127-128.

完善信息查询规定，目前根据新修订的《著作权法》第 8 条的规定，有关的权利人和使用者可以查询相关的信息，但是也有学者提出应该将权利人与使用者的范围扩大至社会公众。① 其次，在具体的司法实践中，有实务专家表示著作权集体管理组织的信息查询系统中记录的内容从真实性、合法性、关联性来看已经初步具备证据效力。如果在司法实践中加以确认，不仅能够降低维权成本，提高诉讼效率，也能进一步促进著作权集体管理组织信息查询系统的完备与管理组织公信力的提升。笔者认为，在现行阶段，对于《著作权集体管理条例》中信息查询主体的变更应该增加适当的条件，虽然扩大查询主体在一定程度上能方便潜在使用者查询作品信息并且使用版权作品，但是没有限制条件的查询会在一定程度上增加成本，从而直接或者间接地导致使用费用提高。同时，针对有关实务专家提出的关于诉讼法上的证据规定要求，由于著作权集体管理组织的信息查询系统构建尚未完善，如若将其在法律上予以确认可能会进一步强化其垄断性的行政色彩，在后期完备时可以适当调整。在监督主体上，《著作权集体管理条例》规定著作权行政管理部门、民政部门和其他有关部门的行政机关、使用者和权利人及利益相关的民事主体皆可以对著作权集体管理组织进行监督。为进一步加强社会群众监督，著作权集体管理组织公布的财务会计报告及相关的审计结果应该接受社会群众的监督，同时允许使用者和权利人以及利益相关者主动向有关部门检举监督。

(二) 集体管理组织的信息公开

信息公开制度来源于《中华人民共和国政府信息公开条例》，根据条例可知信息公开制度是对行政机关的显著监督，是全面反映政府信息公开工作情况、加强政府信息管理、展现政府施政过程及结果的重要方式，对于加强政府自身建设、推进国家治理体系和治理能力现代化具有重要意义。根据最新修订的《著作权法》第 8 条之规定，其加入了针对著作权集体管理组织的新规定，即"著作权集体管理组织根据授权向使用者收取使用费，使用费收取标准由著作权集体管理组织和使用者代表协商确定，协商不成的，可以向国家著作权主管部门申请裁决或

---

① 胡开忠，任安麒. 构建中国特色的著作权集体管理制度［J］. 版权理论与实务，2022 (2).

者向人民法院提起诉讼"。即著作权集体管理组织应当将许可使用费收取和转付、管理费提取和使用、使用费未分配部分等总体情况向社会公布，并应当建立信息查询系统，供权利人和使用者查询。国家著作权主管部门应当加强对著作权集体管理组织的监督、管理。从我国目前已经建立的五家著作权集体管理组织的发展现状来看，著作权集体管理组织作为非营利法人，其本质上应是为著作权人服务的机构，然而，目前的著作权集体管理组织仍然存在费用收取与管理信息不公开、不透明，维护著作权人权益不积极、不到位的问题，受到大众的诟病。建立健全著作权集体管理组织的数字化权利信息查询系统，在推动版权数字化的同时将版权权利置于大众视野之下，明确著作权集体管理组织的使用费收取标准，同时强调著作权集体管理组织资产使用以及财务管理受社会监督，明确相关财务报告的具体内容，要定期公开财务报告，有助于提升著作权集体管理组织运营的公开度与透明度。其次，对于著作权集体管理组织信息公开程度在全国范围内公示，并对未按期、按要求进行公开的著作权集体管理组织进行相关评级等行政手段的干预，构建一个更加公开化、透明化的著作权集体管理制度，以推进我国舞蹈著作权集体管理组织的落地与实施。

第七节 培育舞蹈作品版权道德与文化

著名德意志哲学家康德曾言："世界上有两件东西能震撼人们的心灵：一件是我们心中崇高的道德标准；另一件是我们头顶上灿烂的星空。"道德一直被视为一种内心法则，内化于个体的意识与思想之中，外化于行为与举止之上。在漫长的历史进程之中，道德一词出现了各种各样不尽相同的表述，并且各表述之间不必然包含外部逻辑联系。马克思主义认为，道德是一种社会意识形态，它是人们共同生活及其行为的准则和规范。[①] 不同的时代、不同的阶级有不同的道德观念，没有任何一种道德是永恒不变的。道德一词学术界引用频率颇高，出现了学术道德、体育道德、技术道德等结合性概念。由此可见，道德培育于行业发展之

---

① 曹洪军. 论马克思道德观的辩证批判性特质及其当代价值——基于"利益"与"道德"关系的视角[J]. 马克思主义研究，2019(12)：120-129.

助力颇为有效。舞蹈作品版权道德是知识产权道德的分支，属于道德的延伸，是版权文化构建的重要内容。道德之要求高于法律之要求，现行我国舞蹈作品版权保护法律法规是最低层次的道德要求，培育舞蹈作品版权道德是继上述硬性技术与措施之后，在版权与社会大环境融合过程之中的软保护。聚焦舞蹈作品版权道德培育，是落实"环境育人"的内部集中显影，于内予以教化，以期长效之保护。

一、加强舞蹈领域版权教育

舞蹈作品的版权道德培育离不开舞蹈领域版权教育，要通过不断的教化与知识付费理念灌输使全民尊重舞蹈版权形成一种自觉与习惯，不断提升民众对舞蹈版权的认同感，使全民自主意识里不具有实施版权侵权行为的认同感，而潜意识里对剽窃舞蹈作品或者直接搬运舞蹈作品等侵权行为存有自疚感与负罪感，从而不实施舞蹈作品版权侵权行为。近年来，随着知识产权强国理念的实行，从国家政府相关职能部门出发，《知识产权强国建设纲要（2021—2035 年）》等文件的颁发，不断强化政府引导作用，总体上给予了版权大保护，但是具体实施细则并不明确，例如中国舞蹈家协会应率先引领其他舞蹈教育学院或者创作机构积极建言献策，从舞蹈编导、表演者以及研究者视角予以舞蹈领域版权教育建议。同时也应顺势而为制定舞蹈作品版权道德教育规划，将版权道德纳入现行社会道德规范标准之中，设计科学合理的版权道德教学体系，将版权道德纳入中小学思想教育课程之中，积极将高校及其他事业单位作为版权道德培育主阵地，推进舞蹈版权道德教育走进课堂、企事业单位之中，全方位对不同群体开展版权教育。此外，可以构建舞蹈版权行业侵权黑名单，舞蹈行业可如金融行业一样建立类似征信系统，对侵权次数较多、影响较大、性质恶劣的侵权人予以公示，提高侵权成本。

二、建立舞蹈作品版权道德标准

在新媒体飞速发展的今天，个体的创造力远超从前，通过更高、更快的移动互联网，内容可以迅速抵达广阔的人群。一股又一股的优质内容，汇集成亿万小时的认知盈余，日夜不息地注入信息流与知识树，扩展着每一位自由个体的信息圈。这些知识力量诚然也包括舞蹈作品，理应如生命一般被认同与尊重的知识与力量真的被全民所自觉认同与尊重了吗？答案不言自明。2015 年 4 月 26 日世界版权日之际，中文互联网内容平台和优质媒体曾发起联合倡议书，其中联合签署的涵盖知乎、长江日报、虎嗅网等 20 多家内容平台以抵制不尊重版权行为发生。新媒体时代，要发挥媒体引领作用，构建传统媒体和新兴媒体融合发展的知识产权文化传播平台，拓展社交媒体、短视频、客户端等新媒体渠道，扩大媒体影响力，传播"尊重版权、崇尚创新、公平竞争、诚实守信"的舞蹈版权道德标准。尊重版权是版权道德培育的第一要义，舞蹈作品版权是舞蹈作品作者依法享有的权利，从我国民事立法的基本原则出发，《著作权法》的实施，标志着文化艺术领域无法可依的局面结束，标志着版权法律保护进入了发展新阶段。尊重舞蹈作品版权保护了舞蹈创作者的正当权益，为繁荣社会主义科学文化事业创造了良好的条件。同时从调整创作者(内容生产)、传播者(平台传播)、使用者(用户消费)三者之间的关系来看，有利于优质作品广泛传播。崇尚创新是版权道德构建的力量源泉，创新是发展的第一要义，舞蹈作品的创新是提高舞蹈作品质量、实现舞蹈艺术品格提升的重要方法。舞蹈版权道德的构建不是一个泛化的标准，以崇尚创新为支撑点是实现舞蹈作品版权保护可持续发展的前提。公平竞争与诚实守信是社会道德价值的要求，意图通过剽窃、抄袭等低劣手段实现竞争超越并非明智之选。

三、打击网络造假不良行为

打击不良的网络造假行为，遏制舞蹈作品随意搬运、改编、剽窃的乱象，营造风清气正的网络空间、网络生态环境。政府相关监管部门应该加强执法力度，以政府部门为主导，坚持正确的政治方向、舆论导向、价值取向，维护广大人民群众的合法权益，营造浓厚的知识产权保护氛围。要求坚持以依法监管为主导，坚持加强技术支撑、统筹协作、区域联动、社会共同治理的基本原则，充分发挥打击侵权造假行为统筹协调机制的作用，突出舞蹈作品版权监管工作的重点、在督促网络服务提供商落实"通知—删除"义务的避风港规则的基础上合理落实平台责任，指导和督促网络平台加强对用户的资格审查，配合执法部门反向追溯相关用户的侵权行为。

从目前发布的相关政策来看，以 2018—2022 年为时间阶段分析，自 2018 年 3 月 1 起，各行政部门为规整互联网造假的不良行为，先后开展了相关整治活动。其中为针对曾屡禁不止的短视频侵权现象，国家广电总局明确提出对二创剪辑类的侵权短视频进行严格审查。同年 11 月，国家版权局等部门联合行动，开展"剑网 2018"专项活动，将短视频作为重点治理对象，并对趣头条等 13 家网络服务商和抖音等头部短视频平台进行集体约谈，据有关数据统计（数据来源于新华社 2019 年 2 月 27 日报），各级版权执法监管部门共删除侵权盗版链接 185 万条，收缴侵权盗版制品 123 万件，查处网络侵权盗版案件 544 件，监测删除了 57 万项侵权内容，并且严厉打击了 14 万个相关网络违规账号。2019 年 1 月，中国网络视听协会明确了短视频平台的管理规定及相关细则，提出短视频平台应提高内容监督与管理能力，自觉履行著作权保护职责。2020 年 3 月 1 日，在《中华人民共和国国家安全法》《中华人民共和国网络安全法》《互联网信息服务管理办法》等法律、行政法规基础之上，我国施行了《网络信息内容生态治理规定》，以网络信息内容为主要治理对象，为建立健全网络综合治理体系进一步提供了法律基础。2021 年 9 月 14 日，中共中央办公厅、国务院办公厅发布了《关于加强网络文明建设的意见》，针对网络空间治理问题，明确提出了道德追求、行为规范、文化培育等八项要求，坚决打击网络乱象，清朗网络空间。同年 9 月 22 日，我国又发布了《知识产权强国建设纲要（2021—2035 年）》，并在文件中明确提出要进一步提高知识产权强国水平。2022 年，国家网信办开展"清朗"系列专项行动，该项行动聚焦影响面广、危害性较大的问题开展整治活动，其中为规范网络传播秩序对包括目前正处于行业风口的互联网直播、短视频领域进行重点监管，此外还要落实《互联网信息服务算法推荐管理规定》《互联网用户账号信息管理规定》，压实平台与互联网用户的责任。

除了政府主导加强监管以外，各网络平台应该通过合理的技术保护措施，加强对在平台流通的舞蹈作品的保护，以技术手段减少舞蹈作品侵权行为。不仅要严厉打击侵权假冒行为，还应该建立长效的保护机制，加快电子商务领域的法规建设，推进信用机制体系建设，构建网络用户失信侵权"黑名单"，加强舆论和社会监督，以期增强使用者自觉抵制侵权假冒行为的意识。

参 考 文 献

著作

1. 徐小奔, 杨依楠. 视听表演保护与版权产业的发展[M]. 北京: 北京联合出版公司, 2020: 55-60.

2. 李伟民. 视听表演保护与版权产业的发展[M]. 北京: 北京联合出版公司, 2020: 113, 130, 131.

3. 刘春田. 知识产权法: 第五版[M]. 北京: 中国人民大学出版社, 2014: 58.

4. 刘春田. 知识产权法: 第四版[M]. 北京: 中国人民大学出版社, 2009: 57.

5. 吴汉东. 知识产权法学: 第六版[M]. 北京: 北京大学出版社, 2014: 49.

6. 吴汉东. 知识产权法[M]. 北京: 法律出版社, 2021: 145-147, 248.

7. 吴汉东. 知识产权基础问题研究[M]. 北京: 中国人民大学出版社, 2019: 173.

8. 王迁. 网络版权法[M]. 北京: 中国人民大学出版社, 2008: 68.

9. 王迁. 知识产权法教程: 第七版[M]. 北京: 中国人民大学出版社, 2021: 64-66, 91-92, 196.

10. 王迁. 知识产权法教程: 第五版[M]. 北京: 中国人民大学出版社, 2016: 72.

11. 王迁. 知识产权法教程: 第六版[M]. 北京: 中国人民大学出版社, 2019: 72.

12. 郑成思. 知识产权法: 第3版[M]. 北京: 法律出版社, 2003: 287.

13. 张楚, 李伟民, 郭思伦. 知识产权法新编教程[M]. 北京: 首都经济贸易出版社, 2014: 36.

14. 彭吉象. 艺术学概论[M]. 北京：北京大学出版社，2006：166.

15. 隆荫培. 舞蹈艺术概论[M]. 上海：上海音乐出版社，2016：22-25，366-369.

16. 隆荫培，徐尔充. 舞蹈艺术概论：修订版[M]. 上海：上海音乐出版社，2009：1，132.

17. 袁禾. 舞蹈基本原理[M]. 上海：上海音乐出版社，2015：1.

18. 匡文波. 新媒体概论[M]. 北京：中国人民大学出版社，2019：4.

19. 杨柏勇. 著作权法原理解读与审判实务[M]. 北京：法律出版社，2021：189.

20. 郭威. 版权默示许可制度研究[M]. 北京：中国法制出版社，2014：67-73.

21. 徐康平，冷荣芝. 戏剧舞蹈作品著作权的法律保护[M]. 北京：学苑出版社，2019：10-12.

22. 秦珂. 期刊的著作权问题[M]. 北京：知识产权出版社，2008：28.

23. 漆捷. 意会知识及其表达问题研究[M]. 北京：光明日报出版社，2012：4.

期刊论文

24. 张麟. 舞蹈语言生成中"情境"和"动作形式"的互为关系研究[J]. 民族艺术研究，2021，204(6)：123-130.

25. 刘洁. 当前中国舞蹈作品著作权保护的现状及对策研究[J]. 北京舞蹈学院学报，2016(6)：13-18.

26. 侯文靖. 舞蹈创作中舞台空间表现形式研究[J]. 北京舞蹈学院学报，2020，141(2)：89-91.

27. 王艳. 中国的排舞原创作品融入中国不同民族舞蹈元素的研究[J]. 首都体育学院学报，2020，32(2)：134-139.

28. 于平. 舞蹈创作应是真实生命积极的个性活动——赵大鸣舞蹈美学思想述评[J]. 南京艺术学院学报(音乐与表演)，2021，169(3)：8，135-145.

29. 常红. 新媒体背景下我国舞蹈艺术的传承与发展[J]. 戏剧之家，2018(21)：110.

30. 陈立华. 少数民族传统体育舞蹈传承发展的路径[J]. 哈尔滨体育学院学报，2012，30(1)：40-43.

31. 张志萍. 感悟民族民间舞蹈的继承创新与发展[J]. 贵州大学学报(艺术版), 2006(1): 64-68.

32. 官效臣, 杨小凤. 山东红色题材舞蹈创作发展历程研究[J]. 北京舞蹈学院学报, 2021, 147(2): 94-98.

33. 张巍. 从舞蹈作品和代表人物看中国当代舞蹈的发展历程[J]. 大众文艺, 2017, 409(7): 175.

34. 王国宾, 刘洁. 互联网环境下舞蹈版权保护现状与对策研究[J]. 北京舞蹈学院学报, 2020, 145(6): 87-91.

35. 张云. 舞蹈作品的版权保护[J]. 知识产权, 2007, 99(3): 83-87.

36. 李超. 论网络传播中舞蹈作品著作权的保护[J]. 北京舞蹈学院学报, 2016, 118(6): 8-12.

37. 丰文, 康丽娟. 图象版权保护的新技术——数字化水印[J]. 多媒体世界, 1997(5): 59.

38. 鲍翠梅. 数字水印及其在数字作品版权保护中的应用[J]. 现代图书情报技术, 2006(6): 59-63.

39. 叶春燕. 数字水印在多媒体版权保护中的应用[J]. 泰州职业技术学院学报, 2020, 20(Z1): 103-105.

40. 徐飞, 李成龙, 曾纪君, 白阳. 舞蹈特色馆藏资源建设研究——以北京舞蹈学院为例[J]. 情报探索, 2014(11): 93-97, 101.

41. 张莉. 我国本土化 DRM 标准建设的策略分析[J]. 图书馆杂志, 2010, 29(12): 26-28.

42. 陈志业, 罗泽文, 张智骞, 冉大为, 姜堃, 王兵. 新媒体环境下数字版权保护集成技术研究[J]. 广播电视信息, 2020(S1): 63-67.

43. 汪巍. 数字版权技术在 IP 直播业务平台的应用及研究[J]. 广播电视网络, 2021, 28(11): 92-94.

44. 权丽桃. 冲突与悖反: 数字版权管理技术与合理使用制度的博弈[J]. 出版广角, 2014(10): 54-55.

45. 姚鹤徽. 法经济学视野下版权合理使用与技术保护措施之冲突与协调[J]. 科技与法律, 2015(4): 844-859.

46. 米竞. 对网络时代版权过度保护的制度性反思——以 DRM 技术为例[J]. 河南工业大学学报(社会科学版)，2018，14(5)：14-20.

47. 李绍民，姚远. 区块链多媒体数据版权保护方法研究[J]. 科技资讯，2015，13(35)：13，15.

48. 张青. 数字版权管理技术在数字图书馆中的应用[J]. 出版广角，2017(4)：44-46.

49. 韩秋明，王革. 区块链技术国外研究述评[J]. 科技进步与对策，2018(2)：154-160.

50. 黄龙. 区块链数字版权保护：原理、机制与影响[J]. 出版广角，2018(23)：41-43.

51. 金雪涛，王紫薇. 区块链+通证经济：版权运营的新模式[J]. 现代出版，2019(3)：41-44.

52. 熊皓男. 版权链论纲：区块链对网络版权底层规则的重塑[J]. 科技与法律(中英文)，2022(1)：36-44.

53. 马明飞，刘新洋. 区块链技术在数字版权领域应用的困境与对策[J]. 中国出版，2020(9)：56-59.

54. 赵双阁，姚叶. 区块链技术应用于短视频版权保护的优势与局限[J]. 中国编辑，2021(8)：43-48.

55. 何敏，吴梓茗. 舞蹈作品侵权认定的误区与匡正——兼评我国首例"静态手段侵犯舞蹈作品版权"案[J]. 贵州师范大学学报(社会科学版)，2022(2)：123-137.

56. 杨华权. 论舞蹈作品独创性的法律认定[J]. 北京舞蹈学院学报，2019，135(4)：23-28.

57. 马明，吴孟洋. 论舞蹈视频信息网络传播权的侵权认定与集体管理[J]. 艺术评论，2020，202(9)：61-76.

58. 王军. 论舞蹈作品知识产权的保护策略[J]. 北京舞蹈学院学报，2016，118(6)：1-7.

59. 吴振. 多媒体在舞蹈编辑中的运用与实践[J]. 演艺科技，2011(11)：58-63.

60. 石欣宇，郑茂平，王祎. 论舞蹈影像身体语言构建的思维倾向[J]. 北京舞蹈学院学报，2019（6）：52-58.

61. 陈忍. 新媒体舞蹈艺术表现特点与艺术张力［J］. 黑河学院学报，2019，10（2）：173-174.

62. 郝维一. 论芭蕾舞剧《牡丹亭》的艺术特征［J］. 黄河之声，2019（18）：129.

63. 熊艳. "舞蹈剧场"的核心与划分边界［J］. 艺术评鉴，2018（5）：142-143.

64. 慕羽. "戏剧性""剧场性"与"身体性"的互文表达——从舞剧到舞蹈剧场［J］. 北京舞蹈学院学报，2019（4）：48-57.

65. 吕艺生. 舞蹈本体论钩沉［J］. 文化艺术研究，2019，12（1）：41-46.

66. 李晓鸥. 接受美学视域下的舞蹈接受方法探析［J］. 北京舞蹈学院学报，2016：21-24.

67. 吴汉东，王毅. 关于"著作权保护思想的表现形式"理论的辨析［J］. 著作权，1991（3）.

68. 孙慧佳. 观念更迭场域中的舞蹈形态流变［J］. 吉林艺术学院学报，2006（1）：25-28.

69. 刘春. 舞蹈新媒体初探［J］. 北京舞蹈学院学报，2005（4）：90-97.

70. 李尧. 我国舞蹈作品著作权的保护［J］. 上海政法学院学报（法治论丛），2016，31（3）：96-101.

71. 张颖，毛昊. 中国版权产业数字化转型：机遇、挑战与对策［J］. 中国软科学，2022（1）：20-30.

72. 胡神松，杨一帆. 区块链技术背景下舞蹈作品版权保护研究［J］. 设计艺术研究，2020，10（4）：17-20.

73. 赵双阁，李亚洁. 区块链技术下数字版权保护管理模式创新研究［J］. 西南政法大学学报，2022，24（1）：75-85.

74. 吴彦冰，席梦娜. 基于区块链技术的数字版权管理应用研究［J］. 河北省科学院学报，2021，38（5）：20-24.

75. 易玲. 文化遗产数字化成果私权保护：价值、成效及制度调适［J］. 政法论丛，2022（1）：30-41.

76. 杨华权. 论舞蹈作品独创性的法律认定［J］. 北京舞蹈学院学报，2019（4）：23-28.

77. 卢海君. 论作品实质性相似和版权侵权判定的路径选择——约减主义与整体概念和感觉原则[J]. 政法论丛, 2015(1): 138-145.

78. 曾莉, 师一顺. 我国版权运营研究述评及启示[J]. 科技与出版, 2018(12): 202-206.

79. 廖建明. 数字出版商业运营模式的现状及优化思路[J]. 新闻研究导刊, 2021, 12(10): 192-193.

80. 苏胜, 顾森. 我国5G战略背景下数字出版业发展策略探析[J]. 人民论坛·学术前沿, 2020(9): 120-123.

81. 崔波. 版权跨界运营模式应用评析[J]. 经济论坛, 2012(4): 156-158.

82. 张新雯, 陈丹. 微版权概念生成的语境分析及其商业模式探究[J]. 出版发行研究, 2016(3): 30-32.

83. 荣霞. 数字出版时代微版权的科学运营[J]. 传媒, 2017(18): 70-71.

84. 陶文东. 新媒体时代多媒体技术在舞蹈中的应用研究——评《舞蹈多媒体技术及其应用》[J]. 中国科技论文, 2020, 15(11): 1347.

85. 张凤杰, 徐静华. 融媒体发展与版权文化建设[J]. 中国报业, 2019(19): 19-21.

86. 马明, 刘洁. 论舞蹈著作权的保护和集体管理[J]. 当代舞蹈艺术研究, 2020, 5(4): 105-111.

87. 张凤杰, 徐静华. 融媒体发展与版权文化建设[J]. 中国报业, 2019(19): 19-21.

88. 张云. 舞蹈作品的版权保护[J]. 知识产权, 2007(3): 83-87.

89. 杨华权. 再论舞蹈作品实质性相似的认定[J]. 中国知识产权, 2018(8).

90. 左琪. 版权行政保护的实践困境及对策[J]. 黑龙江生态工程职业学院学报, 2021, 34(3): 94-96.

91. 刘晓莉. 数字网络技术条件下版权行政保护的完善之道——基于效率视角[J]. 中国出版, 2019(17): 34-37.

92. 沈汪成. 舞蹈作品独创性判断问题之再思考[J]. 新余学院学报, 2021, 26(5): 104-109.

93. 胡神松, 李思颖. 舞蹈作品侵权判定司法实践及完善对策研究[J]. 文化月刊，2022（10）：185-187.

94. 熊琦. 移动互联网时代的著作权问题［J］. 法治研究，2020（1）：62.

95. 张扬. 浅析舞蹈创作的审美规范［J］. 美与时代（下半月），2009（8）：90-92.

96. 刘怡. 群众舞蹈创作与专业舞蹈创作的区别［J］. 戏剧之家，2016（13）：145.

97. 刘家瑞. 关于体育舞蹈技术规范的几点思考［J］. 体育科技文献报，2021，29
（3）：169-170.

98. 肖跃英. 舞蹈表演中"知行合一"的表演规范［J］. 艺术品鉴，2020（35）：129-
130.

99. 张廷刚. "生态场域"的范畴内涵与学术意义［J］. 烟台大学学报（哲学社会科
学版），2017，30（6）：19-28.

100. 车辚. 社会生态系统论纲［J］. 中共南京市委党校学报，2017（5）：5-10.

101. 宋慧献. 版权生态与版权创新初论［J］. 知识产权，2006（6）：27-32.

102. 魏玉山，赵冰，张凤杰. 中国版权产业发展的成就、问题与前景［J］. 现代
出版，2011（2）：9-13.

103. 王迁，闻天吉. 中国网络版权保护 20 年［J］. 中国出版，2020（23）：52-57.

104. 陈绍玲. "三振出局"版权保护机制设计研究［J］. 中国版权，2014（4）：19-
25.

105. 徐艺心. 互联网用户隐私保护的环境特点及制度走向［J］. 当代传播，2017
（2）：66-69.

106. 乔小明. 版权发展的制度文化因素研究［J］. 科学导报，2014（19）：133-135.

107. 苏杰. 消费时代下的许昌舞蹈产业化发展研究［J］. 中国民族博览，2017
（12）：163-164，167.

108. 周园，谭丽玲. 通知删除规则适用之阙如及其完善［J］. 科技与法律（中英
文），2021（3）：93-100.

109. 王国宾，刘洁. 互联网环境下舞蹈版权保护现状与对策研究［J］. 北京舞蹈
学院学报，2020（6）：87-91.

110. 杨懿琳. 数字出版授权的"结"与"解"［J］. 出版广角，2016（16）：26-28.

111. 王鑫，宋伟. 数字出版的著作权授权模式研究［J］. 科技与出版，2019（6）：
121-128.

112. 宋伟，孙文成，王金金. 数字出版时代混合授权模式的构建［J］. 电子知识产权，2016(3)：62-68.

113. 蒋北辰，周文芳. 我国著作财产权交易制度法律问题研究［J］. 青春岁月，2013(21)：394-395.

114. 明庆忠，韦俊峰. "区块链+"赋能智慧旅游高质量发展探析［J］. 学术探索，2021(9)：48-54.

115. 马明，刘洁. 论舞蹈著作权的保护和集体管理［J］. 当代舞蹈艺术研究，2020，5(4)：105-111.

116. 权欣. 我国舞蹈作品著作权保护探究［J］. 北京印刷学院学报，2018，26(12)：64-67.

117. 申屠晓明. 传媒行业区块链应用模式与技术方案解析［J］. 传媒评论，2018(4)：27-31.

118. 石丹. 论区块链技术对于数字版权治理的价值与风险［J］. 科技与出版，2019(6)：111-120.

119. 吴健，高力，朱静宁. 基于区块链技术的数字版权保护［J］. 广播电视信息，2016(7)：60-62.

120. 冉从敬，何梦婷. 云环境下的版权交易模式及其知识产权风险［J］. 图书馆论坛，2018(7).

121. 季芳芳，于文. 在线版权交易平台的创新趋势及评价——以英国"版权集成中心"(Copyright Hub)为例［J］. 编辑之友，2013(7)：109-112.

122. 王宇红，徐品，冶刚. 开放存取的版权保护机制新探［J］. 情报理论与实践，2014，37(12)：37-41.

123. 张瑞红. 论竞争情报与知识管理［J］. 现代情报，2004，24(10)：179-181.

124. 陈凡，潘澍. 科技+文化融合：文化科技表达的哲学凝思［J］. 科学技术哲学研究，2021，38(6)：103-108.

125. 王菲，姚京宏. 构建全新信任范式：论区块链对广告业的变革［J］. 当代传播，2021(5)：82-86.

126. 张传娥. 数字版权保护的多重困境与应对策略［J］. 网络传播，2021(1)：80-83.

127. 马明，吴孟洋. 论舞蹈视频信息网络传播权的侵权认定与集体管理[J]. 艺术评论，2020(9)：61-76.

128. 孙玉洁. 新媒体环境下文字著作权集体管理制度探究[J]. 东南传播，2019(2)：83-85.

129. 杜英兰，石永东，等. 关于非营利组织公信力评估指标体系的探讨[J]. 经济纵横，2006(11).

130. 张祥志. 破解信任困局：我国著作权集体管理"信任机制"的法治关注[J]. 新闻与传播研究，2019，26(3)：51-74，127-128.

131. 胡开忠，任安麒. 构建中国特色的著作权集体管理制度[J]. 版权理论与实务，2022(2).

132. 曹洪军. 论马克思道德观的辩证批判性特质及其当代价值——基于"利益"与"道德"关系的视角[J]. 马克思主义研究，2019(12)：120-129.

133. 凯文·沃巴赫，林少伟. 信任，但需要验证：论区块链为何需要法律[J]. 东方法学，2018(4)：83-115.

学位论文

134. 张萍. 中国舞蹈著作权问题及对策研究[D]. 北京：中国艺术研究院，2012.

135. 刘晓静. 地域性舞蹈作品创作中的素材选择与运用研究[D]. 吉首：吉首大学，2021.

136. 孙嘉璐. 舞蹈作品的意会思维探究[D]. 济南：山东师范大学，2021.

137. 黄雨微. 网络舞蹈资源现状研究[D]. 北京：中国艺术研究院，2019.

138. 唐棵. 舞蹈作品形态呈现的多维比较研究——以舞蹈影像和剧场舞蹈为例[D]. 重庆：西南大学，2021.

139. 王佳佳. 当代新媒体舞蹈发展概述[D]. 南京：南京艺术学院，2012.

140. 李响. 舞蹈传播方式分析与比较研究[D]. 延吉：延边大学，2011.

141. 陈留维. 传统舞蹈数字化保护研究[D]. 北京：中国艺术研究院，2019.

142. 李丹. 舞蹈作品"实质性相似"的认定研究[D]. 兰州：兰州大学，2020.

143. 姜福晓. 数字网络技术背景下著作权法的困境与出路[D]. 北京：对外经济贸易大学，2014.

144. 徐勇. 传统与现代：中国社会中的版权文化[D]. 武汉：华中师范大学，2017.

145. 王智慧. 舞蹈作品著作权保护研究[D]. 济南：山东大学，2018.

报纸与会议论文

146. 赵新乐，朱丽娜. 优质作品的版权开发运营，要做的还很多[N]. 中国新闻出版广电报，2022-03-10(005).

147. 朱阁. 技术应用将成为版权保护体系的重要内容[N]. 中国新闻出版广电报，2020-01-02(005).

148. 赵磊，宋维君，刘璐，张福国，盛尧. 新媒体版权保护技术应用及在央视网的实践[C]. 第17届全国互联网与音视频广播发展研讨会暨第26届中国数字广播电视与网络发展年会论文集. 济南，2018.

译著

149.《伯尔尼公约》柏林修订本(1908年11月13日通过，1910年9月9日生效)，第2条.

150.《法国知识产权法典》Article L112-2.

151. 威廉·M. 兰德斯，理查德·A. 波斯纳. 知识产权法的经济结构[M]. 金海军，译. 北京：北京大学出版社，2016：111.

152. [德]雷炳德. 著作权法[M]. 张恩民，译. 北京：法律出版社，2005：50-51，116-117.

153. 李明德. 美国知识产权法[M]. 北京：法律出版社，2014：363-364.

154. [美]保罗·戈斯汀. 著作权之道[M]. 北京：北京大学出版社，2008：112.

155. [美]莱曼·雷·帕特森，斯坦利·W. 林德伯格. 版权的本质：保护使用者权利的法律[M]. 郑重，译. 北京：法律出版社，2015：3.

156. [美]劳伦斯·莱斯格. 代码2.0：网络空间中的法律[M]. 李旭，沈伟伟，译. 北京：清华大学出版社，2009：57.

157. [德]图比亚斯·莱特(Tobias Lettl). 德国著作权法[M]. 范长军，译. 北京：知识产权出版社，2013：113.

158. [德]图比亚斯·莱特(Tobias Lettl). 德国著作权法：第 2 版[M]. 张怀岭，吴逸越，译. 北京：中国人民大学出版社，2019：22-48.

159. [德]图比亚斯·莱特(Tobias Lettl). 德国著作权法：第 2 版[M]. 张怀岭，吴逸越，译. 北京：中国人民大学出版社，2019：153.

160. [日]古泽博. 关于利用他人作品的著作权问题[J]. 日本独协法学，1977.

报告

161. 国务院新闻办公室.中国知识产权保护状况[EB/OL].（1994-06-01）[2022-07-01]. https://alphalawyer. cn/#/app/tool/lawsResult/% 7B% 5B% 5D,% 7D/detail/%7B2a66d10c713cfe8aec94f87103fc14c,% 20% 7D? focus = 1&relation = 147271110&queryId = 2dbcdb19f79011ecb1796c92bf3bb12b.

162. 中国互联网络信息中心.第 31 次中国互联网络发展状况统计报告[EB/OL].（2013-01-15）[2022-07-01].https://max.book118.com/html/2021/0830/6222002112003242.shtm.

163. 中国互联网络信息中心.第 44 次中国互联网发展状况统计报告[EB/OL].（2019-08-30）[2022-07-01]. http://www. cnnic. cn/hlwfzyj/hlwxzbg/hlwtjbg/201908/t20190830_70800.htm.

164. 国家版权局.2020 年中国网络版权产业发展报告[EB/OL].（2021-06-01）[2022-07-01]. https://www. ncac. gov. cn/chinacopyright/utils/search. shtml? word=%E4% B8% AD% E5% 9B% BD% E7% BD% 91% E7% BB% 9C% E7% 89% 88%E6%9D%83% E4% BA% A7% E4% B8% 9A% E5% 8F% 91% E5% B1% 95% E6%8A%A5%E5%91%8A&type=title.

165. 工业和信息化部信息化和软件服务业司,区块链技术和产业发展论坛.中国区块链技术和应用发展白皮书[EB/OL].（2016-10-18）[2019-05-30].http://www.360doc.com/content/17/1018/09/35982784_695896307.shtml.

166. 国家广播电影电视总局.互联网电视数字版权管理技术规范 GY/T 277-2014[EB/OL].（2014-05-06）[2022-07-01]. https://baike. baidu. com/item/% E4%BA%92% E8% 81% 94% E7% BD% 91% E7% 94% B5% E8% A7% 86% E6% 95%B0%E5% AD% 97% E7% 89% 88% E6% 9D% 83% E7% AE% A1% E7% 90% 86%

E6%8A%80%E6%9C%AF%E8%A7%84%E8%8C%83/56074751? fr=ge_ala.

167. 智慧芽创新研究中心.2022 中国知识产权年度调研报告［EB/OL］.（2022-04-
26）［2022-07-01］.https：//baijiahao.baidu.com/s? id=1731142254156583626
&wfr=spider&for=pc.

英文文献

168. Kim Zetter. FBI Fears Bitcoin's Popularity with Criminals, Wired.com, May 9,
2012.https：//www.wired.com/2012/05/fbi- fears-bitcoin/.

169. Matt O'Brien. Bitcoin Isn't the Future of Money — It's Either a Ponzi Scheme or a
Pyramid Scheme, Washington Post Wonkblog, June 8, 2015. http：//www.
washingtonpost.com/blogs/wonkblog/wp/2015/06/08/bitcoin- is- not- the- future-
of- money- it- is- either-a- ponzi- scheme- or- a- pyramid- scheme/.

170. Ian Bogost. Cryptocurrency Might Be a Path to Authoritarianism, The Tlantic, May
30, 2017. https：//www. theatlantic. com/technology/archive/2017/05/blockchain-
of-command/528543/.

171. Freedman R.Is Choreography Copyrightable：A Study of the American and English
Legal Interpretations of Drama［J］.Duquesne Law Review,1963,1(2)：77.

172. Fuller v. Bemis ［Albany Law Journal, v.46, 1892, pp.165-166］.

173. Steven S. Boyd.Deriving Originality in Derivative Works：Considering the Quantum
of Originality Needed to Attain Copyright Protection in a Derivative Work［J］.Santa
Clara Law Review,2000(40).

174. HARMS, L.T.C.."Originality" and "Reproduction" in Copyright Law with Special
Reference to Photographs［J］.Potchefstroom Electronic Law Journal,2013,16(5).

175. WHITING E. Square Dance：Fitting the Square Peg of Fixation into the Round
Hole of Choreographic Works［J］.Vanderbilt Law Review,2012(4)：1286.

176. Financial Info. Inc. v. Moody's Investors Serv. Inc.［Z］.808 Federal Reporter,2d
Series 204(2d Cir.1986).

177. Sterling J.A.L.World Copyright Law［M］,London Sweet&Maxwell,1998.

178. Pavis M, Waelde C, Whatley S. Who Can Profit from Dance? An Exploration of

Copyright Ownership[J]. Dance Research,2017,35(1):96-110.

179. F. Cas.26 (C.C.D.Mass.1869),8,136, Lawrence v. Dana.

180. Keiji S, Dennis S. Karjala. Fundamental Concepts in Japanese and American Copyright Law[J].The American Journal of Comparative Law,1988(36):613, 649-650.

181. Gennerich P S. One Moment in Time: The Second Circuit Ponders Choreographic Photography as a Copyright Infringement: Horgan v. MacMillan,Inc.[J].Brooklyn Law Review,1987(2):382,397.

182. Wallis L E. The Different Art: Choreography and Copyright [J]. UCLA Law Review,1985(5):1467.

183. Tate v. Thomas [1921]1 Ch 503.

184. Nichols v. Universal Pictures Corp.,45 F.2d 119(2d Cir.1930).

185. Computer Associates International, Inc. v. Altai, Inc.,982 F.2d 693 (2d Cir. 1992).

186. Senftleben M. Copyright, Limitations, and the Three-Step Test: An Analysis of the Three-Step Test in International and EC Copyright Law [M]. Kluwer Law International BV,2004.

187. Declaration of a Balanced Interpretation of the "Three-Step Test" in Copyright Law [EB/OL].[2020-11-10]. http://hfgga4358b2be30ed48b9h9wouqwpv0 xbf6wv6. fhaz.libproxy.ruc.edu.cn/en/research/researchnews/declaration-on-the-three-step-test-list-of-supporters.html.

188. Horgan v. Macmillan, Inc.,789 F.2d 157,158(2d Cir.1986).

189. Said Z. A Transactional Theory of the Reader in Copyright Law[J].Social Science Electronic Publishing,2017,102(2):605-650.

190. Davis L. "Globalisation, Digitisation and the Changing Role of Copyright," in F. Macmillan, ed., New Directions in Copyright Law, vol.33, Cheltenham: Edwar Elgar Publishing Ltd.,2006:79.

191. Oriakhogba D O. Collective Management of Copyright in Nigeria: Should It Remain Voluntary, May It Be Mandatory or Extended,2019.

192. Freegard. Collective Administration：The Relationship Between Authors' Organizations and Users of Works［J］.Copyright,1985(3):443-446.

193. Gervais D. Collective Management of Copyright and Related Rights ［J］. Amsterdam：Kluwer Law International,2010:1-3.

194. Hargreaves L. Digital Opportunity：Review of Intellectual Property and Growth ［EB/OL］.［2011-05-18］. https://www. gov. uk/government/publications/digital-opportunity-review-of-intellectual-property-and-growth.

195. Hooper R, Lynch R. Media Legislation Reports："Copyright Works：Streamlining Copyright Works Licensing for the Digital Age"［EB/OL］.［2012-07-01］.http://hfggaf40ee671d3764801hpbw90o6np9fx6wu5.fhaz. libproxy. ruc. edu. cn/copyright-guidance/mlr/index.php/site/350.

196. O'dair M, Beaven Z. The Networked Record Industry：How Blockchain Technology Could Transform the Record Industry［J］.Strategic Change,2017,26(5):471-480.

197. Savelyev A. Copyright in the Blockchain Era：Promises and Challenges［J］. Computer Law & Security Review：The International Journal of Technology Law and Practice,2018,34(3).

198. May C. Digital Rights Management the Problem of Expanding Ownership Rights ［J］.Oxford：Chandos Publishing Press,2014:38.

199. Whitaker A.Art and Blockchain：A Primer, History, and Taxonomy of Blockchain Use Cases in the Arts［J］.Artivate：A Journal of Entrepreneurship in the Arts, 2019,8(2):21-46.

200. Gilliam v. American Broadcasting Companies,Inc.,192 USPQ 1(2d Cir.1976).

201. Fuller v. Bemis［Albany Law Journal, v.46, 1892, pp.165-166］.

202. Bikram's Yoga Coll. of India, Ltd. P'ship v. Evolation Yoga, Ltd.Liab.Co.,803 F. 3d 1032,1037(9th Cir.2015).

203. Feist Publications, Inc. v. Rural Telephone Service Co.,Inc.,499 U.S.340(1991).

204. Baker v. Selden,101 U.S.99(1879).

205. Horgan v. Macmillan,Inc.,789 F.2d 157,158(2d Cir.1986).

206. University of London Press v. University Tutorial Press［1916］2 Ch 601.

207. Tate v. Thomas［1921］1 Ch 503.

208. Wiseman v. George Weidenfeld and Nicholson Ltd.［1985］ChD.

209. Massine v.de Basil［1936］CA.

210. LG Frankenthal 6. Zivilkammer,2012,6 O 43/12.

211. BGH GRUR 1985,529,-Happening.

212. Hofstede G.Geert Hofstede Cultural Dimensions［J］.Geert Hofstede,2009.

213. Sterling J A L.The GILA System for Global Internet Licensing［EB/OL］.［2019-02-24］.http://www.qmipri.org/documents/Sterling_JALSGILASystem.pdf.

214. Arshad, Roshayani, et al. Board Composition and Accountability of Non-Profit Organizations［J］.Journal of Applied Business Research,2013,29(4):1021-1030.

后　　记

　　本书是在我主持的国家社科基金艺术规划项目(一般项目)"新媒体时代舞蹈作品版权多维保护机制的构建与完善研究"基础上完成的。该项课题历经 5 年时间，期间，繁重的教学任务及行政事务接踵而来，占据了原本用于研究课题的时间。为了推进课题，我们充分利用寒暑假、双休日及平时的碎片化时间，最终完成了这项课题。回顾研究历程，虽有艰辛和汗水，但更多的是收获。研究本身也是一种不断学习和探索的过程，我从中收获了更多的知识，积累了丰富的科研经历。同时，这也离不开同事、学生、家人的陪伴与关心，在此一并感谢！

　　首先，本书得以付梓，要感谢武汉理工大学法社学院的领导和同事们，该书的顺利出版，离不开他们在国家社科基金艺术规划项目申报以及出版过程中给予的大力支持和帮助，以及在物质和精神上的激励和保障。

　　其次，感谢武汉大学出版社给予的大力支持，贵社人员多次就稿件修改和出版事宜，与我们深入沟通，为本书的出版作了大量前期工作。他们对出版工作认真负责的态度和对作者热情的人文关怀，令我备受感动，借此，向他们表示衷心的感谢。

　　同时，也感谢潘嘉利、郭文峰、杨益霞、马煜、万明轩、陈欣、陈怡、李娜、李思颖等同学，你们承担了部分研究内容的撰稿及文字校对工作，陪我一起挑灯夜战，度过了艰辛的五个春秋。

　　再次，本书的出版离不开家人的支持，他们对我不断地鼓励和鞭笞，帮我照看孩子，负责孩子的日常起居，解决了我的后顾之忧，是我生活上强大的后盾。

　　最后，感谢写作时参考的本研究领域"参考文献"的作者，在此，谨向所有作者致以诚挚的谢意！

胡神松

2024 年 3 月 8 日　武汉